Alexander Bredereck, Volker Dineiger

Arbeitsrecht

Alle typischen Streitfälle und wie man
sie aktiv löst.

Inhaltsverzeichnis

101

Musterfall: Den krankgemeldeten Arbeitnehmer im Stadion erwischt. Was nun?

97

Präsentismus: Wenn Arbeitnehmer krank zur Arbeit gehen, wird es teuer. Für den Arbeitgeber.

108

Checkliste: Tatoos, Piercings, Kopftuch – was erlaubt ist und was nicht.

Was wollen Sie wissen?

Ob Einladung zum Vorstellungsgespräch, Anspruch auf Resturlaub, finanzielle Schieflage oder Abmahnung – manchmal kann es ganz schnell gehen. Hier finden Sie einen direkten Einstieg zu den drängendsten Fragen aus der täglichen Praxis in der Anwaltskanzlei für Arbeitsrecht.

> **Ich wurde heute morgen überraschend gefeuert. Kann ich denn einfach so mündlich gekündigt werden?**

Nein, denn eine Kündigung muss immer schriftlich erfolgen. Hält eine Kündigung diese oder andere Formvorschriften nicht ein, ist sie schon allein deswegen unwirksam.

Mit einer Kündigungserklärung beendet der Arbeitgeber das Arbeitsverhältnis. Der Arbeitnehmer muss mit dieser Kündigung nicht einverstanden sein, er muss auch nicht zustimmen (siehe „Bedingungen und Ablauf", S. 151, bzw. „Ablauf und Vorgehen", S. 156). Unterschieden werden muss aber die ordentliche Kündigung (S. 150) von der fristlosen Kündigung (S. 155).

Glaubt der Arbeitnehmer, dass die Kündigung unwirksam ist, eventuelle Fristen nicht eingehalten wurden oder es gar keinen Grund für die Kündigung gibt, muss er Klage vor dem Arbeitsgericht erheben. Gilt im Betrieb das KSchG, muss die Frist für die Kündigungsschutzklage beachtet werden (drei Wochen). Bei einer fristlosen Kündigung muss diese Frist immer eingehalten werden (siehe Streitfall, S. 157).

Mein Traumjob, zum Greifen nah! Darf ich verschweigen, dass ich schwanger bin?

Was der Arbeitgeber im Vorstellungsgespräch fragen darf und worauf Arbeitnehmer(innen) antworten müssen, beschäftigt die Rechtsprechung oft. Eine Reihe von Fragen sind unzulässig (siehe „Vorstellungsgespräch", S. 17). Auf diese Fragen darf man sogar unzutreffende Antworten geben – denn keine Antwort wäre schließlich auch eine Antwort. Offenbarungspflichten gibt es nur, wenn es für den Job von ganz elementarer Bedeutung ist oder Voraussetzung dafür ist, dass der Job ausgeübt werden kann (siehe „Darf der Arbeitgeber ...", S. 18).

Mein Angestellter vergrault absichtlich unsere Kunden. Es reicht mir – ich möchte ihn abmahnen.

Mit der Abmahnung erklärt der Arbeitgeber, dass er mit bestimmten Aspekten der Leistung des Arbeitnehmers oder mit deren Inhalt nicht einverstanden ist und droht Konsequenzen für den Wiederholungsfall an. Er muss den vorgeworfenen Vertragsverstoß klar und deutlich darlegen (siehe „Abmahnung", S. 131). Eine Abmahnung kann verschiedenste Gründe haben, es gibt keine Bagatellgrenze (siehe Checkliste, S. 133). Bei sehr schweren Verstößen ist unter Umständen keine Abmahnung mehr nötig und eine fristlose Kündigung kann sofort ausgesprochen werden (siehe „Mögliche wichtige Gründe", S. 156).

Der Arbeitnehmer bekommt mit der Abmahnung einen „Warnschuss" (siehe „Rüge ...", S. 132). Ist er der Meinung, dass die Ursache nicht zutrifft, kann er Klage beim Arbeitsgericht einreichen (siehe „Was tun ...?", S. 134). Trifft sie zu, sollte er in nächster Zeit tunlichst darauf achten, alle Regeln einzuhalten.

Kann ich meinen Urlaub ansparen, mir auszahlen lassen oder währenddessen arbeiten?

Sinn des BUrlG ist die Erholung des Arbeitnehmers: Er ist von der Arbeitspflicht freigestellt, kann aber (fast) tun und lassen, was er will: auch z. B. einen Nebenjob ausüben oder renovieren (siehe „Arbeit und Krankheit ...", S. 83).
Der Urlaub soll im laufenden Jahr gewährt werden (siehe „Gewährungszeitraum ...", S. 77). Bei Vorliegen bestimmter Gründe oder innerbetrieblicher Regelungen ist die Übertragung in das Folgejahr möglich (siehe „Übertragung ...", S. 80). Eine Abgeltung (Auszahlung) des Urlaubs sieht das Gesetz nur vor, wenn das Arbeitsverhältnis beendet ist (siehe „Abgeltung ...", S. 81).
Krankheitstage im Urlaub müssen ab Tag eins vom Arzt attestiert werden, der Arbeitgeber ist hier in der Nachweispflicht. Ohne Attest werden die Tage nicht zu Kranktagen umgewandelt (siehe „Erkrankung ...", S. 84).

Schon der sechste befristete Vertrag! Ich möchte ja bleiben – aber darf man mich denn so oft nur befristet verlängern?

Befristete Arbeitsverträge gibt es mit und ohne Sachgrund. Ohne Sachgrund gibt es zeitliche Höchstgrenzen (siehe S. 38). Mit Sachgrund gibt es im Gesetz keine Höchstgrenzen, dies gerät aber in Bewegung (siehe „Kücük", S. 37). Verstößt der Arbeitgeber gegen das Gesetz, kann geklagt werden, ob inzwischen nicht ein unbefristetes Arbeitsverhältnis vorliegt (siehe „Der Weg durch die Instanzen", S. 135). Wichtig ist, dass die Klagefrist eingehalten wird.

Die Angestellten lesen ab und zu private E-Mails am PC. Das soll nicht einreißen – kann ich das regeln?

Während der Arbeitszeit schuldet der Arbeitnehmer Arbeitsleistung. Nur weil die Privatnutzung nicht verboten ist, muss sie noch lange nicht erlaubt sein. Der begangene Arbeitszeitbetrug durch Surfen lässt sich im Streitfall meist sehr genau dokumentieren.

Generell sollten Arbeitgeber die private Nutzung des betrieblichen E-Mail-Kontos ausdrücklich verbieten, um Konflikte mit dem Datenschutz zu vermeiden.

Bei der privaten Nutzung von Telefon, sonstigen Kommunikationsmitteln und auch Internet entscheidet die Vereinbarung und inhaltliche Ausgestaltung im Arbeitsvertrag. Auch, wenn die Nutzung grundsätzlich gestattet ist, bezieht sich diese Regelung auf die Pausenzeiten.

Jedoch ist selbst bei strikten Verboten die dringende, kurzzeitige private Nutzung von Telefon und Internet erlaubt (siehe „Private Nutzung ...", S. 110).

Meiner Firma geht es schlecht, ich würde diesmal gern kein Weihnachtsgeld zahlen. Geht das?

Das Weihnachtsgeld ist eine klassische Gratifikation. Bei diesen kommt es darauf an, mit welcher rechtlichen Grundlage sie gezahlt werden (siehe „Freiwillige ...", S. 64). Erst wenn diese geklärt ist, kann geprüft werden, ob der Arbeitgeber das Weihnachtsgeld entsprechend widerrufen, kürzen oder abändern kann. Ist ein Widerruf oder eine Kürzung überhaupt möglich, müssen noch die Gründe definiert sein und auch vorliegen (siehe „Beenden ...", S. 66). Gleiches gilt ebenso für andere Gratifikationen (siehe „Gewinnbeteiligungen ...", S. 46). Für Teilzeitkräfte gelten die gleichen Regelungen – wobei ihnen einige Zusatzleistungen nur anteilig zustehen (siehe „Sonderzahlungen", S. 29).

Bewerbung und Stellen- ausschreibung

In Zeiten einer relativ guten Lage am Arbeits-markt sollten Arbeitnehmer den Arbeitgeber auch nach arbeitsrechtlichen Kriterien aus-wählen.

Arbeitsrecht – für kaum ein anderes Rechtsgebiet hat der Gesetzgeber so viel versprochen und so wenig gehalten. Bis heute fehlt das bereits in der Weimarer Reichsverfassung versprochene einheitliche Arbeitsrechtsgesetzbuch. Stattdessen zerfasert das Rechtsgebiet in Einzelgesetze und Verordnungen. Dabei werden wesentliche Fragen wie zum Beispiel die Voraussetzungen für die Zulässigkeit einer außerordentlichen Kündigung den Gerichten überlassen. Wichtige Fragen wie der Schutz vor Mobbing, der Umgang mit Whistleblowern, Arbeitszeugnisse oder der Umgang mit modernen Kommunikationsmitteln am Arbeitsplatz werden auch von den Gerichten nicht oder nur unzureichend beantwortet. In den meisten Bereichen ist das Arbeitsrecht nicht auf der Höhe der Zeit, im Kirchenarbeitsrecht sogar reaktionär. Auf der anderen Seite bekommt das Europäische Recht mehr und mehr Einfluss. Der EuGH und das BAG liefern sich teilweise befremdliche Auseinandersetzungen aufgrund des angeblich „unterschiedlichen Rechtsverständnisses".

Leidtragende sind diejenigen, die das Arbeitsrecht schützen soll: die Arbeitnehmer. Aber auch die Arbeitgeber haben wenig Grund zur Freude, da die entstehenden Rechtsunsicherheiten – zum Beispiel im Urlaubs- und Kündigungsschutzrecht – letzten Endes immer Geld kosten.

Die wichtigsten Probleme im Laufe eines Arbeitslebens sind in diesem Ratgeber in Form eines Schlagabtauschs dargestellt, der Rechte und Pflichten beider Seiten berücksichtigt (siehe etwa Seite 15). Grundsätzlich sitzt der Arbeitgeber jedoch meist am längeren Hebel – besonders in Kleinstbetrieben. Gerichtliche Auseinandersetzungen bei laufenden Verträgen sollten also in diesem Sinne – aber auch im Sinne des Betriebsfriedens – immer nur das letzte Mittel sein. Besteht ein Arbeitsverhältnis hingegen noch nicht oder nicht mehr (siehe „Die Beendigung ...", Seite 145) oder verstoßen Arbeitgeber bzw. Arbeitnehmer offensichtlich gegen bestehendes Recht, kann der Gang vor Gericht sinnvoll sein.

Vor Beginn des Arbeitsverhältnisses

Schon vor Abschluss des Arbeitsvertrags sollten einige Entscheidungen abgewogen und Fallstricke vermieden werden.

Beachtet man diese nicht, können sich Arbeitnehmer Chancen verbauen oder sich unter Umständen sogar strafbar machen. Arbeitgebern drohen bei Fehlern in der Durchführung des Bewerbungsverfahrens oder im Zusammenhang mit der Ausgestaltung des Arbeitsvertrags erhebliche finanzielle Nachteile oder sogar eine Klage wegen (tatsächlicher oder unbeabsichtigter) Benachteiligung (siehe „Die richtige Stellenausschreibung", S. 12).

Bei der Wahl ihres Arbeitgebers treffen Arbeitnehmer drei Grundsatzentscheidungen, die zum Zeitpunkt ihrer Bewerbung in ihrer Bedeutung selten erkannt werden. Wie steht es zum Beispiel um die Arbeitsplatzsicherheit bei einer späteren Krise des Unternehmens? Welche Arbeitnehmerrechte kann man real bei einem künftigen Arbeitgeber durchsetzen? Bietet der Arbeitsvertrag genügend Spielraum für die persönliche Entwicklung?

Grundsatzentscheidung 1:
Größe des Betriebs

Wer eine Stelle in einem Kleinbetrieb mit nicht mehr als zehn Mitarbeitern annimmt, verzichtet auf einen Kündigungsschutz (siehe „Ordentliche Kündigung ...", S. 151) und damit häufig auch auf viele Arbeitnehmerrechte. Aus Angst vor einer Kündigung, die jederzeit ohne Abfindung möglich ist, wird der Arbeitnehmer die Durchsetzung seiner Rechte im Einzelfall sehr genau abwägen.

Beispiel: Der Arbeitgeber zahlt wegen wirtschaftlicher Schwierigkeiten eine verbindlich zugesagte Prämie nicht. Der Arbeitnehmer kann diese unproblematisch, notfalls auch gerichtlich einfordern. Aber wird er dies tun, wenn er keinen Kündigungsschutz hat?

Grundsatzentscheidung 2:
Betriebsrat

Wer eine Stelle bei einem Arbeitgeber mit Betriebsrat antritt, hat mit diesem einen wichtigen Interessenvertreter und zusätzlichen Ansprechpartner zur Verfügung. Ein installierter Betriebsrat bedeutet einen effektiveren Kündigungsschutz (siehe „Betriebsrat", S. 118; „Kündigung", S. 150 f.). Ein Betriebsrat kann schon bei einer Mindestzahl von fünf Arbeitnehmern gegründet werden. In der Praxis passiert dies allerdings kaum.

Der Arbeitgeber muss bei der Gründung seines Betriebs die Verpflichtung zur Installation eines Betriebsrates bei einer Belegschaftsgröße von fünf Arbeitnehmern und mehr berücksichtigen. Will er das vermeiden, sollte er lieber verzichtbare Aufgaben ausgliedern oder gegebenenfalls auf ein oder mehrere Geschäftsfelder verzichten. Ist die Ausweitung auf mehr als 10 Belegschaftsmitglieder erforderlich, müssen die Arbeitsverträge unbedingt zuvor überarbeitet werden. Wenn die Arbeitnehmer Kündigungsschutz haben, sind Änderungen in den Verträgen nicht mehr ohne Weiteres durchsetzbar (siehe „Änderung ...", S. 163).

Grundsatzentscheidung 3:
Tarifvertrag

Wer eine Stelle bei einem Arbeitgeber antritt, dessen Betrieb keinem Tarifvertrag (siehe „Ohne allgemeinverbindlichen Tarifvertrag", S. 23) unterliegt, kann nicht auf automatische Lohnerhöhungen hoffen. Er wird künftig entweder regelmäßig das Arbeitsentgelt neu verhandeln oder inflationsbedingt eine schleichende Vergütungsminderung in Kauf nehmen müssen.

Irrtümer beim Abschluss eines Arbeitsvertrags

Bei Abschluss eines Arbeitsvertrages unterliegen Arbeitnehmer wie Arbeitgeber immer wieder Irrtümern. Regelmäßig werden Probezeit und Wartezeit bis zum Eintritt des Kündigungsschutzes verwechselt. Die Möglichkeiten, einen Arbeitsvertrag zu befristen, sind häufig nicht bekannt oder werden nicht genutzt. Die drei größten Irrtümer werden hier besprochen.

Irrtum 1: Kündigungsschutz

Gerade wenn Arbeitnehmer sich aus einer bestehenden Beschäftigung heraus bewerben, glauben sie häufig, dass der Ausschluss einer Probezeit Sicherheit im Hinblick auf die Beschäftigung bietet. Das ist allerdings nicht der Fall. Unabhängig von der Vereinbarung einer Probezeit gilt im ersten halben Jahr der Beschäftigung das Kündigungsschutzgesetz nicht. Der Arbeitgeber kann also ohne Grund kündigen. Die Probezeit bewirkt letztlich nur eine Verkürzung der Kündigungsfrist um zwei Wochen. Arbeitgeber wiederum können ihren künftigen Mitarbeitern vorgeblich „entgegenkommen", wenn sie „auf eine Probezeit verzichten". Im Falle einer Kündigung kostet dieses vermeintliche Zugeständnis den Arbeitnehmer zwei Wochen Arbeitsentgelt.

Irrtum 2: Schwangerschaft

Arbeitgeber scheuen sich häufig, junge Frauen einzustellen, mit der Begründung: „Die wird dann ja gleich schwanger." Hintergrund: Im Falle einer Schwangerschaft besteht vom ersten Tag an – und nicht erst nach Ablauf des ersten halben Jahres des Arbeitsverhältnisses – absoluter Kündigungsschutz. Abgesehen davon, dass diese Einschätzung sehr fragwürdig ist, können sich Arbeitgeber gegen solche Fälle auch absichern. Sie können etwa zunächst einen befristeten Arbeitsvertrag (siehe „Befristung ...", S. 36) abschließen. Eine Arbeitnehmerin, die vorhat, sofort schwanger zu werden,

wird wiederum einen befristeten Arbeitsvertrag gar nicht erst abschließen.

Irrtum 3: Details im Arbeitsvertrag

Arbeitnehmer machen sich oft Sorgen um die Wirksamkeit von Details des Arbeitsvertrags. Wer einen Arbeitsvertrag abschließt, sollte in jedem Fall Gehalt, Arbeitszeiten und Urlaubsregelungen im Blick haben. Viele zusätzliche Vereinbarungen in Arbeitsverträgen schrecken Arbeitnehmer unnötig ab, weil sie kompliziert klingen. Das führt zu unnötigem Beratungsaufwand und unnötig hohen Kosten.

Denn: Wirklich schädliche Vereinbarungen zulasten von Arbeitnehmern sind regelmäßig unwirksam. Das gilt etwa für die allermeisten Vertragsstrafen oder unzulässige Eingriffe in das Verhältnis von Leistung und Gegenleistung wie etwa ein einseitiges Recht des Arbeitgebers zu Gehaltskürzungen oder Vereinbarungen zu unbezahlten Überstunden (siehe „Überstunden", S. 67).

Hier mag es sinnvoller sein, den Arbeitsvertrag zunächst einmal zu unterzeichnen und sich dann im Krisenfall auf die Unwirksamkeit der einzelnen Vertragsklausel zu berufen.

Die richtige Stellenausschreibung: Klagen wegen Diskriminierung vermeiden

Diskriminierende Formulierungen bei der Stellenausschreibung können für den Arbeitgeber sehr teuer werden. Gemäß § 15

Abs. 2 AGG können abgewiesene Bewerber auf eine solche Stellenanzeige eine finanzielle Entschädigung von bis zu drei Monatsgehältern fordern. Wäre der Bewerber bei einem diskriminierungsfreien Verfahren tatsächlich eingestellt worden, kann die Entschädigung noch höher ausfallen. In solchen Fällen kann sich der Arbeitgeber gemäß § 15 Abs. 1 AGG darüber hinaus sogar schadensersatzpflichtig machen. Das bedeutet, dass er dem Arbeitnehmer den tatsächlichen für ihn entstandenen Schaden, zum Beispiel Gehaltsdifferenzen, ersetzen muss. Auch wenn die Rechtsprechung bei der Anwendung dieser Vorschriften insgesamt recht zurückhaltend ist: Hier liegen für den Arbeitgeber hohe Risiken. Entscheidend ist, dass das gesamte Verfahren – beginnend mit der Stellenbeschreibung über die Stellenanzeige bis zur Einladung der Bewerber und der Durchführung des Bewerbungsgesprächs sowie der anschließenden Nachbereitung – diskriminierungsfrei durchgeführt wird.

Alltägliche Diskriminierungen sind oft so unauffällig, dass es vielen Menschen schwerfällt, sie überhaupt als solche zu erkennen. Wer sieht ein Problem darin, wenn der Arbeitgeber „Verstärkung für sein junges Team", „Berufsanfänger", Bewerber mit „guten Deutschkenntnissen", „einen Geschäftsführer" oder eine „Krankenschwester" sucht? All diese Fälle können bereits allein auf der Basis einer entsprechenden Stellenanzeige einen Entschädigungsanspruch für

DREI VERBOTENE VORGABEN

Stellenausschreibungen können sehr schnell diskriminierend und damit rechtlich angreifbar werden. Im Fall einer Klage kann das den Arbeitgeber teuer zu stehen kommen. Hier sind die Top drei zu vermeidender Formulierungen.

1 Diskriminierung wegen des Geschlechts
Falsch: „Suche Sekretärin" (nur weiblich) oder „Mitarbeiter gesucht" (nur männlich)
Richtig: „Suche Mitarbeiter (m/w)"

2 Diskriminierung wegen des Alters
Falsch: „Junges Team sucht" oder „Berufsanfänger gesucht" oder „erfahrener Mitarbeiter gesucht"
Richtig: Hinweise auf gefordertes Alter unterlassen

3 Diskriminierung wegen Religion, Weltanschauung, Behinderung, ethnischer Herkunft, Hautfarbe, Sprachkenntnisse, sexueller Identität
Falsch: jegliche Hinweise einfügen
Richtig: vollkommen unterlassen

eine Vielzahl von Bewerbern verursachen. Den Arbeitgeber trifft bei der Geltendmachung von Entschädigungsansprüchen abgelehnter Bewerber die Beweislast, dass die Nichtberücksichtigung des Bewerbers nicht aufgrund seines Alters, seiner Herkunft oder seiner Geschlechtszugehörigkeit erfolgte.

Es gibt Arbeitnehmer, die Stellenanzeigen gezielt nach Verstößen gegen das Allgemeine Gleichbehandlungsgesetz durchforsten, um sich über Schadensersatzforderungen eine zusätzliche Einnahmequelle zu verschaffen (sogenannte AGG-Hopper). Bei der Formulierung der Anzeige ist für Arbeitgeber daher äußerste Sorgfalt geboten. Möglicherweise diskriminierende Beschreibungen, Zusätze, aber auch Auslassungen müssen penibel vermieden werden.

66 Wäre ein Kläger bei einem diskriminierungsfreien Verfahren eingestellt worden, kann die Entschädigung sehr hoch ausfallen.

——

Entscheidend für eine festzustellende Diskriminierung ist allerdings immer die Ernsthaftigkeit der Bewerbung. Diese ist noch nicht automatisch deshalb fraglich, weil sich ein Bewerber auf eine Vielzahl diskriminierender Stellenausschreibungen hin

bewirbt und Entschädigungsansprüche einfordert. Weiter ausschlaggebend ist auch eine objektive Eignung für die zu besetzende Stelle (BAG, Urteil vom 07. April 2011, Az. 8 AZR 679/09).

Arbeitgeber mit einer diskriminierungsverdächtigen Personalstruktur, z. B. überwiegend männlichen, sehr jungen oder ausschließlich deutschen Mitarbeitern, müssen die Stellenanzeige besonders differenziert gestalten. Dies gilt vor allem, wenn das konkrete Profil des Betriebs von vergleichbaren Betrieben deutlich abweicht. Beispiel: Dass in einem Ingenieurbüro überwiegend Männer beschäftigt sind, deutet noch nicht auf eine Diskriminierung hin, wenn allgemein in Ingenieurbüros mehr männliche als weibliche Mitarbeiter beschäftigt werden. Wenn in einem Reinigungsbetrieb ausschließlich deutsche Mitarbeiter beschäftigt werden, kann dies umgekehrt ebenso auf eine Diskriminierung deuten, als würde ein großes Unternehmen keine behinderten Menschen beschäftigen. Aus solchen Statistiken können sich grundsätzlich Indizien für eine Diskriminierung ergeben (BAG, Urteil vom 22. Juli 2010, Az. 8 AZR 1012/08).

Ansprüche der Arbeitnehmer sind auf Geldentschädigung bzw. Schadensersatz gerichtet. Anspruch auf Einstellung besteht grundsätzlich nicht (§ 15 Abs. 6 AGG).

Wichtige Frist: Ansprüche müssen innerhalb der kurzen Frist des § 15 Abs. 4 AGBG, zwei Monate nach Zugang der Ablehnung, schriftlich geltend gemacht werden.

Arbeitnehmer	Arbeitgeber

Fall: Ein Architekturbüro schaltet die Stellenanzeige: „Junges Team sucht Verstärkung". Der 38 Jahre alte U. Bohrmann bewirbt sich und wird vom Architekturbüro zum Bewerbungsgespräch eingeladen. Eine Woche später erhält Bohrmann eine Absage.

1 Arbeitnehmer verlangt schriftlich vom Arbeitgeber Schadensersatz und Schmerzensgeld wegen Diskriminierung. (Anspruch auf eine angemessene Entschädigung gemäß § 15 Abs. 1 AGG und Schmerzensgeld nach § 15 Abs. 2 AGG)	**2** Arbeitgeber erklärt, dass mit der Formulierung zum Ausdruck gebracht werde, dass das Team jung sei. Damit sei keine Erwartungshaltung an den Bewerber geknüpft und daher keine Altersdiskriminierung gegeben. (LAG Rheinland-Pfalz, Urteil vom 10. Februar 2014, Az. 3 Sa 27/13)
3 … reicht Klage beim Arbeitsgericht ein, nach dessen Rechtsprechung in solchen Fällen eine Diskriminierung als möglich angesehen wird. (LAG Schleswig-Holstein, Urteil vom 29. Oktober 2013, Az. 1 Sa 142/13)	**4** … verteidigt sich vor dem Arbeitsgericht unter anderem damit, dass Bohrmann ein sogenannter „AGG-Hopper" sei, der sich gezielt auf diskriminierende Stellenanzeigen bewerbe, weshalb die Bewerbung rechtsmissbräuchlich sei und keine Ansprüche Bohrmanns begründen könne. (LAG Hamm (Westfalen), Urteil vom 25. Juli 2014, Az. 10 Sa 503/14)
5 … stützt seine Klage nunmehr auch noch auf Persönlichkeitsrechtsverletzung wegen der Bezeichnung „AGG-Hopper" durch den Arbeitgeber. (Allgemeines Persönlichkeitsrecht gemäß § 823 Abs. 1 BGB i. V. m. Art. 1 Abs. 1 und Art. 2 Abs. 1 GG)	**6** … meint, die Bezeichnung des Gegners als „AGG-Hopper" in einem Verfahren nach dem AGG sei Wahrnehmung berechtigter Interessen und damit keine Entschädigungsansprüche auslösende Persönlichkeitsrechtsverletzung. (LAG Hamburg, Urteil vom 23. Juni 2010, Az. 5 Sa 14/10)

Ausgang: Die Parteien einigen sich auf einen Ersatz der Fahrt- und Hotelkosten für U. Bohrmann und eine Pauschale für die von ihm aufgewandte Zeit.

Bewerbungsschreiben, Lebenslauf und Zeugnisse

An Bewerbungsschreiben und Lebensläufe werden heute derart hohe Ansprüche gestellt, dass bereits geringfügige Abstriche die Chancen auf ein Bewerbungsgespräch schmälern können.

Unrealistisch hohe Anforderungen in Ausschreibungen befeuern diese Entwicklung noch. Übertreibungen in Bewerbungsschreiben sind daher nicht selten. Rechtlich gesehen sind sie in der Regel unproblematisch: Nachweislich falsche Angaben können zwar zu einer nachträglichen Anfechtung oder Kündigung des Arbeitsvertrags und zu Schadensersatzansprüchen durch den Arbeitgeber führen und sogar strafbar sein (Betrug § 263 StGB). In der Praxis sind solche Prozesse wegen der für Arbeitgeber regelmäßig schlechten Beweissituation aber selten. Das wird sich in den kommenden Jahren durch das Internet sicher ändern – auch Arbeitgeber recherchieren über das Internet.

Erforderlich ist aber, dass die falsche Auskunft für das Arbeitsverhältnis von Relevanz ist. Eine Verkäuferin im Backshop, die im Lebenslauf perfekte Computerkenntnisse lediglich behauptet hatte, wird deswegen nicht gekündigt werden können.

Bei falsch beantworteten Fragen zur Tätigkeit für den Staatssicherheitsdienst der DDR werden Streitigkeiten allein schon aufgrund des zwischenzeitlichen Zeitablaufs mittlerweile eher arbeitnehmerfreundlich entschieden (BAG, Urteil vom 24. Juni 1999, Az. 8 AZR 790/98).

Arbeitnehmer, die ihre Zeugnisse manipulieren, machen sich wegen Urkundenfälschung nach § 267 StGB und ggf. auch wegen Betruges nach § 263 StGB strafbar. Das Risiko einer Entdeckung ist relativ hoch und kann noch Jahre später zu einer Anfechtung des Arbeitsvertrags bzw. zu einer Kündigung durch den Arbeitgeber führen (LAG Baden-Württemberg, Urteil vom 13. Oktober 2006, Az. 5 Sa 25/06).

Arbeitgeber sollten sich der mangelnden Verlässlichkeit von Bewerbungsunterlagen bewusst sein. Weitere Recherchen über den künftigen Arbeitnehmer sind heutzutage über das Internet kein Problem. Allerdings sollten Arbeitgeber dabei ebenfalls nicht vergessen, dass es im Informationszeitalter nicht unbedingt ein negatives Qualitätskriterium ist, wenn der Arbeitnehmer in Social Media nicht vertreten ist. Wer hingegen einen modernen, an diesen Medien orientierten und kommunikativen Arbeitnehmer wünscht, muss tolerant bei der Bewertung der Suchergebnisse sein.

Anreise zum Vorstellungsgespräch

Lädt der Arbeitgeber zum Vorstellungsgespräch ein, muss er die entstehenden Kosten (Fahrt-, Übernachtungskosten) in angemessenem Umfang übernehmen.

Diese Regelung ist bei kleineren Arbeitgebern unüblich, oft auch unbekannt. Hat der Arbeitgeber eine bundesweite Stellenausschreibung vorgenommen, kann der Arbeitnehmer schon eher davon ausgehen, dass diesem auch die Folgekosten bewusst sind. Wer hier sichergehen will, sollte das Problem vorher besprechen. Wegen der Beweisbarkeit ist eine Klärung per E-Mail sinnvoll. Arbeitnehmer, die sich ohne Einladung bei einem Unternehmen vorstellen, müssen ihre Kosten selbst tragen.

Das Vorstellungsgespräch

Arbeitnehmer müssen alle vom Arbeitgeber gestellten, zulässigen Fragen wahrheitsgemäß beantworten. Andernfalls riskieren sie eine spätere Anfechtung des Arbeitsvertrags. Schweigen oder sogar lügen ist bei unzulässigen Fragen erlaubt. Das Thema ist allerdings heikel. Wer schweigt, riskiert, die Stelle gar nicht erst zu bekommen. Wer – wenn auch vielleicht berechtigt – lügt, riskiert bei späterer Entdeckung zumindest eine erhebliche Vertrauenskrise.

Zulässig sind Fragen des Arbeitgebers nur dann, wenn sie mit dem künftigen Arbeitsplatz in Zusammenhang stehen. Erlaubt sind z. B. Fragen zu den persönlichen Verhältnissen (Alter, Familienstand), zu den Fähigkeiten (Abschlüsse, Ausbildungen, Qualifikationen), zu persönlichen Eigenschaften (Stärken, Schwächen) und zum beruflichen Werdegang.

Daneben gibt es eine Reihe von Fragen, die generell verboten sind und solche, die nur in Ausnahmefällen erlaubt sind.

Generell verboten sind Fragen nach:

▶ **Schwangerschaft**
▶ **Künftige Familienplanung** (Heirat, Kinder, Pflege)
▶ **Berufen** von Familienmitgliedern
▶ **sexueller** Orientierung
▶ **politischen** Präferenzen
▶ **Parteimitgliedschaft**
▶ **Gewerkschaftsmitgliedschaft**
▶ **laufenden** Ermittlungsverfahren
▶ **Krankheiten** (HIV-Infektion)

In Ausnahmefällen erlaubt und sonst verboten sind Fragen nach:

▶ **Vorstrafen,** soweit diese für das Arbeitsverhältnis relevant sein können
▶ **Religionszugehörigkeit** bei kirchlichen Arbeitgebern
▶ **Vermögensverhältnissen** (Schulden, eidesstattliche Versicherungen, Lohnpfändungen) bei beruflichem Bezug, z. B. Buchhalter, Kassierer
▶ **Schwerbehinderung,** nur wenn die Eignung die berufliche Tätigkeit tangiert. Allerdings wird auch hier zuneh-

mend die Auffassung vertreten, dass wegen des Diskriminierungsverbots Fragen generell unzulässig sind.

▸ **Ansteckenden Krankheiten,** wenn die Eignung die berufliche Tätigkeit möglicherweise tangiert, z.B. bei einer Tätigkeit in der Gastronomie.

Arbeitgeber, die unzulässige Fragen stellen, müssen in der Regel nur mit entsprechenden Unwahrheiten rechnen. Doch will der Arbeitgeber wirklich am Ende den Arbeitnehmer, der am besten gelogen hat? Viele unzulässige Fragen sind auch faktisch unsinnig. Wozu soll es gut sein, 20-Jährige nach der Familienplanung zu befragen?

In Ausnahmefällen können unzulässige Fragen im Bewerbungsgespräch auch Schadensersatz- bzw. Schmerzensgeldansprüche des Arbeitnehmers (mit-)begründen, z.B. wegen einer Diskriminierung oder einer Beleidigung.

Darf der Arbeitgeber einen Gesundheitstest verlangen?

Grundsätzlich umfasst das allgemeine Persönlichkeitsrecht des Arbeitnehmers auch die Geheimhaltung seines Gesundheitszustandes (Art. 2 Abs. II, 1 Abs. I GG, Art. 8 EMRK, § 28 I Nr. 1 BDSG). Ein Eingriff in dieses Recht ist nur dann gerechtfertigt, wenn der Nachweis der gesundheitlichen Eignung – per Untersuchung oder Vorlage eines Gesundheitszeugnisses – für das konkrete Arbeitsverhältnis erforderlich ist. Dieses Erfor-

dernis kann sich zum Beispiel aus dem Gesichtspunkt des Schutzes des Arbeitnehmers oder der Allgemeinheit ergeben. Ein Jugendlicher darf zum Beispiel nur beschäftigt werden, wenn er innerhalb der letzten 14 Monate von einem Arzt untersucht worden ist und dem Arbeitgeber eine von diesem Arzt ausgestellte Bescheinigung vorliegt (§ 32 JArbSchG).

Arbeitnehmer, die im Rahmen der Ausübung ihres Berufs mit Lebensmitteln zu tun haben, dürfen nur dann beschäftigt werden, wenn sie vor Arbeitsaufnahme eine nicht mehr als drei Monate alte Bescheinigung des Gesundheitsamtes oder eines vom Gesundheitsamt beauftragten Arztes nachgewiesen haben und nach entsprechender Belehrung schriftlich erklärt haben, dass für sie keine gesetzlichen Tätigkeitsverbote wegen Infektionskrankheiten bestehen (§ 43 IfSG).

Der Arbeitgeber kann außerdem Informationen über Krankheiten verlangen, soweit diese gegebenenfalls die Berufsausübung unmöglich werden lassen.

→ Mehlstauballergie

Bevor ein Bäcker einen Mitarbeiter einstellt, ist er durchaus berechtigt, Informationen über eine eventuell vorliegende Mehlstauballergie zu erhalten.

Hingegen müssen Schwangere, die wegen eines Beschäftigungsverbots aus gesundheitlichen Gründen nicht arbeiten dürfen, dies nicht offenbaren. Da schon die Frage nach einer Schwangerschaft unzulässig ist, gilt dies ebenso für aus einer Schwangerschaft folgende berufliche Einschränkungen.

Bewerbungsmappe – das muss rein

Eine Bewerbungsmappe sagt bereits viel über den Bewerber aus.

☐ **Umschlag:** Eine gewisse Wertigkeit soll er haben, denn sein Inhalt betrachtet der Bewerber schließlich auch als wertig. Im Einzelnen hängen Form, Material und Farbton von der Firma ab – nicht alles passt zu allem.

☐ **Papier:** Wie beim Umschlag – möglichst kein einfaches Kopierpapier.

☐ **Anschreiben:** Standardbausteine, die nicht zu sehr auffallen, durchzogen mit möglichst vielen, individuell auf die Ausschreibung zugeschnittenen Formulierungen.

☐ **Bewerbungsfoto:** Offiziell nicht mehr nötig, wird es doch sehr gern gesehen. Über die Position innerhalb der Mappe, das Format und wie der Bewerber aussehen sollte, gibt es verschiedenste Meinungen.

☐ **Eigene Adresse:** Denkbar als Kopf- oder Fußzeile – dann muss die Personalstelle nicht danach suchen.

☐ **Angaben zur Person:** Name, Alter, Wohnort, Kontaktdaten.

☐ **Lebenslauf:** In umgekehrt chronologischer Reihenfolge. Entscheiden Sie zudem, ob Ihr höchster Abschluss oder Ihre berufliche Erfahrung wichtiger ist, d. h. oben steht.

☐ **Anlagen:** Alle Abschlüsse, Zusatzqualifikationen und Arbeitszeugnisse in der gleichen Abfolge wie im Lebenslauf.

☐ **Per Post:** Ausreichend frankieren. Die Rücksendung muss der ausschreibende Betrieb übernehmen.

☐ **Per E-Mail:** Alles in einer Gesamt-PDF schicken, die kleiner als 5 MB ist. In der E-Mail sicherheitshalber auf den Anhang hinweisen.

Regelungen im Arbeitsvertrag

Für das Verhältnis zwischen Arbeitgeber und Arbeitnehmer und die Bestimmung der gegenseitigen Rechte und Pflichten ist der Arbeitsvertrag von zentraler Bedeutung.

Ein Arbeitsvertrag ist ein privatrechtlicher Vertrag zwischen einem Arbeitnehmer und einem Arbeitgeber. In diesem Vertrag verpflichtet sich ein Arbeitnehmer, also eine natürliche Person, zur Leistung von Arbeit. Der Arbeitgeber kann aufgrund dieses Vertrags die Leistung von Arbeit von seinem Arbeitnehmer verlangen und wird dadurch zum Schuldner des Vergütungsanspruchs. Ein solcher Vertrag nach §§ 241, 305 BGB ist ein gegenseitiger Vertrag, für den der Grundsatz der Vertragsfreiheit gilt, § 105 GewO. Allgemein setzt ein Arbeitsvertrag wie jeder andere privatrechtliche Vertrag voraus, dass zwei gültige Willenserklärungen vorliegen, die einen übereinstimmenden Inhalt haben. Daraus folgt, dass ein nicht geschäftsfähiger Arbeitnehmer oder Arbeitgeber einen Arbeitsvertrag nicht begründen kann, §§ 104 ff. BGB.

Form des Arbeitsvertrags

Arbeitnehmer und Arbeitgeber müssen sich also einig sein. In Schriftform müssen sie dies nicht niederlegen, es gibt nach dem Gesetz für den Arbeitsvertrag kein Formerfordernis. Ein mündlicher Arbeitsvertrag oder ein Arbeitsvertrag per „Handschlag" ist also wirksam. Nur, wenn das Gesetz oder ein Tarifvertrag die Schriftform anordnet, muss ein Arbeitsvertrag schriftlich vorliegen. Eine solche Vorschrift ist § 11 BBiG für den Ausbildungsvertrag, § 11 AÜG für den Vertrag eines Leiharbeitnehmers und § 14 Abs. 4 TzBfG für einen befristeten Vertrag. Die meisten Tarifverträge sehen ebenfalls vor, dass ein Arbeitsvertrag schriftlich abzuschließen ist. Wird der Arbeitsvertrag dennoch nur mündlich abgeschlossen, ist er aber nicht allein deswegen unwirksam.

66 Achtung: Auch beim mündlichen Arbeitsvertrag ist der Arbeitgeber laut NachwG verpflichtet, einen Nachweis schriftlich niederzulegen.

Das Gesetz selbst sagt zum Inhalt eines Arbeitsvertrags nicht viel aus. § 611 BGB definiert nur die gegenseitigen Pflichten beim Arbeitsvertrag. § 612 BGB betrifft die Vergütung, also die Gegenleistung für erbrachte Arbeit. Hiernach gilt eine Vergütung als stillschweigend vereinbart, wenn die Leistung üblicherweise nur gegen eine solche er-

bracht wird. Ist die Höhe der Vergütung, also das Arbeitsentgelt, nicht bestimmt, so ist die ortsübliche, vergleichbare Vergütung heranzuziehen, § 612 Abs. 2 BGB. Allerdings ist die Ermittlung dieser vergleichbaren Vergütung oft gar nicht einfach, weswegen es sich immer empfiehlt, das Arbeitsentgelt auch zu vereinbaren. Will man den einen Nachweis darüber erbringen können, empfiehlt sich eine schriftliche Vereinbarung.

Nachweis als Pflicht

Schließen die Parteien eines Arbeitsvertrags keinen schriftlichen Arbeitsvertrag ab, ist der Arbeitgeber verpflichtet, einen Nachweis nach dem NachwG zu erbringen. Schließlich wollen beide Parteien etwas in der Hand halten, auf das sie sich berufen können. Nach § 2 NachwG muss der Arbeitgeber einen Monat nach dem vereinbarten Beginn die wesentlichen Vertragsbedingungen schriftlich niederlegen, diese Niederschrift unterzeichnen und dann dem Arbeitnehmer aushändigen. Was exakt in einem solchen Nachweis enthalten sein muss, ist in § 2 Abs. 1 Satz 2 NachwG geregelt.

Diese Nachweispflichten gelten nur dann nicht, wenn ein schriftlicher Arbeitsvertrag abgeschlossen wird, siehe § 2 Abs. 4 NachwG. Gänzlich ohne schriftliche Aufzeichnungen kommt also auch ein mündlich geschlossener Arbeitsvertrag nicht aus.

Welcher Tarifvertrag gilt?

Ein Tarifvertrag gilt nicht ohne Weiteres automatisch für jedes Arbeitsverhältnis. Notwendig sind spezielle Vereinbarungen.

Automatisch gilt ein Tarifvertrag nur für ein Arbeitsverhältnis, wenn es sich um einen allgemeinverbindlichen Tarifvertrag handelt, § 5 TVG. Das sind nur die tatsächlich durch Rechtsverordnung für allgemeinverbindlich erklärten Tarifverträge.

Voraussetzung für eine solche Geltung ist aber, dass das Arbeitsverhältnis auch dem Anwendungsbereich dieses Tarifvertrags unterliegt. Auch für allgemeinverbindlich erklärte Tarifverträge muss daher bei jedem Arbeitsverhältnis geprüft werden, ob der räumliche und persönliche Anwendungsbereich eröffnet ist. Nur wenn das der Fall ist, gelten die Vorschriften dieser Tarifverträge für das Arbeitsverhältnis automatisch und ohne weitere Voraussetzungen.

Ohne allgemeinverbindlichen Tarifvertrag

Liegt kein allgemeinverbindlicher Tarifvertrag vor, ist die Lage komplizierter. Dann gilt ein Tarifvertrag nur bei beiderseitiger (d.h. doppelter, siehe BAG, Urteil vom 11. Mai 2005, Az. 4 AZR 315/04) Tarifgebundenheit. § 3 TVG bestimmt, dass tarifgebunden die Mitglieder der Tarifvertragsparteien und die Arbeitgeber sind, die selbst Parteien eines Tarifvertrags sind. Das bedeutet, dass auf Arbeitnehmerseite eine Tarifbindung nur vorliegt, wenn der Arbeitnehmer Gewerkschaftsmitglied ist. Auf Arbeitgeberseite liegt Tarifbindung in diesem Sinne dann vor, wenn der Arbeitgeber Mitglied des Arbeitgeberverbandes ist, der einen Tarifvertrag abschließt oder abgeschlossen hat, oder wenn der Arbeitgeber einen Haustarifvertrag abgeschlossen hat.

Eine einseitige Tarifbindung genügt hingegen nicht. Ist der Arbeitnehmer zwar Gewerkschaftsmitglied, der Arbeitgeber aber nicht Mitglied des Arbeitgeberverbandes, tritt keine Tarifbindung ein. Umgekehrt tritt auch keine Tarifbindung ein, wenn der Arbeitgeber zwar Mitglied im Arbeitgeberverband ist, der Arbeitnehmer aber nicht Gewerkschaftsmitglied.

❝ **Eine einseitige Tarifbindung genügt nicht.**

Voraussetzung ist auch, dass sowohl der Arbeitnehmer wie auch der Arbeitgeber Mitglied in der für die Branche zuständigen Vereinigung sind. Gehört also der Arbeitgeber einem branchenfremden Arbeitgeberverband oder der Arbeitnehmer einer branchenfremden Gewerkschaft an, vermittelt auch das keine Tarifbindung.

Bezugnahmeklauseln

Die Anwendung eines Tarifvertrags kann auch durch eine Bezugnahmeklausel im Arbeitsvertrag vereinbart werden. Bei solchen Klauseln muss nach dem Umfang derselben gefragt werden. Bezugnahmeklauseln in einem Tarifvertrag können vollumfänglich oder teilweise ausgestaltet sein. Durch diese entsteht nach Auffassung der Rechtsprechung keine Tarifbindung: Die in Bezug genommene tarifliche Regelung wird zum Gegenstand des Arbeitsvertrags (BAG, Urteil vom 07. Dezember 1977, Az. 4 AZR 474/76). Bei der Formulierung einer Bezugnahmeklausel sind Arbeitgeber und Arbeitnehmer frei. Die Bezugnahme, die rechtsbegründend ist, kann auf den einschlägigen Tarifvertrag erfolgen, also denjenigen, in dessen fachlichen und persönlichen Geltungsbereich das Arbeitsverhältnis fällt und der bei Tarifbindung der Parteien auch gelten würde.

Arbeitgeber und Arbeitnehmer sind aber auch nicht gehindert, Tarifverträge eines anderen betrieblichen, fachlichen, räumlichen oder zeitlichen Geltungsbereichs in Bezug zu nehmen. Sie können also sowohl abgelaufene Tarifverträge, branchenfremde Tarifverträge und auch unterschiedliche Tarifverträge für anwendbar erklären (BAG, Urteil vom 20. September 2006, Az. 10 AZR 715/05; Urteil vom 21. September 2011, Az. 5 AZR 520/10).

Bei der Formulierung solcher Klauseln ist allerdings Sorgfalt geboten. Zum einen muss klar sein, worauf das Arbeitsverhältnis dann konkret Bezug nimmt. Zum anderen muss jede Bezugnahme den Anforderungen der inhaltlichen Bestimmtheit und Klarheit genügen (BAG, Urteil vom 17. Januar 2006, Az. 9 AZR 41/05).

Probleme bei Bezugnahmeklauseln

Erhebliche Probleme können Bezugnahmeklauseln bereiten, wenn Tarifverträge außer Kraft treten, gekündigt werden oder zeitlich ablaufen. Es stellt sich in diesen Fällen stets die Frage, ob der Tarifvertrag dann weitergelten soll?

Für diese Fälle fragt die Rechtsprechung nach dem Wesen einer solchen Klausel.

▶ **Bei einer statischen Bezugnahmeklausel** wird auf einen einzelnen Tarifvertrag in einer ganz bestimmten Fassung verwiesen. Für diese Klausel gilt dann, dass das Arbeitsverhältnis an Änderungen des Tarifvertrags nicht mehr teilnimmt (BAG, Urteil vom 19. September 2007, Az. 4 AZR 710/06). Wird eine solche statische Klausel bei der Vergütung vereinbart, steigt die Vergütung nicht mehr mit, wenn sich der Tarifvertrag ändert.

▶ **Bei einer kleinen dynamischen Verweisung** wird eine Bezugnahme auf die jeweilige Fassung eines bestimmten

Tarifvertrags vereinbart. In diesem Fall nimmt das Arbeitsverhältnis an den Veränderungen teil, soweit der Tarifvertrag selbst erhalten bleibt, nicht aber, wenn er sich ändert (BAG, Urteil vom 09. November 2005, Az. 5 AZR 128/05).

▶ **Bei einer großen dynamischen Verweisung** auf einen Tarifvertrag findet eine Bezugnahme auf die jeweilige Fassung der einschlägigen Tarifverträge der Branche statt. Das ist eine sehr weit gehende Verweisung, die das Tarifrecht auch dann für anwendbar erklärt, wenn sich das Tarifrecht durch neue Abschlüsse ändert (BAG, Urteil vom 13. Februar 2013, Az. 5 AZR 2/12).

Die inhaltlich weitreichendste Bezugnahmeklausel ist die große dynamische Bezugnahmeklausel mit Tarifwechselabrede. Bei dieser Bezugnahme nimmt das Arbeitsverhältnis auch an tariflichen Änderungen teil, soweit das Arbeitsverhältnis aufgrund der Entwicklungen ab einem bestimmten Zeitpunkt einer anderen Branche und damit natürlich auch anderen Tarifverträgen zuzuordnen sein sollte (BAG, Urteil vom 30. August 2000, Az. 4 AZR 581/99).

Allen Bezugnahmeklauseln wohnt inne, dass exakt auszulegen ist, was vereinbart wurde.

Gleichstellungsabrede

Mittelbar kann Tarifbindung hergestellt werden durch einen nur tarifgebundenen Arbeitgeber im Verhältnis zu seinen Arbeitnehmern, die nicht tarifgebunden sind. Mit einer sogenannten Gleichstellungsabrede will der Arbeitgeber erreichen, dass alle Arbeitnehmer im Betrieb gleichgestellt sind. Durch eine solche Gleichstellungsabrede wird also der Unterschied zwischen tarifgebundenen Arbeitnehmern und nicht tarifgebundenen Arbeitnehmern aufgehoben.

Individualarbeitsrechtlich ist das für die betroffenen Arbeitnehmer natürlich günstig. Kollektivrechtlich für die Gewerkschaften ist es allerdings kritisch zu betrachten, da mit solchen Gleichstellungsabreden der Anreiz für Arbeitnehmer sinkt, Gewerkschaftsmitglieder zu werden. Schwierigkeiten bereiten solche Gleichstellungsabreden dann, wenn das Arbeitsverhältnis einem Branchenwechsel, zum Beispiel bei einem Betriebsübergang nach § 613a BGB, unterfällt (siehe „Der Betriebsübergang", S. 129). Prozessual löst die Rechtsprechung diese Fälle nach dem Günstigkeitsprinzip auf und wendet, wenn die Bezugnahmeklausel eine dynamische Klausel war, das Tarifrecht an, das für den Arbeitnehmer am günstigsten ist (BAG, Urteil vom 16. Mai 2012, Az. 4 AZR 24/10).

▶ **Eine Übersicht** über die allgemein verbindlichen Tarifverträge findet sich auf der Homepage des Bundesministeriums für Arbeit und Soziales: **www.bmas.de/DE/ Themen/Arbeitsrecht/Tarifvertraege/allgemeinverbindliche-tarifvertraege.html**

Rechtlos in der Probezeit?

Der größte Teil aller Arbeitsverhältnisse beginnt mit einer Probezeit, auch Probearbeitsverhältnis genannt.

Das Gesetz geht nahezu selbstverständlich von einer Probezeit aus, siehe § 622 Abs. 3 BGB. Auch Tarifverträge erwähnen sie vielfach. Explizit geregelt ist sie allerdings nirgends. Das bedeutet, dass nicht das Gesetz selbst eine Probezeit vorgibt, genauso wenig wie dies Tarifverträge tun, sondern dass sie ausdrücklich vereinbart werden muss. Sowohl das Gesetz als auch die Tarifverträge formulieren in aller Regel, dass „eine Probezeit ... vereinbart werden kann". Damit wird immer vorausgesetzt, dass Arbeitgeber und Arbeitnehmer eine solche Vereinbarung auch treffen. Tun sie das nicht, gibt es auch keine Probezeit.

Die Probezeit unterscheidet sich vom sogenannten „Einführungsverhältnis". Dieses, gesetzlich ebenfalls nicht geregelt, ist ein „Schnupperkurs" ohne Vergütungsanspruch und Arbeitspflicht (LAG Hamm, Urteil vom 24.05.1989, Az. 15 Sa 18/89). Es darf aber, damit keine Aushöhlung der arbeitsrechtlichen Schutzvorschriften stattfindet, nur für kurze Zeit andauern, in der Regel nicht länger als eine Woche.

Zwei Konstellationen für Probezeit

Die eigentliche Probezeit hat zum Ziel, dem Arbeitgeber wie auch dem Arbeitnehmer die Möglichkeit zu geben, sich ein Bild von der Arbeitsstelle und dem jeweils anderen Vertragspartner zu machen. Ansonsten steht das Probezeitarbeitsverhältnis einem normalen Arbeitsverhältnis gleich. Zwei Konstellationen sind denkbar:

▶ **Arbeitgeber und Arbeitnehmer** können ein befristetes Arbeitsverhältnis als Probearbeitsverhältnis vereinbaren, das mit Ablauf der Probezeit automatisch endet, falls nicht ein neuer Arbeitsvertrag (d. h. Anschlussarbeitsvertrag) abgeschlossen wird, § 14 Abs. 1 Nr. 5 TzBfG.

▶ **Das Probearbeitsverhältnis** kann aber auch als vorgeschaltete Zeit im Rahmen eines unbefristeten Arbeitsverhältnisses vereinbart werden. Das ist der gesetzlich geregelte Fall des § 622 Abs. 3 BGB. Diese Probezeit beinhaltet die gleichen Rechte für Arbeitgeber und Arbeitnehmer und auch die gleichen Pflichten, wie im unbefristeten oder festen Arbeitsverhältnis.

Dauer, Bedingungen und Kündigung der Probezeit

Nach § 622 Abs. 3 BGB darf die Probezeit im Höchstfall sechs Monate betragen. Sie kann auch kürzer sein – eine Verlängerung der

Probezeit mit 45?
Klingt nach erstem Job und wenig Gehalt, aber eine Probezeit gibt es fast immer – auch wenn man schon lange im Arbeitsleben steht.

Probezeit sieht das Gesetz aber nicht vor. Der Arbeitgeber kann eine Probezeit auch dann nicht verlängern, wenn der Arbeitnehmer in der ursprünglichen Probezeit länger erkrankt war und daher die Erprobung nicht im gewünschten Umfang stattfinden konnte (LAG Rheinland-Pfalz, Urteil vom 05. Januar 1999, Az. 2 (4) Sa 1139/98).

Der Vorteil für Arbeitgeber und Arbeitnehmer liegt bei § 622 Abs. 3 BGB darin, dass das Gesetz eine verkürzte Kündigungsfrist vorsieht: zwei Wochen ohne festes Ende. Arbeitgeber und Arbeitnehmer können für die Probezeit eine längere Kündigungsfrist vereinbaren, eine kürzere ist nach dem Gesetz nicht möglich. Vielfach sehen aber Tarifverträge für die Probezeit eine kürzere Kündigungsfrist vor, was vom Gesetz als zulässig erachtet wird.

Für eine Probezeitkündigung ist erforderlich, dass die Kündigung ausgesprochen wird: Arbeitgeber wie Arbeitnehmer können sich also auf die Probezeitkündigungsfrist berufen, wenn sie innerhalb der vereinbarten Probefrist die Kündigung aussprechen.

Das Ende des Arbeitsverhältnisses muss nicht in dieser Frist liegen (BAG, Urteil vom 21. April 1966, Az. 2 AZR 264/65). Diese 6-Monats-Frist findet sich zusätzlich in einer Reihe von Gesetzen, die für ein Arbeitsverhältnis maßgeblich sind. So ist nach § 1 Abs. 1 Satz 1 KSchG der Schutz aus diesem Gesetz erst dann gegeben, wenn das Arbeitsverhältnis sechs Monate bestanden hat. Die besonderen Rechte eines Arbeitnehmers aus dem Schwerbehindertenrecht sind ebenfalls erst nach sechs Monaten anwendbar, § 90 SGB IX.

Hieraus leitet sich ab, dass in einer Probezeit das Arbeitsverhältnis zwar als reguläres Arbeitsverhältnis zu bewerten ist, allerdings ist es in dieser Zeit für beide Seiten mit einer kürzeren Frist kündbar. Für den Arbeitgeber ist es gegebenenfalls erleichtert kündbar, weil er die Vorgaben aus dem KSchG wie auch aus dem Schwerbehindertenrecht des SGB IX (noch) nicht beachten muss. Rechtlos ist der Arbeitnehmer allerdings in der Probezeit nicht, denn auch dann darf eine Kündigung nicht willkürlich sein (BAG, Urteil vom 22. April 2010, Az. 6 AZR 828/08).

Die Regelungen für Teilzeit

Viele arbeitsrechtliche Gesetze gehen – ohne das ausdrücklich zu sagen – von einem vollzeitbeschäftigten Arbeitnehmer aus.

Die gesellschaftliche Realität sieht allerdings anders aus. Laut Statistik sind 25,8 Prozent aller Arbeitnehmer in Deutschland teilzeitbeschäftigt (Stand: Ende 2012). Insbesondere im Rahmen der Familienplanung ist die Teilzeitarbeit oft die einzige Möglichkeit für Eltern, Berufstätigkeit und Familie überhaupt einigermaßen sinnvoll miteinander zu vereinen. Das Hauptgesetz für teilzeitbeschäftigte Arbeitnehmer ist das Gesetz über Teilzeitarbeit und befristete Arbeitsverträge (Teilzeit- und Befristungsgesetz – TzBfG). Einige Spezialregelungen finden sich noch im Gesetz über die Elternzeit bzw. das Elterngeld, im BEEG.

Definition von Teilzeitbeschäftigung

Teilzeitbeschäftigt ist ein Arbeitnehmer, wenn seine regelmäßige Wochenarbeitszeit kürzer ist als die eines vergleichbaren vollzeitbeschäftigten Arbeitnehmers. Gibt es keine regelmäßige Wochenarbeitszeit, dann ist er es, sobald seine regelmäßige Arbeitszeit im Durchschnitt eines bis zu einem Jahr reichenden Beschäftigungszeitraums unter der eines vergleichbaren vollzeitbeschäftigten Arbeitnehmers liegt, § 2 Abs. 1 TzBfG.

Vergleichbar ist ein Arbeitnehmer immer dann, wenn dieselbe Art des Arbeitsverhältnisses und die gleiche oder ähnliche Tätigkeit vorliegen.

Das Gesetz stellt insbesondere klar, dass auch die sogenannten Minijobber teilzeitbeschäftigte Arbeitnehmer sind, § 2 Abs. 2 TzBfG. Entgegen häufig vertretener Auffassung sind also die geringfügig Beschäftigten „vollwertige Arbeitnehmer".

Für teilzeitbeschäftigte Arbeitnehmer gelten alle arbeitsrechtlichen Schutzvorschriften. Der einzige Unterschied liegt darin, dass die Arbeitszeit bei teilzeitbeschäftigten Arbeitnehmern gleichmäßig oder ungleichmäßig, regelmäßig oder unregelmäßig verkürzt ist.

Heißt Teilzeit nur Teile der Rechte?

Zentral für teilzeitbeschäftigte Arbeitnehmer ist § 4 Abs. 1 TzBfG. Dieser stellt ausdrücklich fest, dass teilzeitbeschäftigte Arbeitnehmer nicht wegen der Teilzeitarbeit schlechter behandelt werden dürfen als vergleichbare vollzeitbeschäftigte Arbeitnehmer – es sei denn, dass sachliche Gründe dies rechtfertigen. Insbesondere sind das Arbeitsentgelt oder jede andere geldwerte Leistung mindestens in dem Umfang zu gewähren, der dem Anteil der Arbeitszeit des teilzeitbeschäftigten Arbeitnehmers an der

Arbeitszeit eines vergleichbaren vollzeitbeschäftigten Arbeitnehmers entspricht.

Diskriminierungsverbot

Das Diskriminierungsverbot ist besonders zu beachten bei Arbeitszeitfragen und Vergütungsfragen. Denn häufiger Streitpunkt bei teilzeitbeschäftigten Arbeitnehmern ist die Frage der Schichteinteilung in Branchen, in denen Schichtdienste und/oder Wochenenddienste an der Tagesordnung sind. Stellt ein Arbeitgeber teilzeitbeschäftigte Arbeitnehmer ein, um im besonderen Maße Bedarf an Nacht- oder an Wochenendschichten abdecken zu können, kann dies eine verbotene Diskriminierung darstellen. Das BAG geht nur dann von einer Gleichbehandlung aus, wenn Teilzeitkräfte aufgrund eines Schichtplanes ebenso häufig wie Vollzeitkräfte zu Spät- oder Wochenenddiensten eingeteilt werden (BAG, Urteil vom 24. April 1997, Az. 2 AZR 352/96).

Kritisch sieht es das Bundesarbeitsgericht, wenn eine Schichtplanregelung die Arbeitszeit von teilzeit- und vollzeitbeschäftigten Arbeitnehmern in einem ungleichen Verhältnis auf den Spät- oder Wochenenddienst und auf den Dienst an anderen Wochentagen verteilt. Unterscheidungskriterium ist nach dem BAG immer, wie die Arbeitszeit gelegen ist, nicht jedoch deren Dauer. Es muss also in der Vergleichsgruppenbetrachtung gefragt werden, wie die jeweilige Häufigkeit der Wochenend- bzw. Spätdienste ist.

Ein ähnliches Problem stellt sich bei der Bezahlung von Überstundenzuschlägen. Arbeitgeber argumentieren häufig, dass Überstundenzuschläge bei Teilzeitbeschäftigten nicht zu zahlen seien. Der Ansatz der Rechtsprechung ist nicht einheitlich. Überschreitet ein Arbeitnehmer im Rahmen seiner Teilzeitbeschäftigung seine individuelle, nicht aber die betriebsübliche Arbeitszeit eines Vollzeitbeschäftigten, dann stellt der EuGH darauf ab, dass die Vergütung für die gleiche Arbeit bei gleicher Arbeitszeit maßgeblich ist. Das BAG fragt danach, ob bei der gleichen Anzahl geleisteter Arbeitsstunden die dem Vollzeitbeschäftigten gezahlte Vergütung höher wäre als die dem Teilzeitbeschäftigten gezahlte (BAG, Urteil vom 24. September 2008, Az. 6 AZR 259/08). Erhalten demnach teilzeitbeschäftigte Arbeitnehmer für die gleiche Anzahl geleisteter Arbeitsstunden die gleiche Gesamtvergütung wie Vollzeitbeschäftigte, liegt keine Ungleichbehandlung vor.

Sonderzahlungen

Streitig ist die Behandlung auch bei der Frage von Zulagen und sonstigen finanziellen Vergünstigungen. In der Rechtsprechung wird zunächst grundsätzlich geprüft, ob eine Diskriminierung des teilzeitbeschäftigten Arbeitnehmers vorliegt oder nicht – also ob der Entgeltcharakter einer Leistung im Vordergrund steht oder ein anderer, an die Dauer der Arbeitszeit anknüpfende, mit der Leistung verbundene Zweck (BAG, Urteil

Frühaufsteher
In Betrieben, die Zulagen etwa für Wechselschichten, Erschwernisse, Schmutz oder Sicherheit zahlen, gelten für Teilzeitarbeitskräfte dieselben Ansprüche wie für ihre in Vollzeit beschäftigten Kollegen.

vom 11. Dezember 1996, Az. 10 AZR 359/96). Bei Leistungen wie Wechselschichtzulagen, Erschwerniszulagen, Schmutzzulagen, Sicherheitszulagen, Weihnachtsgeld, Betriebstreuezuwendungen und Sozialplanabfindungen stellt sich bei teilzeitbeschäftigten Arbeitnehmern grundsätzlich die Frage, ob diese ganz entfallen oder einer anteiligen Kürzung unterliegen:

Bei Leistungen mit klarem Entgeltcharakter wie Wechselschichtzulagen, Erschwerniszulagen, Schmutzzulagen und auch Sicherheitszulagen ist kein sachlicher Grund erkennbar, diese für teilzeitbeschäftigte Arbeitnehmer entfallen zu lassen oder auch nur anteilig zu kürzen – tatsächlich sind ja Teilzeitbeschäftigte der Belastung, zu deren Ausgleich die jeweilige Zulage geleistet wird, in gleichem Maße ausgesetzt wie vollzeitbeschäftigte Arbeitnehmer. Nur dann, wenn diese Belastung gänzlich nicht festgestellt werden kann, ist eine Kürzung bis zum Wegfall hin überhaupt zulässig (BAG, Urteil vom 07. Oktober 1992, Az. 10 AZR 51/91).

Bei Betriebstreuezuwendungen und Gratifikationen wie Weihnachtsgeld und Ur-laubsgeld ist die Sachlage differenziert. Die Rechtsprechung geht hier im Grundverständnis davon aus, dass derartige Leistungen zwar zum Ausgleich erhöhter Ausgaben gezahlt werden – Weihnachtsfest und Urlaub stehen schließlich sowohl bei teilzeitbeschäftigten wie bei vollzeitbeschäftigten Mitarbeitern gleichermaßen an. Sie lässt aber eine anteilige Kürzung zu, da kein reiner Entgeltcharakter vorliegt (BAG, Urteil vom 21. Januar 2014, Az. 9 AZR 134/12). Zu beachten ist aber für Arbeitgeber wie für Arbeitnehmer, dass eine anteilige Kürzung nur bezogen auf die jeweilige Grundvergütung zulässig ist. Ein kompletter Wegfall ist nicht zulässig. Rechnerisch problematisch können derartige Fallkonstellationen dann werden, wenn bei Weihnachts- bzw. Urlaubsgeld nicht eine Bezugnahme zur Grundvergütung vorliegt, sondern ein Pauschalbetrag gewährt wird. Für diesen Fall muss der Arbeitgeber eine Umrechnung nach Arbeitszeitanteilen des teilzeitbeschäftigten Mitarbeiters vornehmen. Rechnerischer Bezugspunkt ist also die volle Höhe der Leistung für den vollzeitbeschäftigten Arbeitnehmer; für den teilzeitbeschäftigten Arbeitnehmer ist dann der prozentuale Anteil, bezogen auf seine Arbeitszeit zu ermitteln.

Aus all diesen Diskriminierungsfragen ergibt sich bei entsprechendem Verstoß ein Anspruch des Arbeitnehmers auf Gleichbehandlung. Das bedeutet, dass der Arbeitnehmer entsprechende Ansprüche auf Zahlung oder Aufstockung von Zahlungen unter dem Gesichtspunkt der Gleichbehandlung bzw. des Verstoßes gegen das Diskriminierungsverbot aus § 4 Abs. 1 TzBfG durchsetzen kann.

Anspruch auf Teilzeit sowie Antrag und Gewährung von Teilzeit

Das TzBfG soll Teilzeitbeschäftigung fördern. Daher sieht § 8 TzBfG den Anspruch eines Arbeitnehmers vor, seine Arbeitszeit verringern zu dürfen. Das Gesetz unterscheidet hierbei zwei Grundkonstellationen. Grundsätzlich kann jeder Arbeitnehmer die Verringerung seiner Arbeitszeit beantragen. Einen durchsetzbaren Anspruch gibt das Gesetz allerdings nur, wenn der Arbeitgeber in der Regel mehr als 15 Arbeitnehmer beschäftigt. Umgekehrt heißt das: Werden regelmäßig weniger als 15 Personen beschäftigt, gibt es keinen gerichtlich durchsetzbaren Anspruch auf Wechsel in Teilzeit. Weitere Voraussetzung ist nach § 8 Abs. 1 TzBfG, dass das Arbeitsverhältnis zwischen Arbeitnehmer und Arbeitgeber länger als sechs Monate bestanden hat. Vorher besteht ein Anspruch ebenfalls nicht.

Das Gesetz sieht sowohl Fristen als auch bestimmte Verfahrensschritte vor. Zunächst muss der Arbeitnehmer nach § 8 Abs. 3 TzBfG seinen Wunsch auf Teilzeit sowie den Umfang der Verringerung der Arbeitszeit spätestens drei Monate vor dem geplanten Beginn geltend machen und hierbei auch angeben, wie sich die zukünftige verringerte Arbeitszeit verteilen soll. Unterlässt der Arbeitnehmer das, macht dies seinen Teilzeitanspruch aber nicht unzulässig. In diesem Fall müssen Arbeitgeber und Arbeitnehmer die gewünschte Verringerung der Arbeitszeit erörtern, um zu einer Vereinbarung zu gelangen und um Einvernehmen über die Verteilung der Arbeitszeit zu erzielen.

Spätestens einen Monat vor dem gewünschten Beginn der Verringerung der Arbeitszeit muss eine Entscheidung gefallen sein. Diese Entscheidung muss nach § 8 Abs. 5 Satz 1 TzBfG schriftlich mitgeteilt werden. Unterlässt der Arbeitgeber das, verringert sich trotzdem die Arbeitszeit, zunächst einmal in dem vom Arbeitnehmer gewünschten Umfang. Wenn auch kein Einvernehmen über die Verteilung der Arbeitszeit vorliegt und wiederum keine schriftliche Ablehnung erfolgt, gilt die vom Arbeitnehmer gewünschte Verteilung der Arbeitszeit entsprechend seinen Wünschen als festgelegt, § 8 Abs. 5 Satz 3 TzBfG.

Der Wille des Gesetzes, dass sich Arbeitgeber und Arbeitnehmer einigen sollen und dass der Arbeitgeber über den Wunsch des Arbeitnehmers schriftlich zu entscheiden hat, ist also kein bloßer Formalismus. Wird das Verfahren nicht eingehalten, ergibt sich wie eben dargestellt eine Fiktion zulasten des Arbeitgebers.

Betriebliche Gründe für die Ablehnung von Teilzeit

Der Anspruch auf Wechsel in Teilzeitbeschäftigung und entsprechende Verteilung der Arbeitszeit besteht nicht ohne Weiteres. Gemäß § 8 Abs. 4 Satz 1 TzBfG darf der Arbeitgeber zulässigerweise betriebliche Gründe einwenden, die dem Teilzeitwunsch entgegenstehen. Die Rechtsprechung setzt explizit keine strengen Maßstäbe, das Gesetz spricht nicht von dringenden betrieblichen Gründen. Es genügen also rationale und nachvollziehbare Gründe, die ein hinreichendes Gewicht aufweisen müssen (BAG, Urteil vom 08. Mai 2007, Az. 9 AZR 1112/06). Liegen diese Gründe vor, kommt es nicht zu einer Abwägung zwischen den Interessen des Arbeitnehmers und denen des Arbeitgebers – in diesem Fall überwiegen die betrieblichen Interessen des Arbeitgebers (BAG, Urteil vom 16. Oktober 2007, Az. 9 AZR 321/06).

Die betrieblichen Gründe sind vielfältig. In der Rechtsprechung anerkannt sind organisatorische Gründe im Betrieb, also ein bestimmtes Organisationskonzept, das der Arbeitgeber allerdings darlegen muss (BAG, Urteil vom 18. Februar 2003, Az. 9 AZR 164/02). Der Arbeitgeber darf sich auch darauf berufen, dass Gründe des Arbeitsablaufs und der Sicherheit im Betrieb einem Teilzeitwunsch entgegenstehen, zum Beispiel die Argumente der Maschinenauslastung im Mehrschichtbetrieb in der Fabrikation (ArbG Bielefeld, Urteil vom 15. Januar 2002, Az. 2 Ca 3037/01). Der Arbeitgeber darf einem Teilzeitwunsch auch das Entstehen unverhältnismäßiger Kosten entgegenhalten. Die reine Kostenbelastung, die einer jeden Teilzeitarbeit innewohnt, ist nicht unverhältnismäßig. Eine unverhältnismäßige Kostenbelastung entsteht dann, wenn neue kostspielige Betriebsmittel beschafft werden müssten oder eine Teilzeitersatzkraft mit erheblichem Aufwand eingearbeitet werden müsste (BAG, Urteil vom 14. Oktober 2003, Az. 9 AZR 146/03).

Dem pauschalen Einwand von Arbeitgebern dagegen, etwa aus Kostengründen insgesamt nur eine bestimmte Quote von teilzeitbeschäftigten Arbeitnehmern beschäftigen zu können, hat das BAG, zumindest noch, eine Absage erteilt.

Sonstige Gründe für die Ablehnung von Teilzeit

Neben betrieblichen sind auch „sonstige Gründe" zulässig. Kann der Arbeitgeber etwa darlegen und beweisen, dass der konkrete betroffene Arbeitsplatz unter keinem Gesichtspunkt teilbar ist, also nicht teilzeitfähig ist, ist das ein sonstiger Grund (BAG, Urteil vom 08. Mai 2007, Az. 9 AZR 1112/06).

Ebenfalls berechtigt ist der Einwand, wenn der Arbeitgeber darlegen kann, dass er nicht in der Lage ist, eine geeignete Ersatz-

Arbeitnehmer ☞	☜ Arbeitgeber

Fall: B. Schmidt fühlt sich durch die Arbeit überlastet und möchte aus der Vollzeitbeschäftigung mit 40 Stunden / Woche in eine Teilzeitbeschäftigung mit 32 Stunden / Woche wechseln.

Arbeitnehmer teilt dem Arbeitgeber mit, dass er demnächst nur noch 32 Stunden arbeiten möchte und fordert ihn auf, zuzustimmen.	Arbeitgeber antwortet umgehend, dass er diesen Antrag ablehnen wird, weil die Angaben von B. Schmidt unzureichend sind. (Gesetzliche Grundlage für das Teilzeitbegehren: § 8 Abs. 3 TzBfG)
… weist den Arbeitgeber darauf hin, dass in jedem Falle Verhandlungen über den Teilzeitwunsch stattfinden müssen, sodass das nachgeholt werden kann. (Verhandlungs- und Einvernehmenspflicht: § 8 Abs. 3 Satz 1, 2 TzBfG)	… führt die Verhandlungen mit Arbeitnehmer Schmidt, lehnt den Antrag dann ab und beruft sich darauf, dass er bei einer solchen Arbeitszeitverteilung keine Teilzeitkraft für die nicht mehr abgedeckte Arbeitszeit finden kann, obwohl er das versucht hat. (BAG, Urteil vom 23. November 2004, Az. 9 AZR 644/03)
… kündigt an, in einem halben Jahr wieder einen Antrag stellen zu wollen und zu können.	… weist Schmidt darauf hin, dass er frühestens erst wieder in zwei Jahren einen Antrag stellen kann und man dann eventuell zustimme. (Sperrfrist aus § 8 Abs. 6 TzBfG: zwei Jahre)

Ausgang: B. Schmidt muss weiterhin Vollzeit arbeiten. Frühestens in zwei Jahren kann der nächste Antrag gestellt werden. Dessen Gewährungsverfahren läuft unabhängig vom ersten Antrag.

kraft zu finden: etwa weil der Arbeitsmarkt und die spezifischen Anforderungen der Branche es ihm unmöglich machen, in der kurzen, vom Gesetz vorgegebenen Zeit einen anderen teilzeitbereiten Mitarbeiter zu finden (BAG, Urteil vom 23. November 2004, Az. 9 AZR 644/03). Der Arbeitgeber muss sich dabei nicht darauf verweisen lassen, den frei werdenden Teil des Arbeitsplatzes mit einem nur befristet beschäftigten Arbeitnehmer zu besetzen oder gar auf Leiharbeit zurückzugreifen. Zu beachten ist, dass die gleichen betrieblichen Gründe nicht nur der grundsätzlichen Verringerung der Arbeitszeit entgegengehalten werden dürfen, sondern auch dem Wunsch des Arbeitnehmers auf Verteilung der Arbeitszeit.

Das Gesetz gibt dem Arbeitgeber darüber hinaus noch ein Teilkündigungsrecht bezüglich der Arbeitszeitlage, § 8 Abs. 5 Satz 4 TzBfG. Dieses betrifft nur die Lage der Arbeitszeit, nicht aber ihren Umfang. Der Arbeitgeber kann also unter Einhaltung der Ankündigungsfrist die Arbeitszeitlage abändern, zur Vollzeitbeschäftigung „zurückzwingen" kann er den Arbeitnehmer nicht.

Gleichfalls hat auch der Arbeitnehmer das Recht, seinerseits die Verringerung der Arbeitszeit wieder bzw. weiter abzuändern. Hierfür hat er aber die Frist aus § 8 Abs. 6 TzBfG einzuhalten. Das Gesetz erlegt dem Arbeitnehmer eine Sperrzeit von zwei Jahren auf. Erst nach deren Ablauf, nachdem der Arbeitgeber einer Verringerung der Arbeitszeit zugestimmt oder sie berechtigt abgelehnt hat, darf der Arbeitnehmer erneut eine Verringerung seiner Arbeitszeit beantragen. Lehnt der Arbeitgeber die Verringerung der Arbeitszeit also berechtigt ab, ist der Arbeitnehmer nicht berechtigt, im „Monatstakt" weiter bzw. wieder die Verringerung seiner Arbeitszeit zu beantragen.

Wenn Uneinigkeit besteht

Wenn ein Arbeitnehmer seinen Teilzeitanspruch nicht innerbetrieblich erlangt, kann er den Anspruch nur mit einer Klage durchsetzen – oder ganz darauf verzichten. Erst wenn rechtskräftig über diesen Anspruch entschieden wird, vollzieht sich der Teilzeitanspruch auch, eine Selbstvollstreckung durch den Arbeitnehmer ist nicht zulässig. Der Arbeitnehmer darf also, selbst wenn der Arbeitgeber die Verringerung der Arbeitszeit unberechtigt ablehnt, diese Reduzierung nicht durch Fernbleiben von der Arbeit selbst durchsetzen. Nach Auffassung der Rechtsprechung wäre eine solche Selbstvollstreckung Arbeitsverweigerung, die mit einer Abmahnung bis hin zu einer fristlosen Kündigung geahndet werden könnte (BAG, Urteil vom 20. Januar 1994, Az. 2 AZR 521/93).

Spezielle Teilzeitansprüche

Spezielle Ansprüche gelten bei Elternzeit sowie bei Schwerbehinderung und sind in den §§ 15 BEEG und 81 SGB IX geregelt.

Der Anspruch auf Teilzeitbeschäftigung während der Elternzeit nach § 15 BEEG hat geringfügig andere Voraussetzungen als der allgemeine Teilzeitanspruch nach § 8 TzBfG. Im Rahmen der Elternzeit muss der Arbeitnehmer, der eine Verringerung seiner Arbeitszeit beantragen möchte, diesen Anspruch dem Arbeitgeber sieben Wochen vor Beginn der Tätigkeit schriftlich mitteilen und es muss eine Verringerung der Arbeitszeit für den Zeitraum von mindestens zwei Monaten auf einen Umfang zwischen 15 und 30 Wochenstunden erfolgen. Das BEEG erschwert dem Arbeitgeber die Ablehnung dieses Teilzeitwunsches. Nach § 15 Abs. 7

Satz 1 Nr. 4 BEEG kann ein solcher Teilzeitanspruch tatsächlich nur abgelehnt werden, wenn dringende betriebliche Gründe entgegenstehen. Mit dieser Formulierung bringt das Gesetz zum Ausdruck, dass derartige betriebliche Gründe die Ausnahme sein müssen, also ein strenger Maßstab anzulegen ist.

Beim Teilzeitanspruch bei Schwerbehinderung nach § 81 Abs. 5 SGB IX handelt es sich um einen Anspruch, der gekoppelt ist an Art und Schwere der Behinderung des Mitarbeiters. Ansonsten stehen die Ansprüche aus § 81 SGB IX und § 8 TzBfG nebeneinander; bei Teilzeitansprüchen in der Elternzeit ist § 15 BEEG die speziellere Vorschrift im Vergleich zu § 8 TzBfG.

Rückkehr in die Vollzeit
Häufig übersehen wird das Problem der Rückkehr zur Vollzeit. Tatsächlich gibt das TzBfG zwar einen Anspruch auf Verringerung der Arbeitszeit, aber keinen Anspruch auf Rückkehr zur Vollzeit. Nach § 9 TzBfG muss ein Arbeitgeber einen teilzeitbeschäftigten Arbeitnehmer, der den Wunsch nach Verlängerung der Arbeitszeit angezeigt hat, lediglich bei der Besetzung eines entsprechenden freien Arbeitsplatzes bei gleicher Eignung bevorzugt berücksichtigen – wenn nicht dringende betriebliche Gründe oder Arbeitszeitwünsche anderer teilzeitbeschäftigter Arbeitnehmer entgegenstehen.

Anders als bei dem Rückkehranspruch eines teilzeitbeschäftigten Arbeitnehmers in der Elternzeit, § 15 Abs. 5 Satz 2 BEEG, gibt es

Checkliste

Ist Teilzeit für mich das Richtige?

Vorteile:

☐ **Mehr Zeit** für Familie, Hobbys und Erholung

☐ **Früher Feierabend** oder drei Tage Wochenende

☐ **Wegen der** Steuerprogression sinkt Nettoeinkommen um weniger als die reduzierten Prozent

☐ **Weniger Stress** und Überlastung

Nachteile:

☐ **Weniger Gehalt** pro Monat

☐ **Sinkende Ansprüche** auf ALG I bei längerer Teilzeit

☐ **Einbußen** bei der Altersrente

☐ **Rückkehr** zu Vollzeit zum Teil schwer

also keinen unbedingten Rückkehranspruch des Arbeitnehmers in die Vollzeit. § 9 TzBfG ist ein Berücksichtigungsanspruch, kein Rückkehranspruch (BAG, Urteil vom 25. Oktober 1994, Az. 3 AZR 987/93).

Befristung und Sachgrund

Zukunftsplanung bei Befristung? Fast unmöglich, so die Kritik. In jüngster Zeit gab es daher einige neue Urteile.

Grundsätzlich muss ein befristeter Arbeitsvertrag nach § 14 Abs. 4 TzBfG schriftlich abgeschlossen werden. Versäumen Arbeitgeber und Arbeitnehmer das, kommt ein unbefristetes Arbeitsverhältnis nach § 16 TzBfG zustande.

Das Gesetz unterscheidet zwischen einer Befristung mit Sachgrund nach § 14 Abs. 1 TzBfG und einer Befristung ohne Sachgrund nach § 14 Abs. 2 TzBfG. Die Unterscheidung ist durchaus erheblich, da für die beiden Befristungsarten unterschiedliche Voraussetzungen gelten und unterschiedliche Rechtsfolgen eintreten.

Der Schriftformzwang für den Arbeitsvertrag (Zitiergebot) bezieht sich allerdings nicht auf den Befristungsgrund. Es muss also im Arbeitsvertrag nicht festgehalten werden, ob mit Sachgrund oder ohne Sachgrund befristet worden ist. Auch eine Mitteilungspflicht für die Befristung kennt das Gesetz nicht (BAG, Urteil vom 15. August 2001, Az. 7 AZR 263/00). Dem Arbeitgeber ist es also unbenommen, zur Begründung der Befristung die Gründe auszutauschen, wenn er sich auf eine Befristung mit Sachgrund berufen will. Gelingt ihm das dann allerdings nicht, liegt eine sachgrundlose Befristung vor. Aus diesem Grund ist die Un-terscheidung deutlich vorzunehmen. Die Diskriminierung befristet Beschäftigter ist dabei aber verboten, siehe § 4 Abs. 2 TzBfG.

Befristung mit Sachgrund

Bei der Befristung mit Sachgrund nach § 14 Abs. 1 TzBfG gibt das Gesetz einen Katalog von Situationen vor, in denen ein Arbeitsverhältnis befristet werden kann. Vom Gesetz vorgesehene Gründe können sein, dass ein nur vorübergehender Bedarf an Leistung oder eine Beschäftigung im Anschluss an eine Ausbildung vorliegt, dass eine Vertretung (vor allem Mutterschutz- und Elternzeitvertretung) vorliegt, eine Eigenheit des Projektes, eine Beschäftigung zur Erprobung, ein Grund in der Person des Arbeitnehmers, eine Haushaltsbefristung oder auch eine Beschäftigung aufgrund eines gerichtlichen Vergleiches.

Die prozentual häufigsten Fälle sind die „Vertretungs-Fälle" sowie die Befristungen aufgrund Haushaltsrechts. Benötigt der Arbeitgeber eine „Ersatzarbeitskraft" für eine Arbeitnehmerin oder einen Arbeitnehmer in Elternzeit, so kommt der Sachgrund des § 14 Abs. 1 Satz 2 Nr. 3 TzBfG in Betracht. Im Bereich öffentlicher Arbeitgeber findet sich häufig das Problem der Haushaltsbefristung, da die Zuweisung von Haushaltsmitteln Voraussetzung für die Stellenbesetzung ist. Voraussetzung für einen solchen mit Sachgrund befristeten Vertrag ist, dass diese Gründe auch tatsächlich vorliegen und sich Arbeitgeber und Arbeitnehmer einig darüber sind, dass unter diesen Voraussetzungen ein befristetes Arbeitsverhältnis zustande kommen soll. Das Gesetz soll nach Auffassung des BAG bei der Aufzählung dieser Gründe nicht abschließend sein. Arbeitnehmer und Arbeitgeber müssen sich aber über die Befristung einig sein (BAG, Urteil vom 16. März 2005, Az. 7 AZR 289/04).

Das BAG hat aus der Kritik des EuGH („Kücük") die Konsequenz gezogen, dass auch Kettenbefristungen mit Sachgrund am Rechtsinstrument des „institutionellen Missbrauchs" zu prüfen sind: Rechtsmissbrauch liegt dann vor, wenn die jeweils zulässigen, aneinandergereihten Verträge deutlich die Schwelle aus § 14 Abs. 2 TzBfG bzw. § 21 Abs. 1 BEEG überschreiten: zwei Jahre bzw. eine Elternzeit. Dazu zählen fortlaufende Befristungen über lange Zeit und/oder über sehr viele (kurze) Verträge. Das jeweilige Gericht hat zu prüfen, ob die befristete Beschäftigung nicht zur dauerhaften Umgehung des gewährleisteten Bestandsschutzes einzelner Arbeitnehmer zweckentfremdet wird. Andererseits können Arbeitgeber jedoch nicht verpflichtet werden, eine Personalreserve vorzuhalten. In diese Gesamtabwägung stellt das BAG die reine Anzahl befristeter Beschäftigungsverhältnisse,

Gesetze für Europa

In der Entscheidung „Kücük" hat der EuGH engere Grenzen bei Kettenbefristungsverhältnissen auch mit Sachgrund gezogen. Diese waren in der Vergangenheit scharf in die Kritik geraten. An der grundsätzlichen Befristungsmöglichkeit mit Sachgrund wollte man nicht rütteln – allerdings wurde eine Missbrauchsgrenze bzw. Missbrauchsüberprüfung eingeführt (EuGH, Urteil vom 26. Januar 2012, Az. C-586/10). So eine Prüfung ist dann notwendig, wenn sich der Arbeitgeber zwar auf unterschiedlichste Sachgründe für die Befristung beruft, der Arbeitnehmer aber im Wesentlichen über viele Jahre hinweg die gleiche Tätigkeit am gleichen Arbeitsplatz unter den gleichen Anforderungen ausführt. In einem solchen Fall trifft den Arbeitgeber eine besondere Prüfungs- und Begründungspflicht.

die Anzahl der Befristungen im konkreten Beschäftigungsverhältnis, deren Länge, den allgemeinen Vertretungsbedarf beim Arbeitgeber und branchenspezifische Besonderheiten sowie grundrechtlich gewährleistete Freiheiten ein (BAG, Urteil vom 13. Februar 2013, Az. 7 AZR 225/11).

In 2014 und 2015 gab es Entscheidungen mit klarer Linie: Bei dreifacher Überschreitung der derzeitigen Höchstgrenze des § 14 Abs. 2 TzBfG (also insgesamt sechs Jahre) ist auch bei Kettenbefristungen die Befristung mit Sachgrund rechtsmissbräuchlich (LAG Köln, Urteil vom 05. September 2013, Az. 13 Sa 659/10 sowie Urteil vom 04. Dezember 2014, Az. 13 Sa 448/14; LAG Berlin-Brandenburg, Urteil vom 04. Februar 2015, Az. 15 Sa 1947/14). Das Arbeitsgericht Freiburg befindet eine sechsjährige Gesamtbefristungsdauer und mehr als neun Verlängerungen als Rechtsmissbrauch und hält die Befristung für unwirksam (ArbG Freiburg, Urteil vom 16. Dezember 2014, Az. 4 Ca 339/14).

Befristung ohne Sachgrund

Sehr viel schärfer sind die gesetzlichen Anforderungen bei sachgrundlosen Befristungen. Diese Befristungen sind kalendermäßige Befristungen und nach dem Gesetz bis zur Höchstdauer von zwei Jahren zulässig, § 14 Abs. 2 TzBfG. Zudem kann bis zu dieser Gesamtdauer von zwei Jahren auch die höchstens dreimalige Verlängerung eines kalendermäßig befristeten Arbeitsvertrags zulässig sein. Ein sachgrundlos befristeter Arbeitsvertrag kann also nicht nur einmalig für die Dauer von zwei Jahren abgeschlossen werden, sondern auch „gestückelt" – höchstens aber auf vier Episoden bis zur Maximaldauer von zwei Jahren. Innerhalb dieser Grenzen können die jeweiligen sachgrundlos befristeten Etappen zeitlich höchst unterschiedlich ausfallen. Es ist also in diesem Rahmen zulässig, ein Arbeitsverhältnis etwa zunächst für die Dauer von einem Monat abzuschließen, dann für den Zeitraum von vier Monaten zu verlängern, dann noch einmal um sieben Monate und im Anschluss daran noch einmal für ein Jahr (nach § 14 Abs. 2 TzBfG). Verletzt der Arbeitgeber diese Grenzen, ist das rechtswidrig, mit der Folge, dass nun ein unbefristetes Arbeitsverhältnis vorliegt (§ 16 TzBfG).

Zuvor-Beschäftigung bei Befristung

Eine weitere Schutzvorschrift zugunsten von Arbeitnehmern ist § 14 Abs. 2 Satz 2 TzBfG: Eine sachgrundlose Befristung ist demnach unzulässig, wenn mit demselben Arbeitgeber bereits zuvor ein befristetes oder unbefristetes Arbeitsverhältnis bestanden hat. Das ist das sogenannte Verbot der „Zuvor-Beschäftigung". Dieses Verbot bezieht sich ausdrücklich auf den identischen (natürlichen oder juristischen) Arbeitgeber und die Identität der Arbeitsvertragsparteien (BAG, Urteil vom 09. März 2011, Az. 7 AZR 657/09).

Das Verbot gilt also nicht bei stattgefundenen Betriebsübergängen (siehe „Der Betriebsübergang", S. 129) oder bei einem zuvor erfolgten Einsatz als Leiharbeitnehmer im Betrieb. Zu berücksichtigen ist auch, dass das Verbot die Entstehung eines Arbeitsverhältnisses betrifft, nicht aber die Verlängerung. § 14 Abs. 2 Satz 2 TzBfG soll also nicht § 14 Abs. 2 Satz 1 TzBfG weiter einschränken.

Nach dem Gesetzeswortlaut gibt es für dieses Verbot keine zeitlichen Begrenzungen. Daher hat das BAG das Verbot der Zuvor-Beschäftigung zeitlich eingeschränkt. Die Abweichung vom Gesetzeswortlaut wird begründet mit der allgemeinen gesetzgeberischen Entscheidung, die sich aus dem Recht der Verjährung, § 199 BGB, ergibt. Im Ergebnis des Urteils gilt daher das Verbot der Zuvor-Beschäftigung nur noch für einen Zeitraum von drei Jahren (BAG, Urteil vom 06. April 2011, Az. 7 AZR 716/09).

Vom Verständnis her ist ebenfalls zu berücksichtigen, dass § 14 Abs. 2 Satz 2 TzBfG nur für sachgrundlos befristete Arbeitsverhältnisse gilt. Das Verbot erfasst also nicht die Konstellation, dass auf ein zunächst unbefristetes Arbeitsverhältnis direkt ein mit Sachgrund befristetes Arbeitsverhältnis folgt. Gleichzeitig verbietet das Gesetz auch nicht die Aneinanderreihung von mit Sachgrund befristeten Arbeitsverhältnissen.

Abweichende Regelungen bei Befristungen ohne Sachgrund

Ergänzend ist auch im Recht der Befristung ohne Sachgrund zu berücksichtigen, dass abweichende Regelungen durch Tarifverträge geschaffen werden können. Sondervorschriften für die Möglichkeit einer Befristung ohne Sachgrund sieht auch das Gesetz für Unternehmensneugründungen in § 14 Abs. 2a TzBfG für die Dauer der Befristung vor: In diesen Fällen kann eine Befristung bis zur Dauer von vier Jahren erfolgen. Eine weitere Ausnahmevorschrift ist § 14 Abs. 3 TzBfG. Danach kann eine Befristung ohne Sachgrund sogar bis zu einer Dauer von fünf Jahren erfolgen, wenn der Arbeitnehmer zum Zeitpunkt der Begründung des Arbeitsverhältnisses bereits 52 Jahre alt ist und unmittelbar vor Beschäftigungsbeginn mindestens vier Monate arbeitslos gewesen ist. Für beide Ausnahmen gilt ebenfalls, dass in diesem zeitlichen Höchstrahmen die Mehrfach-Verlängerung von Arbeitsverhältnissen erlaubt ist.

Ende von Befristung

Befristete Arbeitsverträge enden mit dem Ablauf der vereinbarten Zeit. Ist der Arbeitsvertrag durch einen Zweck befristet oder ist seine Auflösung an eine Bedingung geknüpft, endet er mit Erreichung des Zwecks oder dem Eintritt der auflösenden Bedingung. In diesem Fall muss der Arbeitgeber den Arbeitnehmer darüber schriftlich unterrichten (§ 15 Abs. 2 TzBfG) – zwei Wochen danach endet das Arbeitsverhältnis. Allerdings ist dies keine Kündigung, sondern lediglich eine (schriftliche) Erklärung (BAG, Urteil vom 18. Juni 2008, Az. 7 AZR 245/07).

Will der Arbeitgeber sich unabhängig vom Lauf einer Befristung aus dem Arbeitsverhältnis lösen, also dem Arbeitnehmer kündigen können, muss das im Arbeitsvertrag vereinbart werden (§ 15 Abs. 3 TzBfG). Ist das nicht der Fall, ist eine ordentliche Kündigung während der Laufzeit des befristeten Arbeitsverhältnisses nicht zulässig.

Zeitarbeit und Leiharbeit: Arbeit zweiter Klasse?

Der Begriff Zeitarbeit ist kein arbeitsrechtlicher Begriff. Korrekter ist der Begriff der Leiharbeit.

Kennzeichnend für die Leiharbeit ist, dass ein Arbeitnehmer auf Zeit in einem bestimmten Betrieb eingesetzt wird, um dort Arbeitsleistung zu erbringen. Dies erfolgt aufgrund eines Vertrags zwischen dem Betrieb – der den Bedarf an Arbeitsleistung hat, sich also den Arbeitnehmer besorgt bzw. ausleiht (Entleiherbetrieb) – und der „Zeitarbeitsfirma", die Arbeitnehmer zum Zweck der Arbeitsleistung überlässt (Verleiherbetrieb). Geregelt ist diese Form der Arbeitsleistung im Gesetz zur Regelung der gewerbsmäßigen Arbeitnehmerüberlassung (AÜG).

Wer hat einen Vertrag mit wem?

Hier liegen Vertragsverhältnisse im Dreiecksverhältnis vor. Ein Vertrag besteht zwischen Verleiher und Entleiher aus dem Arbeitnehmerüberlassungsvertrag. Das ist aber kein Arbeitsvertrag, sondern eine Dienstverschaffung. Ein Arbeitsverhältnis besteht nur zwischen dem Verleiher und dem Leiharbeitnehmer. Dieses Arbeitsverhältnis wird als Leiharbeitsverhältnis bezeichnet, ist aber ein reguläres Arbeitsverhältnis, für das alle arbeitsrechtlichen Schutzvorschriften zugunsten des Arbeitnehmers gelten (EuGH, Urteil vom 11. April 2013, Az. C-290/12 – „Della Rocca"). Der Arbeitnehmer schuldet dem Verleiher die Arbeitsleistung, erbringt sie aber in diesem besonderen Fall an einen Dritten. Der Verleihbetrieb schuldet dem Arbeitnehmer die Vergütung.

In diesem Arbeitsverhältnis kann nur der Verleiher als Arbeitgeber die Kündigung aussprechen, für die die normalen Kündigungsfristen wie für jeden anderen Arbeitnehmer auch gelten. Der Verleiher (Leihar-

Gesetze für Europa

Vertragsarbeitgeber des Leiharbeiters ist der Verleiher, so urteilte der EuGH. Dem Verleiher schuldet der Leiharbeitnehmer die Leistung, der Entleiher ist lediglich der Empfänger der Leistung des Leiharbeitnehmers (EuGH, Urteil vom 21. Oktober 2010, Az. C-242/09 – „Albron Catering").

beitgeber) trägt auch das vollständige Vergütungsrisiko: Er muss den Arbeitnehmer selbst dann bezahlen, wenn er für diesen keine Einsatzmöglichkeit hat und schuldet ebenso die Gewährung von Urlaub.

Zwischen dem Leiharbeitnehmer und dem Betrieb, in dem er arbeitet (Entleiher), besteht kein Vertrag, sondern ein Beschäftigungsverhältnis. Der Entleiher übt gegenüber dem Leiharbeitnehmer das Direktionsrecht nach § 106 GewO aus, er kann also Weisungen erteilen.

Welche Besonderheiten gelten?

Besonderheiten gibt es im Recht der Zeitarbeit im Hinblick auf Nachweispflichten und gesetzlich angeordnete Gleichbehandlungsansprüche, siehe §§ 10, 11 AÜG. Den Arbeitgeber treffen besondere Verpflichtungen zur Wahrung der Nachweispflichten auch aus dem NachwG. Das ergibt sich schon aus dem Wortlaut des § 11 AÜG.

Für die Leiharbeitnehmer entscheidend ist § 10 AÜG. In § 10 Abs. 4 und Abs. 5 AÜG bestimmt der Gesetzgeber, dass für Zeiten des Einsatzes im Entleiherbetrieb gleiche Arbeitsbedingungen im Verhältnis zur Stammbelegschaft zu gewähren sind. Das ist ein gesetzlicher Anspruch auf gleiche Bezahlung (Equal-Pay-Anspruch). § 10 Abs. 5 AÜG enthält zugunsten des Arbeitgebers eine Mindestlohngarantie.

Prekäre Zustände: Werkunternehmer und „Aufstocker"

Werkvertragsregelungen wird vorgeworfen, Rechtsbindungen zu umgehen. Für „Aufstocker" wiederum reicht das monatliche Gehalt nicht zum Lebensunterhalt.

Bei einem Werkvertrag sind die Parteien bei Vertragsschluss folgende: der Betrieb als Arbeitnehmer auf der einen Seite und der Werkunternehmer als Arbeitnehmer – bzw. als arbeitnehmerähnliche Person auf der anderen Seite.

Gegenstand des Werkvertrags

Vertragsgegenstand ist die Herstellung eines Werkes, sodass im Ergebnis ein bestimmtes Arbeitsergebnis oder ein Arbeitserfolg entstanden ist, siehe § 631 Abs. 1 BGB. Im Gegensatz dazu wird in Dienst- und Arbeitsverträgen eine Tätigkeit geschuldet, nicht aber ein Erfolg (BGH, Urteil vom 16. Juli 2002, Az. X ZR 27/01). Die Unterscheidung richtet sich also danach, was Inhalt des Vertrags ist.

Wie die Parteien ihren Vertrag bezeichnen, ist nicht entscheidend: Die Rechtsprechung richtet sich in Zweifelsfällen nach dem Schwerpunkt des vereinbarten Vertragsinhalts. Einen Arbeitnehmer einfach als Werkunternehmer zu bezeichnen, nur um ihn nicht als Arbeitnehmer sehen zu müssen, ist also nicht zulässig.

Der Werkunternehmer

Werkunternehmer können arbeitnehmerähnliche Personen sein. Das sind nach der Rechtsprechung solche Personen, die wirtschaftlich abhängig und einem Arbeitnehmer vergleichbar sozial schutzbedürftig sind, weil sie aufgrund eines Dienst- oder Werkvertrags überwiegend für eine Person tätig sind. Sie erbringen die vereinbarte Leistung persönlich und im Wesentlichen ohne die Mitarbeit eigener Arbeitnehmer (BAG, Beschluss vom 15. April 1993, Az. 2 AZB 32/92). Entscheidend ist nach der Rechtsprechung, dass diese arbeitnehmerähnlichen Personen nicht Arbeitnehmer sind, sodass das Arbeitsrecht grundsätzlich nicht auf sie anwendbar ist (BAG, Urteil vom 08. Mai 2007, Az. 9 AZR 777/06). Zwar sind einzelne arbeitsrechtliche Vorschriften durch Analogie anzuwenden, die wichtigsten Vorschriften des Arbeitnehmerschutzrechts wie zum Beispiel das Kündigungsschutzrecht aus dem KSchG oder die Kündigungsschutzbestimmungen, beispielsweise aus dem MuSchG und dem SGB IX, sind nicht anwendbar.

Scheinselbstständigkeit

Schwierig ist die Abgrenzung zwischen Dienstvertrag und Arbeitsvertrag. In beiden Verträgen wird eine Tätigkeit geschuldet. Dienstverträge werden auf selbstständiger Basis erbracht, Arbeitnehmer hingegen sind nicht selbstständig tätig. Zur Abgrenzung zwischen beiden Vertragstypen wird nicht die Bezeichnung der Parteien herangezogen, sondern die Durchführung des Vertragsverhältnisses. Ansatzpunkt ist die Bestimmung des Arbeitnehmerbegriffes.

Eine Reihe von Entscheidungen hat sich mit dem Problem der Scheinselbstständigkeit beschäftigt. Arbeitnehmer ist nach der Rechtsprechung derjenige, der nicht im Wesentlichen frei seine Tätigkeit und Arbeitszeit bestimmt, damit also fremdbestimmt ist. Er ist eingegliedert in den Betrieb des Auftraggebers/Arbeitgebers und dessen Organisation, erbringt seine Leistung in persönlicher Abhängigkeit und trägt kein unternehmerisches Risiko (dazu BAG, Urteil vom 15.12.1999, Az. 5 AZR 169/99).

Die Unterscheidung ist in der rechtlichen Wirklichkeit gewichtig und kann für beide Vertragsparteien erhebliche Auswirkungen haben: Nur für Arbeitnehmer ist Lohnsteuer abzuführen und sind Sozialversicherungsbeiträge zu bezahlen. Unterbleibt dies, kann das zu erheblichen Nachforderungen bis hin zu Strafverfahren führen.

Der Arbeitnehmer als „Aufstocker"

Für „Aufstocker" oder, korrekter, erwerbstätige ALG-II-Empfänger, reicht der monatliche Lohn nicht zum Lebensunterhalt. Sie haben Ansprüche auf Aufstockung durch das SGB II. Arbeitnehmer in solchen Verhältnissen sind leider statistische Realität. Die Zahl liegt konstant bei über einer Million.

Überblick über die Leistungen

Nach § 19 SGB II erhalten erwerbsfähige Leistungsberechtigte Arbeitslosengeld II. Die Leistungen zur Sicherung des Lebensunterhalts, also Regelbedarf, Mehrbedarfe und Bedarf für Unterkunft und Heizung werden erbracht, soweit diese nicht durch das zu berücksichtigende Einkommen und Vermögen gedeckt sind. Umgekehrt also sind ergänzende Ansprüche aus § 19 SGB II nur dann möglich, wenn das Einkommen allein nicht dafür genügt.

Der Regelbedarf einer alleinstehenden Person zur Sicherung des Lebensunterhalts ist nach § 20 Abs. 2 Satz 1 SGB II festgelegt auf 399,00 Euro pro Monat. Für Lebenspartner und Bedarfsgemeinschaften gelten abweichende Sätze. Darüber hinaus kennt das Gesetz Mehrbedarfe nach § 21 SGB II, etwa für werdende Mütter oder das Zusammenleben mit minderjährigen Kindern. In § 22 SGB II werden die angemessenen Bedarfe

für Unterkunft (Miete) und Heizung geregelt. Für die Beurteilung der Angemessenheit sind die kommunalen Verwaltungsanweisungen für die Angemessenheit von Unterkunfts- und Heizkosten heranzuziehen.

Regelbedarf und Bedarf für Unterkunft und Heizung zusammengerechnet ergeben den monatlichen Bedarf des Leistungsberechtigten nach § 7 SGB II. Unterschreitet das durch die Erwerbstätigkeit erzielte Einkommen diesen rechnerischen Bedarfssatz, dann besteht ein Anspruch auf Leistungen bis zur Höhe des ermittelten Bedarfssatzes. Dazu muss der Leistungsberechtigte aber auch die Anspruchsvoraussetzungen im Übrigen erfüllen.

Wenn Leistungen und Lohn zusammentreffen

Grundsätzlich wird über die Berechnungsmethodik der ALG-II-VO ein monatlicher Grundfreibetrag durch Pauschbetrag angesetzt. Zusätzlich bleiben genau definierte Prozentsätze des Erwerbseinkommens anrechnungsfrei.

Probleme im Vollzug dieser Ansprüche sind monatlich schwankende Bezüge des Leistungsberechtigten. Schwankt das Erwerbseinkommen, ist für jeden Monat eine erneute und gesonderte Bedarfsberechnung durchzuführen. Die Ergänzungsleistungen sind also verbunden mit einem erhöhten Verwaltungsaufwand einerseits und Arbeitsaufwand des Leistungsberechtigten andererseits.

Mehr Verantwortung, mehr Geld

Mit der Zeit wachsen die Ansprüche – in beide Richtungen: der Arbeitgeber möchte, dass der Arbeitnehmer mehr Verantwortung übernimmt, dieser will dafür mehr Geld. Was einfach klingt, ist oft recht kompliziert.

Überstunden, ständige Erreichbarkeit, Versetzung oder Stellenprofile, die sich im Laufe der jahrelangen Tätigkeit komplett gewandelt haben: Die Übernahme von mehr Verantwortung kann schleichend, unbewusst oder sogar unfreiwillig erfolgen. Daneben ist natürlich auch eine klassische Beförderung möglich.

Die adäquate Bezahlung sollten beide Parteien im Blick haben. Es gibt verschiedene Varianten, mehr Geld auszuzahlen – nicht immer muss das eine Gehaltserhöhung sein. Denkbar sind Einmalzahlungen wie eine Gewinnbeteiligung oder Erfolgsprämien, Angebote wie vermögenswirksame Leistungen, betriebliche Altersvorsorge oder die Übernahme einer Fortbildung – bei der der Arbeitgeber idealerweise ebenfalls vom Wissenserwerb seines Mitarbeiters profitiert. Zusatzzahlungen wie Urlaubs- und Weihnachtsgeld können dagegen schon den Charakter einer jährlich zu erwartenden Leistung annehmen. Entschließt sich der Arbeitgeber, diese Leistung plötzlich nicht mehr zu zahlen, kann das für beide Seiten unangenehm werden.

Gewinnbeteiligungen und Erfolgsprämien

Gewinnbeteiligungen und Erfolgsprämien können in verschiedenen Ausprägungen auftreten.

Zunächst ist rechtlich wichtig, zu unterscheiden, ob diese ein Entgeltbestandteil oder eine Sondervergütung sind. Des weiteren sind sie abzugrenzen von Provisionen. Bei diesen wird ein prozentualer Wert aus abgeschlossenen Geschäften gezahlt, die auf die Tätigkeit des Arbeitnehmers zurückzuführen sind – das ist hier nicht der Fall. Allen Formen der Gewinnbeteiligung und Erfolgsprämien ist eigen, dass diese zwischen Arbeitgeber und Arbeitnehmer vereinbart werden müssen. Einen gesetzlichen Anspruch gibt es nicht.

Je nach vertraglicher Ausgestaltung unterscheidet die Rechtsprechung zwischen Tantiemen, Erfolgsbeteiligungen, Gewinnbeteiligungen, Zielvereinbarungen und Aktienoptionen. Der juristische Ansatzpunkt all dieser „Mehrvergütungen" ist unterschiedlich.

Tantiemen

Eine Tantieme ist als klassische Gewinnbeteiligung eine zusätzliche Vergütung und daher Bestandteil der Vergütung (BAG, Urteil vom 08. September 1998, Az. 9 AZR 273/97). Tantiemen finden sich in der Praxis bei Vorstands- und Aufsichtsratsmitgliedern und leitenden Angestellten. Für sie soll ein gesonderter Anreiz geschaffen werden, zum wirtschaftlichen Ergebnis bzw. zur Steigerung dessen beizutragen, ohne dass dies von einzelnen Geschäften abhängt. Dies unterscheidet die Tantieme von der Provision (BAG, Urteil vom 03. Mai 2006, Az. 10 AZR 310/05).

Tantiemen müssen dem Grund wie der Höhe nach vereinbart werden. Ansonsten obliegen sie dem freien Ermessen des Arbeitgebers. Bei der Mindesttantieme bzw. Mindestjahresabschlussvergütung entsteht ein Anspruch auf Zahlung, auch wenn kein Gewinn erwirtschaftet ist. Allerdings kann eine Zahlung davon abhängig gemacht werden, ob eine Dividende an die Aktionäre ausgeschüttet wird (BAG, Urteil vom 18. Januar 2012, Az. 10 AZR 670/10). Als Berechnungsgrundlage finden sich häufig Bilanzbezugnahmeklauseln – etwa auf den Jahresüberschuss, vermindert um den Verlustvortrag, – oder auf bestimmte einzelne Betriebsergebnisse aus Bilanzbestandteilen (BAG, Urteil vom 04. Juni 1969, Az. 3 AZR 243/68).

Jahresabschlussvergütung und Ergebnisbeteiligung

Die Jahresabschlussvergütung ist eine Sonderform der Tantieme, die nicht an leitende Angestellte gekoppelt ist, sondern an die Gesamtheit des Unternehmens oder größere Teile der Belegschaft gezahlt wird – unabhängig von der wirtschaftlichen Lage des Unternehmens oder des wirtschaftlichen Anteils Einzelner. Auch diese Jahresabschlussvergütung bedarf der Vereinbarung und ist ein Sondervergütungsbestandteil.

Gleiches gilt für die ebenfalls in diesen Bereich gehörende Ergebnisbeteiligung: Auch sie wird ertragsunabhängig für den Fall gezahlt, dass eine zukünftige Betriebstreue erreicht werden soll. Ergebnisbeteiligungen dieser Art finden sich häufig in der Übertragung von Unternehmensbeteiligungen (BAG, Urteil vom 28. November 1989, Az. 3 AZR 118/88).

Umsatz- und Gewinnbeteiligungen

Sie haben als Berechnungsgrundlage den in der Bilanz oder Einnahmen-Überschussrechnung ausgewiesenen Umsatz bzw. Gewinn. Aufgrund der echten Bezugnahme auf das Unternehmensergebnis geht die

---

Muster

Zielvereinbarungen für Arbeitsvertrag

(1) Der Arbeitnehmer/Die Arbeitnehmerin erhält in der Probezeit ein festes Monatsgehalt in Höhe von brutto ...... Euro. [Wenn Gehaltserhöhung: Nach Ablauf der Probezeit erhöht sich das feste Monatsgehalt auf einen Betrag von brutto ...... Euro.]

(2) Die Zahlung des festen Monatsgehalts ist am jeweils Letzten des Monats fällig. Sie erfolgt bargeldlos unter Abzug der gesetzlichen Steuern und Abgaben; der Arbeitnehmer/die Arbeitnehmerin wird innerhalb von zwei Wochen nach Beginn des Arbeitsverhältnisses seine/ihre Kontoverbindung mitteilen.

(3) Darüber hinaus hat der Arbeitnehmer/die Arbeitnehmerin Anspruch auf eine variable erfolgsabhängige Zielvereinbarungsprämie in Höhe eines Maximalbetrags von jährlich ...... Euro brutto auf der Grundlage einer Zielvereinbarung, die der Arbeitgeber/die Arbeitgeberin und der Arbeitnehmer/die Arbeitnehmerin jeweils für ein Kalenderjahr treffen.

Alternativ: Die Zielvereinbarung umfasst mit je hälftigem Gewicht Unternehmensziele und persönliche Ziele und ist spätestens bis zum 15.12. eines Jahres mit Geltung für das folgende Kalenderjahr schriftlich abzuschließen. Auf der Grundlage einer Bewertung der Zielerreichung im abgelaufenen Jahr, die vom Arbeitgeber/von der Arbeitgeberin bis spätestens Ende März des Folgejahres vorzunehmen ist, wird die Zielvereinbarungsprämie mit dem Gehalt für April des Folgejahres abgerechnet und ausbezahlt.

Alternativ: Die Zielvereinbarung bezieht sich auf die vom Arbeitnehmer/von der Arbeitnehmerin mit den Firmen X, Y und Z zu erzielenden Bruttoumsätze und ist spätestens bis zum 15.12. eines Jahres mit Geltung für das folgende Kalenderjahr schriftlich abzuschließen. Auf der Grundlage einer Bewertung der Zielerreichung im abgelaufenen Jahr, die vom Arbeitgeber/von der Arbeitgeberin bis spätestens Ende März des Folgejahres vorzunehmen ist, wird die Zielvereinbarungsprämie mit dem Gehalt für April des Folgejahres abgerechnet und ausbezahlt.

(4) Bei den Zahlungen gemäß Abs. 3 handelt es sich um Sonderzahlungen, auf die auch durch wiederholte Zahlung ein Rechtsanspruch für die Zukunft nicht begründet wird. Der Anspruch auf Sonderzahlung gemäß Abs. 3 steht dem Arbeitnehmer/der Arbeitnehmerin auch zu, wenn er/sie in einem gekündigten Arbeitsverhältnis zum Arbeitgeber/zur Arbeitgeberin steht. Falls das Arbeitsverhältnis des Arbeitnehmers/der Arbeitnehmerin im Laufe eines Kalenderjahres sein Ende findet, hat er für jeden vollen Monat seiner Tätigkeit in diesem Kalenderjahr einen Anspruch in Höhe von 1/12 der Zusatzvergütung gemäß Abs. 3, abhängig vom Grad der Zielerreichung.

(5) Soweit über die vorstehenden Ansprüche hinaus der Arbeitnehmer/die Arbeitnehmerin Sonderzahlungen wie Urlaubsgeld oder Weihnachtsgeld erhalten hat, besteht ein Anspruch auf weitere Sonderzahlungen nicht. Soweit der Arbeitgeber/die Arbeitgeberin solche Zahlungen leistet, geschieht dies freiwillig. Auch mehrfache Zahlungen begründen keinen Rechtsanspruch für die Zukunft, auch wenn die Zahlung wiederholt ohne ausdrücklichen Vorbehalt der Freiwilligkeit erfolgt.

(6) Zuschläge für eventuelle Wochenend- und Feiertagsarbeit werden nicht gezahlt und sind in der Vergütung gemäß § 1 mit enthalten.

Rechtsprechung davon aus, dass es sich um eine Zwischenform zwischen Provision und Tantieme handelt, die nach Auffassung des BAG als Provision anzusehen ist (BAG, Urteil vom 12. Januar 1973, Az. 3 AZR 211/72). Daraus ergibt sich nach Auffassung des BAG, dass dies keine Sondervergütungen sind, sondern grundsätzlich Vergütungsbestandteil für die vertraglich geschuldete Arbeitsleistung (BAG, Urteil vom 08. September 1998, Az. 9 AZR 223/97). Von entscheidender Bedeutung ist diese Unterscheidung im Hinblick auf etwaige Widerrufsmöglichkeiten (siehe „Kürzungsmöglichkeiten", S. 50).

Zielvereinbarungen

Zu den beliebtesten Formen von Prämien bzw. unechten Erfolgsbeteiligungen gehören die Zielvereinbarungen. Nach einer repräsentativen Studie aus dem Jahr 2012 treffen in größeren Unternehmen bis zu 65 Prozent der Arbeitnehmer mit ihren Arbeitgebern eine Zielvereinbarung. Grundsätzlich ist das ein Vertrag über das Erreichen von Leistungszielen in einem bestimmten Zeitraum, üblicherweise in einem Jahr.

Für den Fall des Erreichens der Ziele werden variable monetäre Leistungsanreize gesetzt. Diese Leistungsanreize sind allerdings bei Erreichen der Leistungsziele dann Entgeltbestandteile. Der Arbeitgeber kann weder einseitig von einer Zielvereinbarung wieder Abstand nehmen (BAG, Urteil vom 29. August 2012, Az. 10 AZR 385/11) noch kann er bei der Vereinbarung von Leistungs-

zielen einen Freiwilligkeitsvorbehalt vereinbaren (BAG, Urteil vom 24. Oktober 2007, Az. 10 AZR 825/06).

Zu den Problemen einer Zielvereinbarung gehört auch, dass bei einer Vereinbarung dem Grunde nach den Arbeitgeber die Pflicht trifft, für die jeweiligen Ziele die entsprechenden Vorgaben zu formulieren. Tut er das nicht oder nicht in der der Vereinbarung zugrunde liegenden Zeit, macht er sich dem Arbeitnehmer gegenüber schadensersatzpflichtig (BAG, Urteil vom 12. Dezember 2007, Az. 10 AZR 97/07).

Wann das so weit ist, ist einfach: Das BAG geht davon aus, dass die Festlegung von Zielen grundsätzlich mit Ablauf der Zeitperiode, für die sie festgelegt werden sollen, unmöglich wird. Hat der Arbeitgeber das Nichtzustandekommen zu vertreten, ist er verpflichtet, dem Arbeitnehmer wegen der entgangenen Vergütung Schadensersatz zu bezahlen.

Ist eine Rahmenvereinbarung über eine Zielvereinbarung einmal getroffen, kann sich der Arbeitgeber der Zielvereinbarung auch nicht mehr dadurch entziehen, dass er Ziele aufstellt, die völlig unerreichbar sind (BAG, Urteil vom 10. Dezember 2008, Az. 10 AZR 889/07).

Gleichfalls unmöglich: eine sogenannte Malusklausel. Die würde den Arbeitnehmer bei vollständiger Verfehlung des wirtschaftlichen Erfolges – und damit der Zielerreichung – verpflichten, einen bestimmten Anteil des Jahreseinkommens wieder

Transparente Ziele
Der Inhalt einer Zielvereinbarung muss transparent sein. Die darin festgelegten Bonuszahlungen sind rechtlich betrachtet Sonderzahlungen mit reinem Entgeltcharakter.

oder erstmals an den Arbeitgeber zu bezahlen. Solche Klauseln hat die Rechtsprechung als unangemessen benachteiligend angesehen, sodass sie unwirksam sind (LAG Hamm, Urteil vom 25. November 2010, Az. 17 Sa 1185/10).

Liegt eine wirksame und transparente Zielvereinbarung vor, ist nach dem Verständnis der Rechtsprechung der aus dieser Zielvereinbarung erreichbare Bonus eine auf die Arbeitsleistung bezogene Sonderzahlung, die reinen Entgeltcharakter hat. Entscheidend ist diese Auffassung für die Fälle, in denen Arbeitnehmer unterjährig aus dem Betrieb ausscheiden, also nicht bis zum 31. Dezember eines Jahres bleiben.

Denn: Häufig findet sich in Zielvereinbarungen die Formulierung, dass ein Anspruch auf Zahlung des hieraus zu erlangenden Bonus nur für den Fall besteht, dass das Arbeitsverhältnis zum 31. Dezember des jeweiligen Jahres noch ungekündigt besteht. Eine solche Formulierung ist aufgrund des reinen Entgeltcharakters des Bonus aus der Zielvereinbarung unwirksam, mit der Folge, dass der Arbeitnehmer auch bei unterjähri-

gem Ausscheiden zeitanteilig den Bonus aus der Zielvereinbarung fordern kann (BAG, Urteil vom 12. Dezember 2007, Az. 10 AZR 97/07).

Aktienoptionen

Zuletzt finden sich in Arbeitsverträgen so, genannte Aktienoptionen, ebenfalls klassische Entgeltleistungen. Aufgrund der starken Einschränkung im Hinblick auf den Fortbestand des Vermögenswertes lässt die Rechtsprechung es zu, dass die Ausübung der Bezugsrechte an das Bestehen eines ungekündigten Arbeitsverhältnisses gekoppelt wird (BAG, Urteil vom 28. Mai 2008, Az. 10 AZR 351/07).

Kürzungsmöglichkeiten

Bei allen Formen der Erfolgsbeteiligung und Prämien ist zu unterscheiden, ob diese Entgeltbestandteil sind oder Sondervergütungscharakter haben.

Nach Auffassung des BAG haben Erfolgsbeteiligungen und Prämien Entgeltcharakter, sodass sie grundsätzlich nie als Schenkung zu qualifizieren sind.

Eine exakte Unterscheidung zwischen Entgeltbestandteil und Sondervergütung ist wichtig, da die zutreffende Einordnung bestimmt, wie ein Anspruch auf die Leistung überhaupt entsteht, gekürzt werden oder ausgeschlossen werden kann (BAG, Urteil vom 16. März 1994, Az. 10 AZR 669/92). Erfolgsbeteiligung und Prämien, die klare Entgeltbestandteile sind, können auch bei Freiwilligkeitsvorbehalt nicht widerrufen werden. Sie sind auch einer Kürzung nach § 4a EFZG nicht zugänglich.

66 Geht es um Kürzung oder sogar Wegfall, ist eine exakte Unterscheidung zwischen Entgeltbestandteil und Sondervergütung sehr wichtig.

———

Wichtig ist die Unterscheidung auch für Stichtagsklauseln. Wird die Zahlung einer Erfolgsbeteiligung oder Prämie davon abhängig gemacht, dass das Arbeitsverhältnis zu einem bestimmten Zeitpunkt ungekündigt besteht oder der Arbeitnehmer nicht vor einem bestimmten Zeitpunkt aus dem Unternehmen austritt, so ist dies grundsätzlich nur zulässig, wenn es sich bei der Zahlung nicht um einen Entgeltbestandteil, sondern um eine Sondervergütung handelt.

Die frühere Rechtsprechung hat bei Sondervergütungen danach unterschieden, ob solche Sondervergütungen reinen Entgeltcharakter haben oder Mischcharakter aufweisen oder reine Belohnung der vergangenen oder zukünftigen Betriebstreue sind (BAG, Urteil vom 01. April 2009, Az. 10 AZR 353/08). Nachdem die Bestimmung solcher Leistungen, zumal wenn nichts festgelegt ist, relativ schwierig ist, hat die Rechtsprechung diese Unterscheidung aufgegeben und fragt jetzt danach, ob die Sondervergütung einen wesentlichen Gehaltsbestandteil ausmacht oder nicht (BAG, Urteil vom 18. Januar 2012, Az. 10 AZR 667/10). Nur wenn das nicht der Fall ist, kann es sich überhaupt um eine Sondervergütung handeln.

Darüber hinaus verlangt die Rechtsprechung allerdings auch noch, dass sich bei einer Sondervergütung aus der zugrunde liegenden Vereinbarung oder dem Handeln beider Arbeitsvertragsparteien eindeutig ergibt, dass es sich um eine Sondervergütung handeln soll. Die Rechtsprechung geht also im Zweifel mittlerweile davon aus, dass sich jede Sondervergütung – wenn nichts Konkretes und Eindeutiges vereinbart ist – als Arbeitsentgelt klassifizieren lassen muss (LAG Düsseldorf, Urteil vom 27. Juni 1996, Az. 12 Sa 506/96).

Die Folge ist dann eindeutig: Bei Fehlen einer Vereinbarung oder Vorliegen einer unklaren Vereinbarung, liegt Arbeitsentgelt vor. Für diesen Fall kommen weder eine Kürzung noch ein Wegfall in Betracht.

Fortbildung und Kostenübernahme

Die Behandlung von Weiter- und Fortbildungskosten gerät etwa zum Problem, wenn der Arbeitnehmer kurz nach Abschluss der Fortbildung den Betrieb wechseln will.

Einen generellen Anspruch des Arbeitnehmers, dass der Arbeitgeber jegliche Weiter- und Fortbildungskosten zu übernehmen hat, existiert nicht. In einigen Fällen ist eine Zusatzqualifikation des Arbeitnehmers nötig, um ihn überhaupt in die Position zu bringen, seine Arbeit ordnungsgemäß ausführen zu können. Dann entsteht für ihn ein Anspruch auf Kostenübernahme, wenn der Arbeitgeber unter allgemeinen Gesichtspunkten ohnehin verpflichtet wäre, die Kosten zu tragen, um überhaupt die Weiterbeschäftigung des Arbeitnehmers gewährleisten zu können.

Wer zahlt die Fortbildung?

Gleichwohl: Die tägliche Praxis sieht so aus, dass im laufenden Arbeitsverhältnis meist der Arbeitgeber die Kosten der Weiter- und Fortbildung trägt.

Häufig taucht das Problem auf, ob und unter welchen Voraussetzungen man eine Kostenbeteiligung des Arbeitnehmers erreichen kann. Streit entsteht, wenn das Arbeitsverhältnis außerplanmäßig oder vorzeitig endet. Der Arbeitgeber möchte die vergebens aufgewendeten Kosten zurück haben – nachvollziehbarerweise will der Arbeitnehmer diese Kosten nicht tragen.

Eventuelle Rückzahlung

Rückzahlungsklauseln haben die Gerichte mehrfach beschäftigt. In der Rechtsprechung hat sich folgende Linie herausgebildet: Das BAG zweifelt nicht an der grundsätzlichen Zulässigkeit der Rückforderung von Weiter- und Fortbildungskosten aufgrund einer einzelvertraglichen Vereinbarung bei vorzeitiger Beendigung des Arbeitsverhältnisses (BAG, Urteil vom 19. Januar 2011, Az. 3 AZR 621/08). Allerdings sind eine Reihe von Vorgaben zu berücksichtigen.

▶ **Erster Ansatzpunkt** ist nach der Rechtsprechung, dass es tatsächlich eine Vereinbarung über die Rückzahlung der Kosten gibt und der Arbeitgeber den Arbeitnehmer hinreichend deutlich hierauf hingewiesen hat (BAG, Urteil vom 19. März 1980, Az. 5 AZR 362/78).

▶ **Weiter muss** die Weiter- und Fortbildung nicht nur im reinen betrieblichen Interesse liegen: Sie muss über einen ausschließlich betrieblichen Nutzen hinausgehen, der lediglich die Kenntnisse des Arbeitnehmers wegen organisatorischer Neuerungen auf Arbeitgeberseite auffrischen oder anpassen sollte (BAG, Urteil vom 16. März 1994, Az. 5 AZR 339/92). Eine Rückzahlungsvereinbarung über die Kosten der klassischen Berufsausbildung sind daher unzulässig, da diese Kosten schon dem Gesetz nach der Ausbilder tragen muss. Das ergibt sich aus § 12 Abs. 2 Nr. 1, § 25, BBiG.

▶ **Anders beurteilt das BAG** allerdings die Situation bei einem dualen Ausbildungsweg, einem Studium mit Praxisphasen im Betrieb. Hier sieht das BAG zwar eine Regelung als unwirksam an, die Ausbildungskosten zurückzuzahlen, wenn nach Abschluss kein Arbeitsvertrag zustande kommt, es lässt aber zu, dass im Fall einer Beendigung vor Ausbildungsende eine Rückzahlungspflicht vereinbart werden kann. Dazu muss der Arbeitgeber dem Arbeitnehmer vorher

Bindungsdauer im Betrieb nach einer Fortbildung

Verschiedene Urteile des BAG definieren zusammen die Grundlagen für diesen Fall.

Dauer der Fortbildung	Vom BAG anerkannte Bindungsdauer
Lehrgangsdauer nicht länger als einen Monat	Bindungsdauer von höchstens sechs Monaten [1]
Lehrgangsdauer bei Freistellung des Arbeitnehmers beträgt bis zu zwei Monate	Bindungswirkung von bis zu einem Jahr [2]
Lehrgang mit Freistellung von der Pflicht zur Arbeitsleistung beträgt drei bis vier Monate	zweijährige Bindungsfrist [3]
Lehrgang mit Freistellung dauert sechs bis zwölf Monate	Höchstbindungsdauer drei Jahre [4]
Mehr als zweijährig andauernde Fortbildungsmaßnahme	Bindungshöchstdauer fünf Jahre [5]

[1] BAG, Urteil vom 05. Dezember 2002, Az. 6 AZR 539/01; [2] BAG, Urteil vom 15. Dezember 1993, Az. 5 AZR 279/93; [3] BAG, Urteil vom 06. September 1995, Az. 5 AZR 241/94; [4] BAG, Urteil vom 23. Februar 1983, Az. 5 AZR 531/80; [5] BAG, Urteil vom 19. Juni 1974, Az. 5 AZR 299/73

eine Überlegfrist einräumen, in der er sich entscheiden kann bzw. muss, ob er die Ausbildung fortsetzen oder aufgeben will (BAG, Urteil vom 18. November 2008, Az. 3 AZR 192/07; Urteil vom 20. Februar 1975, Az. 5 AZR 240/74).

Eine Rückzahlung von Weiterbildungs- bzw. Fortbildungskosten kommt also grundsätzlich nur in Betracht, wenn der Arbeitnehmer durch die Weiter- oder Fortbildung tatsächlich einen geldwerten Vorteil erlangt, er also „seinen Marktwert" steigern kann

Arbeitgeber	Arbeitnehmer
Fall: Arbeitnehmer R. Lenz bekommt eine Weiterbildung von seinem Arbeitgeber bezahlt. Drei Wochen nach Abschluss der Weiterbildung will Lenz kündigen und in eine neue Firma wechseln.	

Arbeitgeber	Arbeitnehmer
Arbeitgeber fordert Kosten für Weiterbildung vom Arbeitnehmer zurück, weil er ihn speziell für die Stelle im eigenen Betrieb ausgebildet hat. (BAG, Urteil vom 19. Januar 2011)	Arbeitnehmer weist darauf hin, dass die Kosten einer Weiterbildung schon dem Gesetz nach der Ausbilder tragen muss. (ergibt sich aus § 12 Abs. 2 Nr. 1, § 25, BBiG)
... verweist darauf, dass es sich nicht um eine Berufsausbildung, sondern um eine Weiterbildung handelt und dass Arbeitnehmer Lenz durch die Weiter- oder Fortbildung tatsächlich einen geldwerten Vorteil erlangt, er also – umgangssprachlich ausgedrückt – insgesamt seinen „Marktwert steigern" kann. (BAG, Urteil vom 06. September 1995)	... sagt, dass es keine Vereinbarung über die Rückzahlung der Kosten gibt und der Arbeitgeber ihn nicht hinreichend deutlich hierauf hingewiesen hat. (BAG, Urteil vom 19. März 1980)
... bleibt bei seiner Forderung nach Rückzahlung. (BAG, Urteil vom 06. September 1995: gesteigerter „Marktwert" des Arbeitnehmers nach der Ausbildung)	... kündigt trotzdem und riskiert eine Auseinandersetzung vor Gericht. Oder: ... einigt sich mit dem Arbeitgeber.

Ausgang: Beide Parteien einigen sich auf eine Bindungsfrist von weiteren vier Monaten in der jetzigen Firma, bis Arbeitnehmer R. Lenz die Kosten seiner Weiterbildung durch seine gesteigerte Arbeitsleistung abgegolten hat. (BAG, Urteil vom 05. Dezember 2002)

(BAG, Urteil vom 06. September 1995, Az. 5 AZR 172/94). Es kommt also darauf an, dass der Arbeitnehmer insgesamt eine für ihn merkbare Gegenleistung für die Rückzahlungsverpflichtung erhalten hat und dass er die erworbenen Kenntnisse und Fähigkeiten auch außerhalb des Betriebs seines Arbeitgebers verwerten bzw. sogar zu einem beruflichen Aufstieg nutzen kann (BAG, Urteil vom 30. November 1994, Az. 5 AZR 715/93).

Wenn diese Voraussetzungen gegeben sind, kann eine Bindung des Arbeitnehmers durch die Rückzahlungsverpflichtung erreicht werden. Allerdings erkennt die Rechtsprechung nicht jede beliebige und beliebig lange Bindung an. Entscheidend ist, in welchem Verhältnis die Kosten zur Weiter-/Fortbildungsdauer einerseits und zur Bindungsdauer andererseits stehen.

Bei Anwendung dieser Grundsätze ist allerdings immer zu berücksichtigen, dass es sich hier um Regelbeispiele handelt.

Die Verhältnisgrenzen können in die eine wie die andere Richtung verschoben werden:

▸ **Einerseits:** Wenn die Lehrgangsdauer kürzer ist, die zusätzlichen Aufwendungen des Arbeitgebers aber über die Vergütungsfortzahlung hinaus außerordentlich hoch sind.

▸ **Andererseits:** Wenn der Lehrgang zwar länger dauert, aber die vom Arbeitgeber zusätzlich zu den Lohnkosten aufgewendeten Kosten sehr gering sind (BAG, Urteil vom 15. Dezember 1993, Az. 5 AZR 279/93).

Verfehlt eine Rückzahlungsvereinbarung die rechtlichen Anforderungen, so gingen frühere Urteile davon aus, dass dann eine ggf. gekürzte/verringerte Rückzahlungsverpflichtung bestehe.

Allerdings hält die neuere Rechtsprechung eine Rückzahlungsvereinbarung in diesem speziellen Fall generell für unwirksam. In der Folge gibt es in diesem Fall keine Rückzahlungspflicht – nicht einmal unter dem Gesichtspunkt der ungerechtfertigten Bereicherung des Arbeitnehmers (BAG, Urteil vom 14. Januar 2009, Az. 3 AZR 900/07; Urteil vom 21. August 2012, Az. 3 AZR 698/10).

Letzter Prüfungsschritt der Rechtsprechung ist der Auslöser der Rückzahlungspflicht. Eine Rückzahlungspflicht kann immer nur entstehen, wenn ein Ereignis eintritt, das dem Arbeitnehmer zuzurechnen ist, nicht aber allein in der Sphäre des Arbeitgebers liegt.

Einfach gesagt: Eine Rückzahlungspflicht gibt es nur, wenn der Arbeitnehmer das Arbeitsverhältnis selbst kündigt, maßgeblich einen Aufhebungsvertrag zu verantworten hat oder eine berechtigte verhaltensbedingte Kündigung provoziert, nicht aber bei einer betriebsbedingten Kündigung durch den Arbeitgeber (BAG, Urteil vom 13. Dezember 2011, Az. 3 AZR 791/09).

In der Höhe sind die Kosten begrenzt auf die tatsächlich durch den Arbeitgeber aufgewandten Kosten. Zusätzliche Kosten betrachtet die Rechtsprechung als unzulässiges Vertragsstrafeversprechen.

Zwei Arten von Beförderung

Steigen Arbeitnehmer im Unternehmen auf, kann das an persönlichem Engagement und dem Wunsch nach mehr Verantwortung liegen – oder an einer ungewollten Beförderung.

Wird der Arbeitnehmer – mit oder ohne vorangegangenes Bewerbungsverfahren – klassisch befördert und nimmt nun eine neue, höherwertigere Position ein, wird ein neuer Arbeitsinhalt einvernehmlich vereinbart. Der Abschluss eines neuen Arbeitsvertrags ist für diese Fälle nicht notwendig (siehe „Änderung der Aufgaben ...", S.163). Eine Vereinbarung muss ebenfalls nicht zwingend schriftlich erfolgen.

Allerdings gilt auch hier: Werden kein neuer Vertrag oder keine (Ergänzungs-)Vereinbarung schriftlich fixiert, ist der Arbeitgeber wiederum verpflichtet, die wesentlichen Inhalte der Änderung nach § 2 NachwG schriftlich niederzulegen. Weitere Wirksamkeitsvoraussetzungen hat die Beförderung dann nicht.

Gehalt bei der klassischen Beförderung

Arbeitgeber und Arbeitnehmer sollten nicht versäumen, neben dem neuen Arbeitsinhalt auch die neue Vergütung zu vereinbaren. Automatisch bedeutet eine Beförderung nämlich nicht, dass auch das Gehalt steigt.

Findet im Betrieb des Arbeitgebers ein Tarifvertrag Anwendung und steigt der Ar-beitnehmer dadurch in der Eingruppierung auf, ergibt sich die Vergütung von selbst. Ist das aber nicht der Fall, muss zwischen Arbeitgeber und Arbeitnehmer bezüglich der Vergütung eine Vereinbarung getroffen werden. Als Folge der Beförderung besteht für den Arbeitgeber die Verpflichtung, für den Arbeitnehmer eine neue Gehaltsabrechnung nach § 108 GewO zu erstellen – wenn sich dessen Lohn im Vergleich zur letzten schriftlichen Abrechnung geändert hat. Dies dürfte nach einer einvernehmlichen Beförderung der Fall sein.

Die ungewollte „Beförderung"

Anders verhält es sich mit einer Beförderung, die nicht einvernehmlich geschieht. Viele Arbeitsverträge enthalten Klauseln, die – mit unterschiedlicher Formulierung – das Direktionsrecht nach § 106 GewO betreffen: Der Arbeitgeber behält sich vor, Inhalt, Ort und Zeit der Arbeitsleistung nach Ermessen zu bestimmen. Das ist eine Versetzung oder Umsetzung.

Für die Fälle, in denen eine höherwertige Stelle dringend zu besetzen ist, mag der Arbeitgeber in Versuchung geraten, dem Arbeitnehmer die höherwertige Tätigkeit auch gegen seinen Willen zuzuweisen. Direktionsrechtsklauseln im Arbeitsvertrag betreffen nach Auffassung des BAG Hauptpflichten aus dem Arbeitsverhältnis, sind also der Inhaltskontrolle nach dem Recht der Allgemeinen Geschäftsbedingungen gemäß §§ 310 Abs. 4, 305 ff. BGB nur eingeschränkt unterworfen. Sie werden also nur nach § 307 BGB auf inhaltliche Bestimmtheit, Transparenz und Zumutbarkeit untersucht (BAG, Urteil vom 25. August 2010, Az. 10 AZR 275/09). Das bedeutet, dass im Streitfall das Arbeitsgericht alle Umstände des Einzelfalls untersucht, um die Wirksamkeit einer solchen Maßnahme beurteilen zu können. Vor allem im Rahmen der Zumutbarkeit spielen dann alle möglichen Arbeits- und Lebensumstände eine Rolle.

Unterschieden wird zwischen gleichwertigen, geringerwertigen und höherwertigen Tätigkeiten:

▶ **Gleichwertig:** Derartige Änderungsvorbehalte sind inhaltlich nicht zu beanstanden, wenn sie den Arbeitgeber dazu berechtigen, dem Arbeitnehmer im Betrieb eine andere gleichwertige Tätigkeit zuzuweisen. Die neue Aufgabe sollte also seinen Kenntnissen und Fähigkeiten entsprechen und sich auf die Vergütung als Gegenleistung nicht auswirken (BAG, Urteil vom 09. Mai 2006, Az. 9 AZR 424/05).

▶ **Geringerwertig:** Wesentlich problematischer ist es, wenn der Arbeitgeber unter Notfallgesichtspunkten eine geringerwertige Tätigkeit zuweisen will. Das darf er selbst dann nicht, wenn sich an der zu zahlenden Vergütung nichts ändert (BAG, Urteil vom 24. April 1996, Az. 4 AZR 976/94). Ausnahmen gibt es nur dann, wenn der Katastrophenfall gemäß § 14 Abs. 6 ArbZG eintritt.

▶ **Höherwertig:** Auch die Zuweisung einer höherwertigen Tätigkeit gegen Entgeltsteigerung funktioniert nicht ohne Weiteres. Im Hinblick auf den geringeren Eingriff in das Verhältnis zwischen Arbeitsleistung und Entgeltzahlung verbietet die Rechtsprechung dies zwar nicht generell, behält es aber der Einzelfallprüfung vor. Grundsätzlich gilt aber, dass eine solche Zuweisung höherwertiger Aufgaben keine stillschweigende Vertragsänderung nach sich ziehen kann (LAG Hamm, Urteil von 27. März 1992, Az. 18 Sa 1165/91).

Unzulässige ungewollte „Beförderung"

Erweist sich unter Berücksichtigung aller Umstände des Einzelfalls die Zuweisung höherwertiger Tätigkeiten als nicht zumutbar oder birgt sie die Gefahr der permanenten Überforderung des Arbeitnehmers, ist sie unzulässig.

Auch eine nur vorübergehende Zuweisung höherwertiger Tätigkeiten muss geprüft werden, das BAG hat die „doppelte Billigkeitsprüfung" als Maßgabe angesetzt (BAG, Urteil vom 18. April 2012, Az. 10 AZR

134/11). Danach wird geprüft, ob Tätigkeitsübertragung an sich wie auch die „Nicht-Dauerhaftigkeit" in der Gesamtabwägung aller Umstände die Übertragung zeitweise zulässig erscheinen lässt.

„Floating"-Verträge: Befristete Änderung

Einen Sonderfall stellt die befristete Änderung von Arbeitsinhalten dar. Die Rechtsprechung hat dies unter dem Stichwort der „Floating"-Verträge behandelt. Mit solchen Verträgen weist der Arbeitgeber dem Arbeitnehmer beispielsweise befristet ein erhöhtes Arbeitsvolumen oder eine höherwertige Tätigkeit für einen bestimmten Zeitraum oder aber einen anderen Arbeitsort zu. Nach der Auffassung des BAG gilt für diese befristete Änderung von einzelnen Arbeitsbedingungen nicht das TzBfG (BAG, Urteil vom 04. Juni 2003, Az. 7 AZR 406/02). Demzufolge greift auch nicht § 17 TzBfG , also die Klagefrist von drei Wochen nach dem vereinbarten Ende des befristeten Arbeitsvertrags.

Allerdings berührt ein derartiges Vorgehen, mag es auch im Hinblick auf Vergütungsfragen für den Arbeitnehmer vorteilhaft sein, die Rechtsstellung des Arbeitnehmers beim Kündigungsschutz (insbesondere § 2 KSchG) und beim Änderungskündigungsschutz. Das BAG wendet hier eine Missbrauchskontrolle an, die sich inhaltlich an den Wertungen des TzBfG orientiert. Sie zieht daher die Befristungsregelungen, insbesondere die Unterscheidung zwischen einer Befristung mit Sachgrund und einer ohne Sachgrund, im Rahmen der Gesamtüberprüfung wieder heran (BAG, Urteil vom 25. Mai 2005, Az. 7 AZR 286/04). Geprüft wird also, ob für die Aneinanderreihung von Vertragsänderung ein Sachgrund besteht oder nicht. Muss diese befristete Zuweisung geänderter Arbeitsbedingungen beispielsweise erfolgen, um den schwangerschaftsbedingten Ausfall einer Mitarbeiterin teilweise aufzufangen oder um einen sehr kurzfristig erhöhten Arbeitsanfall auszugleichen, ist das zulässig. Daneben prüft das BAG aber auch noch allgemeine Missbrauchsmerkmale.

Widerstand gegen eine ungewollte „Beförderung"

Will sich der Arbeitnehmer gegen eine „Zwangsbeförderung" wehren, ist entsprechend der Konstellationen zu unterscheiden (siehe „Die ungewollte ...", S. 56). Gegen eine „Versetzung" oder „Umsetzung" ist eine Feststellungsklage beim Arbeitsgericht einzureichen, die entweder die Änderung des Inhalts für unwirksam erklären oder feststellen lassen soll, was konkret Inhalt des Arbeitsverhältnisses und insbesondere der geschuldeten Arbeitsleistung ist.

Für die befristete Änderung von Inhalten im Floating-Modell ist ebenfalls eine Feststellungsklage einzureichen, die allerdings in der inhaltlichen Argumentation einer Befristungskontrollklage nach § 17 TzBfG gleicht.

Betriebliche Altersvorsorge

Durch die Rentenreformen der letzten Jahrzehnte wurde eine Zusatzversorgung durch die betriebliche Altersvorsorge wichtig.

Regelungen hierzu, die aber nicht abschließend sind, enthält das Betriebsrentengesetz (BetrAVG). Es unterscheidet zwischen der Zusageform einer betrieblichen Altersvorsorge und dem Durchführungsweg derselben. Zudem unterscheidet das Gesetz zwischen einer freiwillig begründeten, dann aber zwingenden Altersvorsorge, und einem Anspruch des Arbeitnehmers auf betriebliche Altersvorsorge. Einzelregelungen existieren zu Insolvenzsicherung in § 7 BetrAVG sowie zu Abfindung und Übertragung bei beendetem Arbeitsverhältnis in § 8 BetrAVG. Die Ausführungen hier können nur einen ersten Überblick geben. Arbeitgeber wie Arbeitnehmer sollten sich sorgfältig beraten lassen, wenn Zusagen einer betrieblichen Altersvorsorge bzw. deren Durchführung Probleme bereiten.

Rentenzusagen

Freiwillig kann ein Arbeitgeber eine betriebliche Altersversorgung so gewähren, dass er Leistungen für Alters-, Invaliditäts- oder Hinterbliebenenversorgung zusagt. Nach § 1 Abs. 2 BetrAVG liegt eine betriebliche Altersvorsorge aber auch vor, wenn der Arbeitgeber eine sogenannte beitragsorientierte Zusage erteilt, in der er sich verpflichtet, bestimmte Beiträge gegen eine Anwartschaft auf Alters-, Invaliditäts- oder Hinterbliebenenversorgung umzuwandeln.

Eine weitere Form der freiwilligen betrieblichen Altersversorgung liegt in der Erteilung einer Beitragszusage mit Mindestleistung durch den Arbeitgeber: Hier zahlt der Arbeitgeber das planmäßig zuzurechnende Versorgungskapital ein, mindestens aber die Summe der zugesagten Beiträge.

Gleichfalls liegt eine betriebliche Altersvorsorge vor, wenn künftige Entgeltansprüche des Arbeitnehmers in eine wertgleiche Anwartschaft auf Versorgungsleistungen umgewandelt werden, also eine Entgeltumwandlung durchgeführt wird. Ebenfalls, wenn der Arbeitnehmer aufgrund einer Vereinbarung mit dem Arbeitgeber Beiträge aus seinem Lohn zur Finanzierung von Leistungen der betrieblichen Altersversorgung an einen Pensionsfonds, eine Pensionskasse oder eine Direktversicherung leistet und die Zusage des Arbeitgebers auch die Leistung aus diesen Beiträgen umfasst, siehe § 1 Abs. 2 Nr. 1–4 BetrAVG.

Diese Formen der betrieblichen Altersversorgung werden durch den Arbeitgeber freiwillig begründet. Einen Rechtsanspruch hierauf hat der Arbeitnehmer nicht.

Die einzige gesetzliche Ausnahme ist die Begründung einer betrieblichen Altersversorgung durch Entgeltumwandlung, nach § 1b BetrAVG. Hiernach kann der Arbeitnehmer vom Arbeitgeber verlangen, dass von seinen zukünftigen Entgeltansprüchen bis zu 4 Prozent der jeweiligen Beitragsbemessungsgrenze in der allgemeinen Rentenversicherung durch Entgeltumwandlung für seine betriebliche Altersversorgung verwendet werden. Der Anspruch des Arbeitnehmers ist allerdings nach § 1a Abs. 1 Satz 2 BetrAVG durch eine konkrete Vereinbarung zwischen Arbeitgeber und Arbeitnehmer zu regeln. Ausgeschlossen ist der Anspruch auf Entgeltumwandlung nach § 1a BetrAVG, wenn bereits allgemein im Betrieb eine durch Entgeltumwandlung finanzierte betriebliche Altersversorgung besteht. So sollen Doppelversorgungsansprüche vom Gesetz her ausgeschlossen werden.

Durchführungswege

Von den Arten der betrieblichen Altersversorgung, also der jeweiligen Versorgungszusage, ist die Durchführung der Versorgung zu unterscheiden. Die Durchführung kann erfolgen durch:

- ▶ **direkte Zahlungsverpflichtung** des Arbeitgebers
- ▶ **Einrichtung** von Pensionskassen oder Pensionsfonds
- ▶ **Einführung** einer Unterstützungskasse oder
- ▶ **Abschluss** einer Direktversicherung

Letztere Variante stellt den häufigsten Fall moderner betrieblicher Altersversorgungen dar. Das BetrAVG hält dafür eine Reihe von Sondervorschriften bereit.

Der Durchführungsweg ist maßgeblich für die Ansprüche, die der Arbeitnehmer im Versorgungsfall erwirbt. Bei der Direktzusage des Arbeitgebers entsteht ein Anspruch direkt gegen den Arbeitgeber, bei der Pensionskasse bzw. dem Pensionsfonds entsteht ein Anspruch direkt gegen diese Einrichtungen. Bei der Unterstützungskasse hingegen entsteht wiederum ein Anspruch gegen den Arbeitgeber, der sich refinanziert durch die Unterstützungskassenleistungen.

Unverfallbarkeit

Ansprüche aus der betrieblichen Altersversorgung gibt es – mit Ausnahme der Ansprüche aus der Entgeltumwandlung – erst bei Eintritt der sogenannten „unverfallbaren Anwartschaft", siehe § 1b BetrAVG. Das bedeutet: Wurden einem Arbeitnehmer Leistungen aus der betrieblichen Altersversorgung einmal zugesagt, bleibt die Anwartschaft auch dann erhalten, wenn das Arbeitsverhältnis vor Eintritt des Versorgungsfalls, jedoch nach Vollendung des 25. Lebensjahrs, endet und die Versorgungszusage zu diesem Zeitpunkt mindestens fünf Jahre bestanden hat. Vorher bestehen unverfallbare Anwartschaften nicht.

Wird eine Entgeltumwandlung durchgeführt, kommt es hingegen nicht auf die Unverfallbarkeit an, siehe § 1b Abs. 5 BetrAVG.

Der Arbeitnehmer behält seine Anwartschaft: Soweit die Entgeltumwandlung als Direktversicherung besteht, muss dem Arbeitnehmer ein unwiderrufliches Bezugsrecht eingeräumt werden.

Anwartschaften als Abfindung

Bei Beendigung des Arbeitsverhältnisses gelten besondere Regelungen nach § 3 BetrAVG. Die Auflösung der Anwartschaften und Auszahlung als Abfindung ist nur unter bestimmten Voraussetzungen und in der Regel nur mit Zustimmung des Arbeitnehmers zulässig. Auch kann eine solche Abfindung nur erfolgen, wenn der Arbeitnehmer nicht von seinem Recht auf Übertragung der Anwartschaft Gebrauch macht, § 3 Abs. 2 Satz 3 BetrAVG.

Übertragbarkeit der Anwartschaft

Die betriebliche Altersvorsorge, insbesondere wenn sie unverfallbar ist, stellt einen erhöhten Vermögenswert dar. Aus diesem Grund sieht das Gesetz die Übertragbarkeit der betrieblichen Altersversorgung vor. Dabei sind aber verschiedene Verfahrensschritte und Bedingungen gemäß § 4 BetrAVG zu beachten, damit der soziale Besitzstand des Arbeitnehmers nicht gefährdet wird.

So setzt sich das Gehalt zusammen

Häufig stellt sich im Arbeitsverhältnis die Frage, wer für welche Form welcher Absicherung zuständig ist. Ein kleiner Überblick.

Zwischen beiden Parteien wird in der Regel eine sogenannte „Bruttolohnvereinbarung" getroffen. Das bedeutet, dass Arbeitgeber und Arbeitnehmer die Zahlung eines Entgelts als „Arbeitnehmerbrutto" vereinbaren, das Bruttogehalt.

Will sich der Arbeitnehmer auf eine Nettolohnvereinbarung berufen, so hat er dies darzulegen und auch zu beweisen (BAG, Urteil vom 19. Dezember 1963, Az. 5 AZR 174/63). Liegt eine solche Vereinbarung nicht vor, zahlt der Arbeitgeber dem Arbeitnehmer den Bruttolohn minus die gesetzlichen Abzüge: das „Arbeitnehmernetto", oder Nettogehalt (siehe auch Infografik, Seite 63).

Daneben existiert begrifflich noch das sogenannte „Arbeitgeberbrutto". Hierin fällt der dem Arbeitnehmer zustehende Bruttolohn plus der auf den Arbeitgeber entfallende Teil der Sozialversicherungsbeiträge des beschäftigten Arbeitnehmers. Die Begriffe Arbeitnehmerbrutto und Arbeitgeberbrutto sind also nicht identisch.

Zahlungen direkt durch den Arbeitgeber

Der Arbeitgeber schuldet als Zahlungspflicht gegenüber dem Arbeitnehmer die Abführung der Sozialversicherungsbeiträge an die Einzugsstelle einerseits und die Abführung der Lohnsteuer nach § 41a EStG an das zuständige Finanzamt andererseits als Zahlungspflicht (BAG, Beschluss vom 07. März 2001, Az. GS 1/00). Bezüglich der Sozialversicherungsbeiträge wie auch der Lohnsteuer trifft den Arbeitgeber die Pflicht, diese nicht an den Arbeitnehmer auszuzahlen.

Im Einzelnen führt der Arbeitgeber also folgende Abgaben ab:

▸ **Lohnsteuer** an das Finanzamt
▸ **Rentenversicherungsbeitrag** des Arbeitnehmers nach § 168 Abs. 1 Nr. 1 SGB VI
▸ **Krankenversicherungsbeitrag** gemäß § 20 Abs. 1 SGB IV
▸ **Arbeitslosenversicherungsbeitrag** gemäß § 346 Abs. 1 SGB III
▸ **Pflegeversicherungsbeitrag** gemäß § 58 Abs. 1 SGB XI

Versicherungen: Arbeitgeber- und Arbeitnehmeranteile

Folgende Prozentsätze gelten für das Jahr 2015:

	Allgemein	Arbeitgeberanteil	Arbeitnehmeranteil
Krankenversicherung	14,60 %	7,30 %	7,30 %
Pflegeversicherung	2,35 % kinderlose AN: 2,40 %	1,175	1,175 kinderlose AN: 1,425
Rentenversicherung	18,70 %,	9,35 %	9,35 %
Arbeitslosen-versicherung	3,00 %,	1,50 %	1,50 %

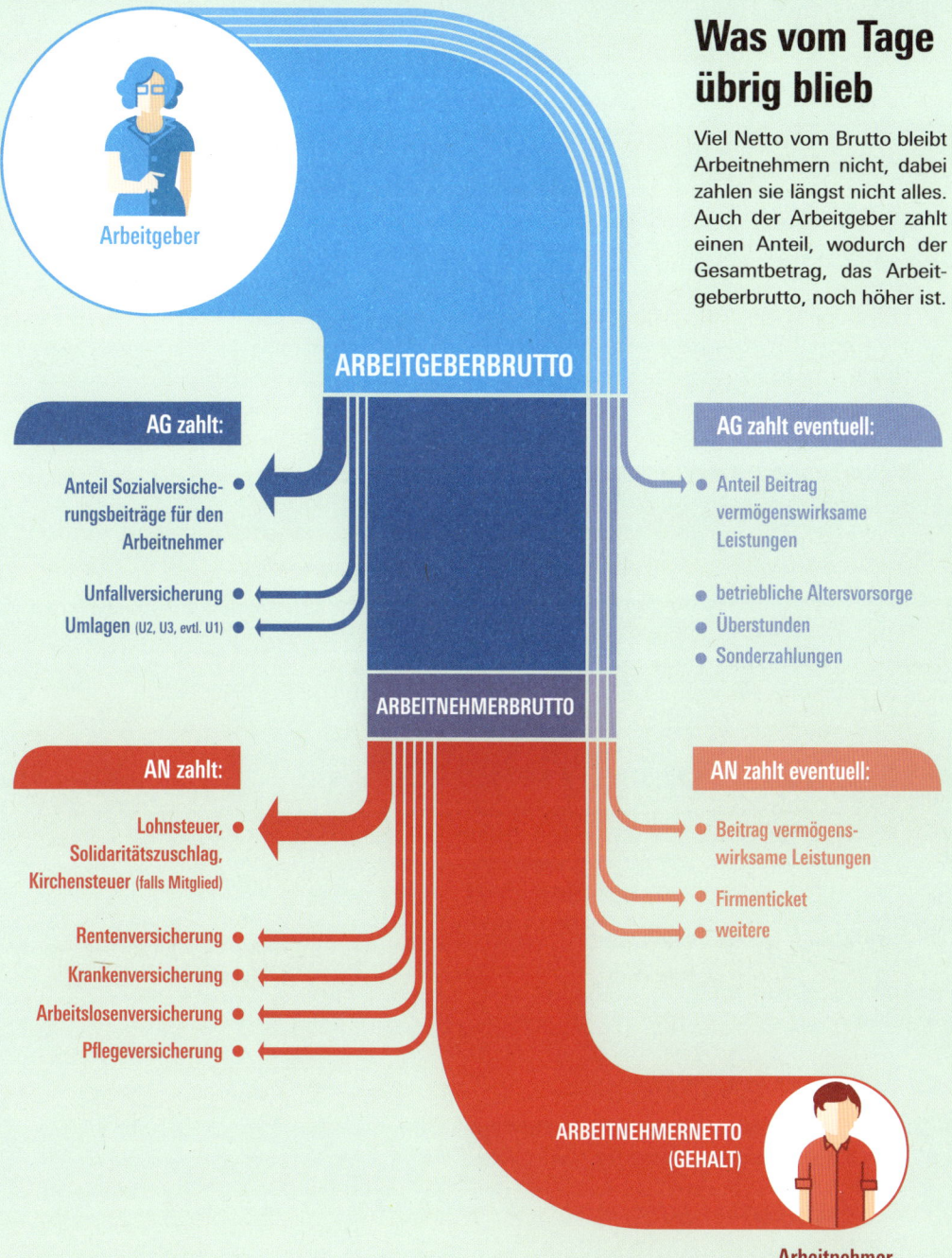

Arbeitgeber

ARBEITGEBERBRUTTO

Was vom Tage übrig blieb

Viel Netto vom Brutto bleibt Arbeitnehmern nicht, dabei zahlen sie längst nicht alles. Auch der Arbeitgeber zahlt einen Anteil, wodurch der Gesamtbetrag, das Arbeitgeberbrutto, noch höher ist.

AG zahlt:

- Anteil Sozialversicherungsbeiträge für den Arbeitnehmer
- Unfallversicherung
- Umlagen (U2, U3, evtl. U1)

AG zahlt eventuell:

- Anteil Beitrag vermögenswirksame Leistungen
- betriebliche Altersvorsorge
- Überstunden
- Sonderzahlungen

ARBEITNEHMERBRUTTO

AN zahlt:

- Lohnsteuer, Solidaritätszuschlag, Kirchensteuer (falls Mitglied)
- Rentenversicherung
- Krankenversicherung
- Arbeitslosenversicherung
- Pflegeversicherung

AN zahlt eventuell:

- Beitrag vermögenswirksame Leistungen
- Firmenticket
- weitere

ARBEITNEHMERNETTO (GEHALT)

Arbeitnehmer

Ist der Arbeitnehmer wegen Überschreitung der sogenannten Beitragsbemessungsgrenze nur noch freiwillig kranken- bzw. pflegeversichert, führt der Arbeitgeber dennoch die diesbezüglichen Beiträge direkt an die Versicherungsunternehmen ab (BAG, Urteil vom 26. August 2009, Az. 5 AZR 616/08).

Der Arbeitgeber schuldet daneben die Zahlung des Versicherungsbeitrags zur gesetzlichen Unfallversicherung nach § 150 SGB VII in die jeweils zuständige Berufsgenossenschaft. Diese sichert Ansprüche des Arbeitnehmers nach Arbeitsunfällen sowie Berufskrankheiten ab (siehe „Die gesetzliche …", S. 92). Abhängig von der Betriebsart obliegt dem Arbeitgeber gegebenenfalls der Abschluss einer Betriebshaftpflichtversicherung. In deren Schutzbereich sind die Arbeitnehmer in der Regel einbezogen.

Für Geschäftsführer bzw. leitende Angestellte empfiehlt sich zudem der Abschluss gesonderter Haftpflicht- bzw. Risikoversicherungen. Derartige Versicherungen werden einzelvertraglich zwischen Arbeitgeber und Arbeitnehmer vereinbart – eine gesetzliche Verpflichtung hierzu besteht nicht.

Freiwillige und weniger freiwillige Zahlungen

Bei länger dauernden Arbeitsverhältnissen und nach entsprechenden Aufstiegen in einem Unternehmen erhalten Arbeitnehmer oft eine Reihe von Zahlungen ohne konkrete Vereinbarung.

Hierzu gehören nicht nur Erfolgsbeteiligung und Prämien (siehe „Gewinnbeteiligungen und …", S. 46), sondern auch Sonderzahlungen wie Urlaubsgeld, Weihnachtsgeld, Verpflegungsmehraufwendungen und Ähnliches. Im Normalfall funktionieren diese Zahlungen ohne Probleme. Verändern sich aber die wirtschaftlichen Parameter des Unternehmens oder trübt sich die Stimmung zwischen Arbeitgeber und Arbeitnehmer, stellt sich häufig die Frage, wie mit diesen Zahlungen umzugehen ist. Fehlt für eine Zahlung eine arbeitsvertragliche Vereinbarung, muss geklärt werden, ob für den Arbeitnehmer ein Anspruch auf Zahlung besteht oder nicht. Solche Ansprüche auf Zahlung können im Arbeitsverhältnis durch verschiedene Tatbestände begründet werden und sind dann selbstverständlich nicht mehr als freiwillige Leistungen des Arbeitgebers einzuordnen.

Gesamtzusage

Veröffentlicht ein Arbeitgeber im Intranet seiner Firma eine Erklärung, den Arbeitnehmern bei Urlauben zukünftig ein zusätzliches halbes Monatsgehalt zahlen zu wollen, so ist dies keine schriftliche Vereinbarung zwischen Arbeitgeber und Arbeitnehmer. Eine solche Zahlungsverpflichtung des Arbeitgebers ist in der Rechtsprechung unter dem Begriff der Gesamtzusage bekannt: das ist eine allgemeine Erklärung des Arbeitgebers an alle Arbeitnehmer – oder an einen bestimmten nach abstrakten Merkmalen festgesetzten Teil von ihnen –, zukünftig zusätzliche Leistungen erbringen zu wollen (BAG, Urteil vom 18. März 2003, Az. 3 AZR 101/02). Der Arbeitgeber gibt hier also ein Angebot auf Leistung ab, das die Arbeitnehmer ohne konkrete Annahmeerklärung annehmen können, sodass eine „Mehrheit gleichlautender Individualvereinbarungen" zustande kommt (BAG, Urteil vom 28. Juni 2006, Az. 10 AZR 385/05).

Die Folge einer derartigen Zusage ist, dass sich der Arbeitgeber von ihr nicht mehr einseitig lösen kann: Die zusätzlichen Leistungen aus der Gesamtzusage werden Bestandteil des Arbeitsverhältnisses (BAG, Urteil vom 13. November 2013, Az. 10 AZR 848/12). Will sich der Arbeitnehmer von einer solchen Zusage wieder lösen, kann er dies nur über den Weg einer Änderungskündigung gegenüber jedem einzelnen Arbeitnehmer (siehe „Änderung per ...", S. 164).

Die Erteilung einer Gesamtzusage birgt für den Arbeitgeber weiterhin das Risiko, dass diese nicht nur zugunsten der Arbeitnehmer wirkt, die zum Zeitpunkt des Ausspruchs der Gesamtzusage dem Betrieb angehörten, sondern auch gegenüber Arbeitnehmern, die später in den Betrieb eintreten und dann ohne Annahmeerklärung dieses Angebot aus der Gesamtzusage annehmen können. Für später eintretende Betriebsangehörige entfaltet die Gesamtzusage nur dann keine Wirkung, wenn diese ausdrücklich auf einem bestimmten Zeitraum beschränkt ist. Dann können diejenigen Arbeitnehmer ausgeschlossen werden, die erst nach Ablauf der Angebotsfrist im Betrieb beginnen (BAG, Urteil vom 23. September 2009, Az. 5 AZR 628/08). Bezüglich der „alten" Arbeitnehmer bleibt der Arbeitgeber allerdings an die Gesamtzusage gebunden.

Betriebliche Übung

Leistet der Arbeitgeber Zahlungen, ohne sich hierzu zu äußern oder eine Vereinbarung vorzuschlagen, ist die Frage nach dem Rechtsgrund anders zu beantworten. Gerade bei kommentarlos gewährten Zahlungen, etwa zu Weihnachten oder in den Urlaubsmonaten, allerdings auch bei Fahrtgeldzuschüssen, Heimzulagen und Ähnlichem, behilft sich die Rechtsprechung mit dem Instrument der „betrieblichen Übung".

Begrifflich wird die betriebliche Übung auch verstanden als konkludente Vertragsbindung oder konkludente Selbstbindung des Arbeitgebers. Das Ergebnis ist identisch.

Das BAG versteht unter einer betrieblichen Übung die regelmäßige gleichförmige Wiederholung bestimmter Verhaltensweisen des Arbeitgebers, aus der der Arbeitnehmer einen konkreten Verpflichtungswillen des Arbeitgebers ableiten kann, dass ihm die Leistung oder Vergünstigung zukünftig auf Dauer gewährt werden soll (grundlegend BAG, Urteil vom 20. Mai 2008, Az. 9 AZR 382/07). Wenn der Arbeitgeber also wiederholt Leistungen oder Zahlungen erbringt, darf der Arbeitnehmer erwarten, dass dies auch in Zukunft so sein wird.

Soweit es sich um Zahlungen handelt, spricht die Rechtsprechung von der Vergütungserwartung (BAG, Urteil vom 01. April 2009, Az. 10 AZR 393/08).

Die betriebliche Übung kann sich darüber hinaus aber auch auf andere Verhaltensweisen des Arbeitgebers beziehen. Tatsächlich hat das BAG eine betriebliche Übung bei Gratifikationszahlungen wie Urlaubsgeld und Weihnachtsgeld anerkannt, soweit der Arbeitgeber diese Zahlungen dreimal nacheinander in gleicher Höhe vorbehaltlos gewährt (BAG, Urteil vom 21. November 1991, Az. 6 AZR 544/89). Auch unregelmäßig erfolgende Sonderzahlungen können eine betriebliche Übung begründen, wenn sie in merkbarer Höhe sechsmal nacheinander geleistet worden sind (für Betriebsrentenansprüche: BAG, Urteil vom 23. August 2011, Az. 3 AZR 650/09).

Betriebliche Übung kann darüber hinaus diskutiert werden für Fälle der regelmäßigen Gehaltserhöhung, der Einschränkung des Direktionsrechts und Ähnliches.

Beenden von betrieblicher Übung

Anlass zum Streit gibt regelmäßig die Frage, ob und unter welchen Voraussetzungen der Arbeitgeber sich von einer betrieblichen Übung wieder lösen kann. Früher konnte nach BAG eine betriebliche Übung beseitigt werden, indem der Arbeitgeber die Leistung einstellte und der Arbeitnehmer deswegen mindestens drei Jahre lang nicht widersprach (BAG, Urteil vom 26. März 1997, Az. 10 AZR 612/96).

Diese Rechtsprechung hat das BAG ausdrücklich aufgegeben und hält diese Praxis nun nicht mehr für anwendbar (BAG, Urteil vom 18. März 2009, Az. 10 AZR 289/08).

Ein anderer Versuch zur Beschränkung der betrieblichen Übung ist der Freiwilligkeitsvorbehalt. Viele Arbeitsverträge enthalten die pauschale Formulierung, dass zusätzlich zum Gehalt gewährte Leistungen jederzeit freiwillig und damit widerrufbar sind. Häufig wird die Klausel noch durch einzelne Widerrufstatbestände konkretisiert – beispielsweise eine Verschlechterung der Unternehmenslage. Derartige pauschale Freiwilligkeitsvorbehalte erachtet das BAG als nicht geeignet, eine betriebliche Übung zu beenden.

Für die Fälle der Zahlung von Weihnachtsgeld ist eine Verhinderung der betrieblichen Übung allenfalls dadurch möglich, dass der Arbeitgeber nicht nur einen Widerrufsvorbehalt im Arbeitsvertrag verankert, sondern auch tatsächlich bei jeder einzelnen Gratifikationszahlung noch einmal ausdrücklich und gesondert auf die Freiwilligkeit und jederzeitige Widerrufbarkeit hinweist (BAG, Urteil vom 14. September 2011, Az. 10 AZR 526/10). Allerdings hat er hier auch die Grenzen im Hinblick auf die jeweilige Höhe der Sondervergütung zu beachten (siehe „Gewinnbeteiligungen", S. 46).

Will sich der Arbeitgeber tatsächlich aus den Verpflichtungen einer betrieblichen Übung befreien, so ist ihm dies nach der Rechtsprechung des BAG – sofern ein Freiwilligkeitsvorbehalt nicht wirksam war – nur über das Mittel der Änderungskündigung nach § 2 KSchG möglich (siehe „Änderung per Änderungskündigung", S. 164).

Überstunden, Bereitschaft und Überlastung

Ob Hochbetrieb oder heimlicher Alltag: Für viele gehen die Arbeitsstunden pro Tag weit über das im Arbeitsvertrag vereinbarte Volumen hinaus.

Die unterschiedlichen Interessenlagen sind eindeutig: Der Arbeitgeber sieht sicher den Einsatz des Arbeitnehmers als förderlich für das Unternehmen an. Der Arbeitnehmer hingegen will diesen Einsatz nachvollziehbarerweise honoriert haben. Die rechtliche Klärung ist nicht einfach.

Definition: Mehr- und Überarbeit
Mehrarbeit liegt immer dann vor, wenn die gesetzliche Arbeitszeit überschritten wird. Überarbeit hingegen bezeichnet das Überschreiten der regelmäßigen betrieblichen Arbeitszeit. Überstunden fallen etwa an, wenn der Arbeitgeber anordnet, dass über

die regelmäßige betriebliche Arbeitszeit hinaus zu arbeiten ist oder die Arbeitnehmer auf Pausen zu verzichten haben.

Vergütung von Überstunden

Viele Arbeitsverträge enthalten die Regelung, dass Überstunden vorrangig durch Freizeitausgleich abzugelten sind. Nicht wenige schweigen sich dazu einfach komplett aus. Das ArbZG hilft in diesem Fall nicht weiter. Es enthält Schutzregelungen zugunsten des Arbeitnehmers hinsichtlich Mehrarbeit, aber keine Vergütungsregelung.

Ansatzpunkt ist, dass selbst ohne konkrete Vereinbarung eine Vergütungserwartung des Arbeitnehmers für Überstunden besteht. Gleiches gilt auch, wenn der Arbeitsvertrag zwar vorsieht, Überstunden durch Freizeit auszugleichen, das aber nicht möglich ist. Die Gründe dafür müssen dann in der Sphäre des Arbeitgebers liegen oder das zugewiesene Arbeitsvolumen muss so groß sein, dass es in der vertraglich vorgesehenen Zeit objektiv nicht zu bewältigen ist (BAG, Urteil vom 04. Mai 1994, Az. 4 AZR 445/93).

Für alle Fallkonstellationen nimmt die Rechtsprechung also an, dass eine Grundvergütung für Überstunden aufgrund der Regelung des § 612 Abs. 2 BGB als stillschweigend vereinbart anzusehen ist, da der Arbeitnehmer tatsächlich quantitativ mehr Arbeit erbringt und die Arbeitsleistung des Arbeitnehmers üblicherweise nur gegen Vergütung erbracht wird (BAG, Urteil vom 17. März 1982, Az. 5 AZR 1047/79).

Einschränkung nur bei „höheren Diensten"

Die Rechtsprechung geht allerdings davon aus, dass ein allgemeiner Rechtsgrundsatz, dass jede Mehrarbeitszeit oder jede dienstliche Anwesenheit über die vereinbarte oder betriebsübliche Arbeitszeit hinaus grundsätzlich zu vergüten ist, nicht existiert. Eine Vergütungspflicht wird also nur dann als stillschweigend vereinbart angesehen, wenn die Umstände der Dienstleistungen im Einzelfall dafür sprechen, eine zusätzliche Vergütung zu erhalten (BAG, Urteil vom 03. September 1997, Az. 5 AZR 428/96). In der Regel wird diese Erwartung aber bejaht.

Streitfälle gibt es für die Ableistung sogenannter „höherer Dienste". Da diese v. a. bei hohen Gehältern angenommen werden, die die Beitragsbemessungsgrenze überschreiten, tendiert die Rechtsprechung dazu, eine gesonderte Vergütungserwartung hier nicht ohne Weiteres anzunehmen (BAG, Urteil vom 27. Juni 2012, Az. 5 AZR 530/11).

Zuschläge für Überstunden

Die Vergütungserwartung bei Überstunden bezieht sich lediglich auf die Grundvergütung. Kein Arbeitnehmer hat ohne gesonderte Vereinbarung Anspruch auf die Zahlung von Überstundenzuschlägen: Derartige Zuschläge haben – mit Ausnahme des Nachtarbeitszuschlages aus § 6 Abs. 5 ArbZG – keine gesetzliche Grundlage. Es muss dafür eine tarif- oder arbeitsvertragliche oder eine Betriebsvereinbarung geben.

Nachweis von Überstunden

Eigentlicher Hauptstreitpunkt ist jedoch das Darlegungs- und Beweislastproblem. Vergütungsansprüche aus Überstunden folgen den allgemeinen Beweislastregeln: Der Arbeitnehmer muss also im Einzelnen darlegen können, an welchen Tagen und zu welchen Tageszeiten er über die betriebsübliche Arbeitszeit hinaus tätig geworden ist. Ebenso liegt die Vortrags- und Beweislast bei ihm, ob die Überstunden vom Arbeitgeber angeordnet wurden, zur Erledigung der ihm obliegenden Arbeiten notwendig waren oder ob sie vom Arbeitgeber zumindest gebilligt oder geduldet worden sind (BAG, Urteil vom 16. Mai 2012, Az. 5 AZR 347/11).

Erst wenn diese Hürden überschritten sind, muss der Arbeitgeber argumentativ erwidern. Vorher genügt einfaches Bestreiten (in Abrede stellen).

Erleichterungen in der Vortragslast bestehen dann, wenn technische Aufzeichnungen vorhanden sind oder aber Arbeitsaufträge erteilt werden, die offensichtlich in der regelmäßigen Arbeitszeit nicht durchgeführt werden können (BAG, Urteil vom 28. November 1973, Az. 4 AZR 62/73).

Die Erreichbarkeit am Abend

Moderne Kommunikationsmittel machen es möglich, dass Arbeitnehmer auch zu Hause mit geschäftlichen Mitteilungen zu tun haben – und diese gegebenenfalls auch bearbeiten müssen.

Unabhängige von der Frage einer etwaigen Überforderung stellt sich die Frage nach der zutreffenden Einordnung einer solchen Inanspruchnahme. Geschieht dies täglich oder absolut regelmäßig und trifft den Arbeitnehmer die Erwartung, dass etwa E-Mails – seien sie nun von externen Dritten oder vom Vorgesetzten – nicht nur zur Kenntnis genommen und gelesen, sondern auch bearbeitet und beantwortet werden sollen, ist dies zunächst ein arbeitszeitrechtliches Problem.

Nach dem Verständnis der Rechtsprechung liegt Arbeitszeit bei Arbeitnehmern immer dann vor, wenn sie durch ihre arbeitsvertragliche Verpflichtung in Anspruch genommen sind und nicht Freizeit vorliegt (BAG, Urteil vom 11. Oktober 2000, Az. 5 AZR 122/99). Kommen (zu beantwortende) E-Mails also spät am Abend aber regelmäßig, liegt unproblematisch Arbeitszeit vor.

✗ **Ebenso kurz wie unzureichend** ist die gesetzliche Definition der Arbeitszeit in § 2 ArbZG: Arbeitszeit ist hiernach die Zeit vom Beginn bis zum Ende der Arbeit ohne die Ruhepausen. Was Arbeitszeit ausmacht und was nicht, sagt das Gesetz nicht aus.

HÄTTEN SIE'S GEWUSST?

Laut einer Studie arbeiten wir zu schnell und zu viel.

Knapp ein Viertel legen ein Tempo vor, von dem sie glauben, es langfristig nicht durchhalten zu können.

18 % erreichen oft die Grenze ihrer Leistungsfähigkeit.

23 % verzichten auf Pausen.

Jeder Achte erscheint auch krank im Unternehmen.

Für 42 % ist das Arbeitsumfeld durch steigende Leistungs- und Ertragsziele geprägt.

66 % wissen nicht mehr, wie sie die wachsenden Ansprüche bewältigen sollen.

51 % haben keinen oder nur geringen Einfluss auf ihre Arbeitsmenge.

Über 40 % fanden, keinen oder nur geringen Einfluss auf ihre Arbeitsziele zu haben.

Studie des Gesundheitsmonitors von Bertelsmann Stiftung und BARMER GEK, März 2015; ca. 1 000 Erwerbstätige repräsentativ befragt

Anders ist die Sachlage zu beurteilen, wenn dies nur unregelmäßig der Fall ist oder sich der Arbeitnehmer nur vorsorglich auf so etwas einzustellen hat.

Bereitschaftsdienst und Rufbereitschaft

Für diese Fälle muss unterschieden werden zwischen Zeiten des Bereitschaftsdienstes und Rufbereitschaft. Die den medizinischen Berufen entnommenen Begriffe kennzeichnen Zeitspannen, während derer sich der Arbeitnehmer für Zwecke des Betriebs an einer vom Arbeitgeber bestimmten Stelle innerhalb oder außerhalb des Betriebs aufzuhalten hat, damit er gegebenenfalls seine volle Arbeitstätigkeit sofort oder zeitnah aufnehmen kann (Bereitschaftsdienst, BAG, Beschluss vom 18. Februar 2003, Az. 1 ABR 2/02).

Sie meinen aber auch Zeiträume, in denen der Arbeitnehmer verpflichtet ist, sich zu Hause oder an einer frei gewählten Stelle bereitzuhalten, damit er die Arbeit, falls erforderlich, alsbald aufnehmen kann (Rufbereitschaft, BAG, Urteil vom 31. Januar 2002, Az. 6 AZR 214/00).

Vergütung bei Bereitschaft

Je nach zu erwartender Inanspruchnahme ist zwischen beiden Beanspruchungsformen zu unterscheiden. Hierbei zählen die Zeiten des Bereitschaftsdienstes als Arbeitszeit, die Zeit der Rufbereitschaft hingegen nicht. Aussagen zur Vergütung trifft die Unterscheidung nicht. Maßgeblich ist allerdings, dass aufgrund der Vergütungserwartung Arbeitszeit grundsätzlich zu vergüten ist. Daraus ergibt sich, dass die Zeiten des „Bereitschaftsdienstes" bezahlt werden, die Zeiten der „Rufbereitschaft" aber nur nach konkreter Vereinbarung.

Die Erreichbarkeit des Arbeitnehmers am Abend im Rahmen moderner Kommunikationsmittel ist also sowohl arbeitszeitrechtlich wie auch vergütungsrechtlich schwer zu fassen.

Arbeitsüberlastung

Der Übergang von viel nach zu viel Arbeit ist fließend und geht zunächst oft für beide Parteien unbemerkt vonstatten. Stellt ein Arbeitnehmer fest, dass er tatsächlich überlastet ist, ist der Übergang in der Regel bereits vollzogen und der Arbeitgeber in einer problematischen Position.

Ansatzpunkt ist § 618 BGB. Zu den dort formulierten Pflichten des Arbeitgebers gehört auch der Schutz vor Überanstrengungen des Arbeitnehmers, insbesondere wenn diese drohen, gesundheitsschädigend zu werden. Die Rechtsprechung geht davon aus, dass der Arbeitgeber sich bei der Zuteilung von Arbeit bzw. Arbeitsvolumen an der Leistungsfähigkeit eines durchschnittlichen Menschen zu orientieren hat. Etwas anderes soll nur dann gelten, wenn der Arbeitgeber von Umständen weiß, die die Leistungsfähigkeit des Arbeitnehmers mindern, wie zum Beispiel erhöhte Anfälligkeit gegen bestimmte Erkrankungen oder aber eine bestehende Schwerbehinderung. Die allgemeinen Grundsätze gelten nach Auffassung des BAG im Übrigen auch für hoch bezahlte leitende Angestellte (BAG, Urteil vom 13. März 1967, Az. 2 AZR 133/66). Tritt nun die Überforderung des Arbeitnehmers ein und zutage, ergeben sich folgende Handlungsmöglichkeiten.

Handlungsbedarf bei Überlastung

Erkennt der Arbeitgeber die Überforderung, bevor es der Arbeitnehmer tut, liegt es nahe, dass der Arbeitgeber zunächst mit einer Verringerung des Arbeitsvolumens reagiert. Lässt sich die Überforderung dauerhaft objektiv nicht abstellen, ist er berechtigt, den Arbeitnehmer zu versetzen – gegebenenfalls ist er hierzu sogar verpflichtet (BAG, Urteil vom 17. Februar 1998, Az. 9 AZR 130/97). Einen gesetzlichen Sonderfall einer Versetzungsverpflichtung enthält § 6 Abs. 4 ArbZG für Nachtarbeitstätigkeit.

Umgekehrt hat der Arbeitnehmer einen Anspruch gegen den Arbeitgeber, nicht überfordert zu werden. Dies ist zunächst der Gegenstand des Direktionsrechts und kann mit den entsprechenden Klagen bzw. Klageanträgen eingefordert werden. Der Arbeitnehmer kann also Verringerung der Arbeitsmenge verlangen. Lässt sich die Überforderung nicht dauerhaft objektiv beseitigen, besteht für den Arbeitnehmer ein klageweise durchsetzbarer Anspruch auf Umsetzung oder Versetzung.

Urlaub, Pflege- und Elternzeit

Der Arbeitnehmer wird für den Zeitraum des Urlaubs sowie während der Pflege- bzw. Elternzeit von der Arbeitspflicht freigestellt – so die rechtliche Theorie. In der Praxis sieht es oft anders aus.

Die gesetzliche Grundlage, das Bundesurlaubsgesetz (BUrlG), gibt es bereits seit 1963, allerdings ist auch das Abkommen der Internationalen Organisation für Arbeit (ILO), Nummer 133, zu berücksichtigen. Darüber hinaus finden sich Regelungen zum Urlaubsrecht auch in der Sozialcharta der Europäischen Union.

Nicht nur die deutschen Gerichte entscheiden also im Urlaubsrecht. Auch der Europäische Gerichtshof urteilte in den letzten Jahren zunehmend häufiger zum Thema. Hier offenbart sich ein anderes Verständnis als dies in Deutschland seit dem Inkrafttreten des BUrlG vorgeherrscht hat. Urlaubsrecht ist daher eines der Gebiete im Arbeitsrecht, in denen unbedingt die Kenntnis der neuesten Entscheidungen vorliegen muss. Daher rührt eine gewaltige Unsicherheit sowohl bei Arbeitnehmern als auch bei Arbeitgebern. Die Rechtsstreite nehmen zumindest tendenziell derzeit eher zu als ab.

Versteht man das Urlaubsrecht in den Grundzügen, erklären sich etliche Einzelprobleme von selbst. Manche Konstellationen lassen sich aber auch aus dem Gesetz nicht mehr erklären – diese müssen Arbeitnehmer und Arbeitgeber einfach kennen.

Urlaubsanspruch, Teilurlaub und Wartezeit

Unterschiedslos hat jeder Arbeitnehmer in jedem Kalenderjahr Anspruch auf bezahlten Erholungsurlaub.

Urlaub heißt nach § 1 BUrlG, dass ein Erholungsurlaub gegen Bezahlung gewährt wird. Der Arbeitnehmer wird also von der Pflicht zur Arbeitsleistung entbunden, bekommt aber in dieser Zeit vom Arbeitgeber weiterhin seinen Lohn. Arbeitnehmer ist jeder Arbeiter und Angestellte sowie die Auszubildenden.

Nach § 3 BUrlG beträgt der Urlaub jährlich mindestens 24 Werktage. Der Mindesturlaubsanspruch darf nicht unterschritten werden. Wird aber regulär nur fünf Tage die Woche gearbeitet, sind es nur 20 Werktage.

Durch die Werktage-Rechnung im Gesetz (siehe „Sechs Tage Arbeit?", S. 75) entstehen bereits erste Schwierigkeiten: Viele Arbeitsverträge unterscheiden nicht zwischen Arbeits- und Werktagen – dabei sollten sie das.

→ Arbeitstage versus Werktage

In einem Büro wird in der Regel von Montag bis Freitag gearbeitet. Die durchschnittliche Arbeitswoche hat also hier fünf Arbeitstage, dennoch aber sechs Werktage. Für die Werktage kommt es dabei auf die gesetzliche Definition an, die Arbeitstage sind durch die Gebräuche im Betrieb definiert. Im Einzelhandel herrscht dagegen eine Sechs-Tage-Woche vor. Die dortigen Arbeitnehmer haben also rein rechnerisch sechs Arbeitstage die Woche, sodass hier die Definition von Arbeitstagen und Werktagen gleichlautend ist.

Wird in einem Arbeitsvertrag formuliert, dass der Arbeitnehmer 24 Arbeitstage Urlaub hat, dann ist entscheidend, in welcher Branche er tätig ist und wie betriebsüblich gearbeitet wird. Wird im Betrieb des Arbeitnehmers nur von Montag bis Freitag (also fünf Tage) gearbeitet, hat der Arbeitnehmer in diesem Fall schon mehr als den gesetzlichen Urlaub – knapp fünf Wochen. Schließlich hat er ja auch alle Samstage frei. Wird in einer Sechs-Tage-Woche in der Branche und im Betrieb gearbeitet, dann hat er exakt den Mindesturlaubsanspruch von vier Wochen. Mehr Urlaub kann ein Arbeitnehmer immer haben; weniger als den Mindesturlaubsanspruch gibt es nicht, § 13 BUrlG.

Sechs Tage Arbeit? Folgendes müssen Arbeitnehmer und Arbeitgeber wissen: Das BUrlG geht von der Sechs-Tage-Arbeitswoche aus. Nach dem Gesetz sind Werktage alle Kalendertage, die nicht Sonn- oder gesetzliche Feiertage sind. In der Praxis geht also das Gesetz von einem Urlaub von vier Wochen im Jahr aus.

Ohne es explizit zu sagen, geht das BUrlG vom vollzeitbeschäftigten Arbeitnehmer aus. Der Anspruch auf Mindesturlaub aber gilt natürlich auch für Teilzeitbeschäftigte und Minijobber. Diese dürfen aufgrund der Teilzeitbeschäftigung nicht schlechter gestellt werden als Vollzeitarbeitnehmer (siehe „Die Regelungen ...", S. 28). Ihr Urlaubsanspruch ist entsprechend umzurechnen. In der Formulierung im Arbeitsvertrag ist Sorgfalt geboten: Wird eine auf das Gesetz bezogene Formulierung gewählt, benötigt man keine spezielle Regelung für den teilzeitbeschäftigten Arbeitnehmer. Will man eine solche Regelung haben, muss sie exakt formuliert werden, damit klar wird, welcher Urlaubsanspruch genau besteht.

Voller Urlaub, Teilurlaub

Nach dem Gesetz entsteht der volle Urlaubsanspruch erstmals nach einer „Wartezeit" von sechs Monaten im Arbeitsverhältnis. Das sorgt vielfach für Irritation. Denn diese Regelung bedeutet nicht, dass ein Arbeitnehmer in den ersten sechs Monaten des Arbeitsverhältnisses keinen Urlaubsanspruch hat oder keinen Anspruch darauf,

Urlaub nehmen zu dürfen. Das Gesetz spricht vom „vollen Urlaubsanspruch" – und damit ist der Jahresanspruch gemeint.

Der Teilurlaubsanspruch ist ausdrücklich im Gesetz geregelt. § 5 BUrlG bestimmt die Zwölftelung des Urlaubs nur für einige wenige Fälle. Eine Zwölftelung des Urlaubsanspruchs findet nämlich nur in dem Kalenderjahr statt, in dem der Arbeitnehmer wegen Nichterfüllung der Wartezeit keinen vollen Urlaubsanspruch haben wird: etwa, wenn der Arbeitnehmer erst nach dem 1. Juli des Jahres in dem Betrieb eintritt.

Ebenfalls Teilurlaub gibt es:

▸ **wenn der Arbeitnehmer** vor der erfüllten Wartezeit aus dem Arbeitsverhältnis ausscheidet, also das Arbeitsverhältnis keine sechs Monate besteht oder

▸ **wenn der Arbeitnehmer** nach erfüllter Wartezeit in der ersten Hälfte eines Kalenderjahres aus dem Arbeitsverhältnis ausscheidet.

In allen anderen Fällen gibt es keinen Teilurlaub, sondern nur den vollen Urlaub. Denn in diesen Fällen geht das Gesetz nicht in der Regel davon aus, dass der Urlaub auf

Monate umzurechnen und damit in 1/12-Bestandteilen zu bewerten ist. Das ist ein häufiger Irrtum in der Behandlung des Urlaubs – sowohl auf Arbeitnehmerseite wie auch auf Arbeitgeberseite. Ein ganz häufiger Streitpunkt ist das Beispiel, wenn der lang-jährig beschäftigte Arbeitnehmer in der zweiten Jahreshälfte ausscheidet: Er hat eine berechtigte Forderung nach dem gesamten Urlaub für 2015, da für diesen Fall eben gerade kein Teilurlaubsanspruch nach dem Gesetz besteht.

Beispiele für den Urlaubsanspruch im Jahr 2015

Ausgegangen wird von einer Sechs-Tage-Woche und 24 Tagen Jahresurlaub.

Arbeitsverhältnis Beginn	Arbeitsverhältnis Ende	Art der Urlaubsregelung	Mindesturlaubsanspruch für das Jahr 2015
01.01.2015	unbefristet	Zwei Tage pro Monat im bestehenden Arbeitsverhältnis. Ab Beginn des siebenten Monats voller Urlaub.	2, 4, 6, 8, 10, 12 bzw. 24 Tage
01.01.2015	30.06.2015	Zwölftelung	sechs Monate, d.h. 12 Tage
01.08.2015	unbefristet	Zwölftelung	fünf Monate, d.h. 10 Tage
01.05.2014	30.05.2015	Zwölftelung	fünf Monate, d.h. 10 Tage
01.05.2014	30.09.2015	Voller Jahresurlaub	24 Tage

Gewährungszeitraum und Vergütung

Urlaubsanspruch einerseits, Urlaubssperre und Pflichttage, etwa zwischen den Jahren, andererseits: Eine Frage der Gewährung.

Bei der zeitlichen Festlegung des Urlaubs soll der Arbeitgeber die Urlaubswünsche des Arbeitnehmers berücksichtigen, wenn denen nicht dringende betriebliche Belange oder die Urlaubswünsche anderer Arbeitnehmer, die unter sozialen Aspekten schutzwürdiger sind, entgegenstehen. Zudem soll der Urlaub zusammenhängend gewährt werden, wenn nicht dringende betriebliche Gründe oder Gründe in der Person des Arbeitnehmers eine Teilung des Urlaubs erforderlich machen. Das sind die Grundregeln aus § 7 Abs. 1 und Abs. 2 BUrlG.

Darüber hinaus muss der Urlaub im laufenden Kalenderjahr gewährt und genommen werden. Wird der Urlaub nicht zusammenhängend gewährt, muss zumindest ein Urlaubsteil mindestens zwölf aufeinanderfolgende Werktage umfassen, also eine Dauer von zwei Wochen haben. Auch das wird gelegentlich übersehen. Argumentiert der Arbeitgeber also, dass es grundsätzlich nur Urlaube von einer Woche gibt, entspricht das nicht den gesetzlichen Vorgaben.

Zwangsurlaub gibt es nicht. Der Arbeitnehmer kann also nicht gezwungen werden, etwa nur im Februar eines Jahres Urlaub zu nehmen, weil nur dort die Auftragslage im Betrieb eine Urlaubsgewährung zulässt. Umgekehrt kann der Arbeitnehmer nicht völlig ohne Rücksicht auf betriebliche Belange Urlaubsgewährung verlangen. Ist in einem Betrieb eine Betriebs- oder Weihnachtsruhe üblich, kann und darf der Arbeitgeber verlangen, dass dies als Urlaubsgewährung gesehen wird. Der Arbeitnehmer kann sich für diesen Fall nicht auf den Standpunkt stellen, dass es eine Urlaubsgewährung gegen seinen Willen ist und er daher seinen Urlaubsanspruch nicht ganz oder teilweise erfüllt bekommt (BAG, Beschluss vom 28. Juli 1981, Az. 1 ABR 79/79).

Ist der Arbeitnehmer krank und durchläuft eine medizinische Rehabilitation, so hat er das Recht, nach Abschluss dieser Rehabilitationsmaßnahme Urlaub zu verlangen. Dieser Anspruch ergibt sich direkt aus dem Gesetz, § 7 Abs. 1 Satz 2 BUrlG.

Urlaubstage im Prozess

Geraten Arbeitnehmer und Arbeitgeber über den Urlaub in Streit und geht die Sache vor Gericht, gilt Folgendes: Der Arbeitnehmer muss vortragen und beweisen, wie viele Arbeitstage je Kalenderjahr ihm zustehen, wenn er sich darauf beruft, mehr Urlaub als den Mindesturlaub zu haben. Problematisch ist dies in Fällen, in denen zwischen Arbeitstagen und Werktagen nicht klar unterschieden worden ist oder in denen der Arbeitsvertrag gar keine Regelung enthält, betriebsüblich aber mehr Urlaub gewährt wird als der Mindesturlaub. Die Anzahl der Urlaubstage muss der Arbeitnehmer beweisen. Wendet der Arbeitgeber ein, es sei weniger Urlaub oder er habe Urlaub bereits gewährt, muss er dies vortragen und auch beweisen. Erfolgt der Urlaubsantrag wie auch die Urlaubsgewährung mündlich und auf Zuruf, ist dies erfahrungsgemäß für beide Seiten nicht einfach. Empfohlen ist daher eine schriftliche Form. Beruft sich der Arbeitnehmer beim Urlaub auf einen Übertragungstatbestand, so muss er auch diesen Übertragungstatbestand vortragen und beweisen.

Im Urlaubsrecht findet daher keine Beweislasterleichterung oder Beweislastumkehr statt. Es bleibt bei der allgemeinen Regel, dass die jeweilige Prozesspartei das Vorliegen von Tatsachen vorzutragen und zu beweisen hat, auf die sie sich beruft und die für sie günstig sind.

Urlaubsentgelt per Formel

Kurz gesagt hat der Arbeitnehmer im Urlaub Recht auf die reguläre Vergütung. Diese berechnet sich nach folgender Formel:

Beispielrechnung: 1 000 € Wochenlohn, 20 Tage Urlaub, Fünf-Tage-Woche, zwei Wochen geplant

	Wochenlohn der letzten 13 Wochen: 13 000 €
/	Arbeitstage der letzten 13 Wochen (13 x 5): 65
x	Urlaubstage für zwei Wochen: 10
=	**2 000 € Urlaubsentgelt**

Die Berechnung des Urlaubsentgeltes könnte so einfach sein – ist aber oft auch hoch kompliziert. Das Gesetz beantwortet nicht alle Fragen: § 11 BUrlG sagt, dass das Urlaubsentgelt an dem durchschnittlichen Verdienst, das der Arbeitnehmer in den letzten 13 Wochen vor dem Beginn des Urlaubs erhalten hat – mit Ausnahme des zusätzlich für Überstunden gezahlten Verdienstes – zu bemessen ist.

Verdiensterhöhungen während dieses Zeitraums oder während des Urlaubs sind einzurechnen, wenn sie nicht nur vorübergehender Natur sind. Verdienstkürzungen etwa aufgrund Kurzarbeit oder Ausfällen bleiben unberücksichtigt. Zum Arbeitsentgelt gehörende Sachbezüge sind für die Dauer des Urlaubs angemessen in bar abzugelten. Bekommt der Arbeitnehmer also ein pauschales gleichbleibendes Bruttomonatsgehalt, ist die Berechnung einfach.

Urlaubsentgeltberechnungen bei komplexeren Fällen

Komplex kann die Urlaubsentgeltberechnung in Fällen sein, in denen nach geleisteten Arbeitsstunden abgerechnet wird, bei Akkordabrechnungen, bei der Abrechnung von Provisionen, Boni und Ähnlichem. Das Gesetz ist laut Rechtsprechung auch hier nach seinem Wortlaut anzuwenden: Es ist der durchschnittliche Verdienst der letzten 13 Wochen einzusetzen, mit Ausnahme der Überstundenvergütung. In diesen durchschnittlichen Verdienst sind also gewährte Provisionen, gewährte Boni, gewährte Zuschläge für Sonn- und Feiertagsarbeit, für Nachtarbeit und Ähnliches voll einzurechnen. Herausgerechnet werden dürfen nur die ausbezahlten Überstunden sowie Zuschläge, die für Überstunden ausbezahlt worden sind, auch wenn die Überstunden auf ein Arbeitszeitkonto gebucht worden sind (BAG, Urteil vom 15. Dezember 2009, Az. 9 AZR 887/08).

Eine Sonderberechnung nimmt die Rechtsprechung auch vor, wenn Provisionen und Boni nicht monatlich ausgezahlt werden, sondern quartalsweise, halbjährlich oder gar nur jährlich. In derartigen Fällen weicht die Rechtsprechung vom 13-Wochen-Zeitraum des § 11 BUrlG ab und betrachtet den durchschnittlichen Verdienst der letzten zwölf Monate. Rechnerisch ist in diesen Fällen immer ein Durchschnittswert zu bilden. Aus diesem Durchschnittswert ist dann nach der gleichen obigen Formel der Tagesurlaubssatz oder der Stundenurlaubssatz zu berechnen und dem Arbeitnehmer entsprechend auszubezahlen. Wird nach Stunden abgerechnet, ist entscheidend, welche Stundenarbeitsleistung der Arbeitnehmer je Tag bzw. je Woche schuldet. Diese Stunden werden der Urlaubsentgeltberechnung zugrunde gelegt und bezahlt.

→ Bei schwankendem Gehalt

Unterschätztes Problem: Laut § 11 Abs. 2 BUrlG ist das Urlaubsentgelt vor Antritt des Urlaubs auszubezahlen. Für Arbeitnehmer, die ein Bruttomonatsgehalt bekommen, ist diese Regelung nicht relevant. Bei stark schwankenden Arbeitsentgelten jedoch ist der Arbeitgeber gehalten, die Urlaubsvergütung vorab zu berechnen und eine Auszahlung vor Urlaubsantritt vorzunehmen.

Urlaubsentgelt und Urlaubsgeld

Oft verwechselt: Auf das Urlaubsentgelt hat jeder Arbeitnehmer nach dem Gesetz Anspruch.

Das Urlaubsgeld hingegen bedarf einer Vereinbarung. Beim Urlaubsgeld handelt es sich um eine zusätzliche Leistung des Arbeitgebers für Urlaubszwecke. Häufig sind Vereinbarungen zum Urlaubsgeld in Tarifverträgen enthalten. Gilt der Tarifvertrag also für das Arbeitsverhältnis, so hat der Arbeitnehmer Anspruch auf Urlaubsgeld. Ansonsten muss ein Anspruch auf dieses (zusätzliche) Urlaubsgeld im Arbeitsvertrag vereinbart werden oder sich aus einer betrieblichen Übung bzw. Selbstbindung des Arbeitgebers ergeben. Ein automatischer Anspruch auf Urlaubsgeld besteht nicht.

Übertragung und Abgeltung

Häufig sorgen Fragen der Übertragung von Urlaub sowie Fragen der Abgeltung des Urlaubs für Schwierigkeiten.

Nach dem Gesetz ist der Urlaub im laufenden Kalenderjahr zu gewähren und auch zu nehmen. Geschieht dies nicht, verfällt er. Eine Übertragung auf das nächste Kalenderjahr ist nur erlaubt, wenn dringende betriebliche oder in der Person des Arbeitnehmers liegende Gründe dies rechtfertigen, siehe § 7 Abs. 3 Satz 1 und Satz 2 BUrlG. Der Regelfall ist also, dass der Urlaub im laufenden Kalenderjahr stattfinden muss. Die Übertragung in das nächste Jahr ist die Ausnahme.

Sowohl Arbeitnehmer wie auch Arbeitgeber müssen beachten, dass die Übertragung nach dem Gesetz zwar zugelassen ist, aber nicht automatisch stattfindet. Häufig wird in Betrieben entweder auf Wunsch des Arbeitgebers oder auf Wunsch des Arbeitnehmers einfach Urlaub angesammelt, ohne dass hierüber eine Vereinbarung getroffen wird. Insbesondere sollte der Arbeitnehmer, der eine Übertragung in das nächste Jahr wünscht, eine Vereinbarung mit dem Arbeitgeber treffen. Der reine Wunsch, Urlaub ansammeln zu wollen, um im Folgejahr eine längere Urlaubsreise als normalerweise anzutreten, ist nicht automatisch ein Übertragungsgrund. Der nicht genommene Urlaub verfällt dann einfach, das ist die Konse-

quenz des § 7 Abs. 3 Satz 1 BUrlG. Der Arbeitnehmer hatte die Pflicht, den Urlaub im Kalenderjahr zu beantragen und zu nehmen und hat danach keinen Anspruch mehr auf Gewährung des Urlaubs.

Nicht gewährter Urlaub

Ein dringender betrieblicher Grund nach § 7 Abs. 3 Satz 1 BUrlG ist nicht jede Auftragslage im Betrieb, sondern nur eine solche, die tatsächlich eine Urlaubsgewährung wirklich verhindert. Betreibt der Arbeitgeber also eine Personalpolitik mit deutlich zu wenig Arbeitnehmern, um Personalkosten zu sparen, ist das kein Grund, Urlaub nicht zu gewähren und zu übertragen. Nach der Rechtsprechung muss es sich tatsächlich um Sondersituationen handeln, ansonsten ist der Arbeitgeber verpflichtet, Urlaub im Kalenderjahr zu gewähren (LAG Berlin-Brandenburg, Urteil vom 12. Juni 2014, Az. 21 Sa 221/14).

Übertragung von Urlaub

Bei Übertragungswunsch muss, wie gesagt, zuvor eine Vereinbarung abgeschlossen werden. Ohne sie verfällt der Urlaubsanspruch. Eine zusätzliche Falle für Arbeitnehmer und Arbeitgeber ist § 7 Abs. 3 Satz 1

Rechtzeitig packen?
Besser rechtzeitig planen! Wer seinen Urlaub nicht rechtzeitig nimmt, steht am Ende ohne da: Regulär verfällt Urlaub zum Jahresende.

BUrlG. Hiernach ist der Urlaub bei Übertragung in das Folgejahr in den ersten drei Monaten des Kalenderjahres zu gewähren und auch zu nehmen. In einigen Tarifverträgen gibt es hierzu Ausnahmen – gilt allerdings kein Tarifvertrag, gelten natürlich auch diese Ausnahmen nicht.

Diese Vorschrift steht häufig Wünschen von Arbeitnehmern, Urlaub anzusparen, entgegen. Treffen also Arbeitnehmer und Arbeitgeber keine ausdrückliche Vereinbarung, die auch diese Vorschrift beinhaltet, verfällt der Urlaub des Arbeitnehmers dennoch. Er kann seinen Urlaub nach Ablauf dieses Zeitraumes endgültig nicht mehr durchsetzen.

Abgeltung von Urlaub

Die Auseinandersetzungen zur Abgeltung von Urlaub nach Weggang aus dem Betrieb häufen sich derzeit. § 7 Abs. 4 BUrlG sagt hierzu kurz, dass Urlaub dann abzugelten ist, wenn er wegen der Beendigung des Arbeitsverhältnisses ganz oder teilweise nicht mehr gewährt werden kann.

An dieser Vorschrift scheitert ein häufiger Wunsch von scheidenden Arbeitnehmern, den von ihnen nicht genommenen Urlaub auszahlen zu lassen. Nur weil der Urlaub nicht genommen wurde, muss er nicht ausbezahlt werden. Er ist nur dann abzugelten, wenn das Arbeitsverhältnis beendet ist und der Urlaub nicht mehr genommen werden kann. Kündigen Arbeitgeber oder Arbeitnehmer fristlos, liegt das meist auf der Hand. Wird das Arbeitsverhältnis aber fristgerecht gekündigt, besteht grundsätzlich die Möglichkeit, in der laufenden Kündigungsfrist diesen Urlaub auch noch zu gewähren und zu nehmen. Diese Pflicht ist für Arbeitnehmer wie Arbeitgeber vorrangig.

Häufig wird bei Kündigungen das Argument verwendet, dass der Urlaub mit der letzten Gehaltsabrechnung ausbezahlt wird. Das entspricht nicht dem gesetzlichen Wortlaut. Voraussetzung ist tatsächlich, dass der Urlaub unmöglich noch gewährt und genommen werden kann.

Umgekehrt kann der Arbeitgeber auch nicht verlangen, nicht gewährten Urlaub stattdessen auszuzahlen. Treffen Arbeitnehmer und Arbeitgeber eine Vereinbarung, dass Urlaub, aus welchen Gründen auch immer, ausbezahlt wird, dann ist diese Vereinbarung zwar nicht dem Gesetz entsprechend, wird aber in der Praxis häufig durchgeführt. Eine solche Vereinbarung kann allerdings nicht gegen den Willen des anderen durchgesetzt werden.

> 66 **Urlaubsabgeltung ist als Lohn- bzw. Gehaltszahlung in brutto zu verstehen. Der Arbeitgeber muss davon Lohnsteuer abführen. Der Anspruch auf ALG I ruht für die Dauer der Gewährung.**

Tritt allerdings tatsächlich der Fall ein, dass der Urlaub abzugelten ist, dann ist er regulär mit der Formel des Urlaubsentgelts (siehe „Urlaubsentgelt per Formel", S. 78) abzurechnen und auszubezahlen.

Häufig entstehen hier auf beiden Seiten falsche Vorstellungen. Wird der Urlaub abgegolten, handelt es sich um reguläre Vergütungsbestandteile. Das bedeutet, dass die Urlaubsabgeltung eine Bruttozahlung ist: Der Arbeitgeber hat selbstverständlich für den Arbeitnehmer Lohnsteuer abzuführen. Ebenso unterliegt die Zahlung der Sozialversicherungspflicht, was bedeutet, dass der Arbeitgeber darauf natürlich auch noch zusätzlich den auf ihn entfallenden Arbeitgeberanteil zur Sozialversicherung abzuführen hat. Bei der Urlaubsabgeltung handelt es sich also nicht um eine abfindungsgleiche Zahlung, für die keine Sozialversicherungsbeiträge abzuführen sind.

Für Schwierigkeiten sorgt die Urlaubsabgeltung auch in Fällen, in denen der Arbeitnehmer nach der Kündigung arbeitslos ist und Leistungen nach dem SGB III oder SGB II bezieht. Bei der Urlaubsabgeltung handelt es sich um eine reguläre Vergütung, mit der Folge, dass die Urlaubsvergütung als Lohn- bzw. Gehaltszahlung behandelt wird und daher der Anspruch auf Arbeitslosengeld I nach dem SGB III für die Dauer der Gewährung ruht. Die Zahlung ist also entsprechend anzurechnen.

Arbeit und Krankheit während des Urlaubs

Der Arbeitnehmer darf während des Urlaubs keine dem Urlaubszweck widersprechende Erwerbstätigkeit leisten (§ 8 BUrlG). Das wird häufig missverstanden.

Der Arbeitnehmer schuldet während des Urlaubs nicht Erholung. Er ist also in der Gestaltung seines Urlaubs völlig frei. Nimmt der Arbeitnehmer Urlaub, um etwa seine Wohnung zu renovieren, dann darf er das. Diese Renovierungstätigkeit, die der Arbeitnehmer ja für seine privaten Zwecke erbringt, ist möglicherweise unter persönlichen Gesichtspunkten der Erholung nicht zuträglich, ein Verstoß gegen § 8 BUrlG liegt darin allerdings nicht.

Hilft der Arbeitnehmer während seines Urlaubs im Geschäft eines Familienmitgliedes aus, dann widerspricht auch das nicht dem Urlaubszweck. Hier übt der Arbeitnehmer nämlich keine Erwerbstätigkeit im Sinne des Gesetzes aus (LAG Köln, Urteil vom 21. September 2009, Az. 2 Sa 674/09).

Eigentliche Arbeit auch im Urlaub

Während des Urlaubs ist der Arbeitnehmer nicht verpflichtet, dem Arbeitgeber zum Zwecke der Arbeitsleistung zur Verfügung zu stehen, denn Urlaub bedeutet Freistellung von der Arbeitspflicht. Der Arbeitnehmer kann daher nicht verpflichtet werden, Anfragen des Arbeitgebers oder von Kunden zu beantworten. Tritt so ein Fall dennoch ein, gewährt der Arbeitgeber nicht Urlaub im gesetzlichen Umfang.

Sehr problematisch ist eine Urlaubsgewährung mit dem Hinweis, dass der Arbeitgeber sich vorbehält, den Arbeitnehmer jederzeit aus dem Urlaub zurückzurufen. Ist dem Arbeitgeber nämlich bekannt, dass der Arbeitnehmer eine Auslandsreise plant, entspricht das in den Umständen des Einzelfalls nicht mehr einer ordnungsgemäßen Urlaubsgewährung. Den Arbeitnehmer trifft also nicht die Pflicht, während seines Urlaubs zur Verfügung zu stehen oder gar erreichbar zu sein.

Ist der künftige Einsatz des Arbeitnehmers nach seinem Urlaub noch ungewiss, ist der Arbeitnehmer natürlich verpflichtet, sich rechtzeitig über seinen weiteren Einsatz zu informieren, um nach seinem Urlaub die Arbeit ordnungsgemäß antreten zu können. Er ist aber nicht verpflichtet, seinem Arbeitgeber während des Urlaubs zum Zwecke der Erreichbarkeit zur Verfügung zu stehen.

Nebenjob im Urlaub

Schwieriger sind die Fälle, in denen der Arbeitnehmer dauerhaft einen Nebenjob ausübt oder im Urlaub einen Nebenjob annimmt. Hat er mit Zustimmung des Arbeitgebers dauerhaft und regulär einen Nebenjob, dann kann er diesen grundsätzlich auch während seines Urlaubs ausüben. Der Arbeitnehmer ist nicht verpflichtet, auch im Nebenjob Urlaub zu nehmen, nur weil er im „Hauptjob" Urlaub hat.

Anders kann die Lage im Einzelfall beurteilt werden, wenn der Nebenjob besonders kraftraubend ist und daher eindeutig den Urlaubszweck des Haupturlaubs beeinträchtigt.

Nimmt der Arbeitnehmer für die Dauer des Urlaubs einen Nebenjob an, widerspricht das auch noch nicht dem Urlaubszweck. Die Rechtsprechung stellt hier auf Sinn und Zweck des Nebenjobs einerseits und dessen Inhalt andererseits ab. Nur wenn der Nebenjob so zeitintensiv ist oder von der Beschaffenheit her so anstrengend, dass überhaupt keine Regeneration mehr stattfinden kann, verstößt der Arbeitnehmer im Einzelfall gegen §8 BUrlG (LAG Hamm, Urteil vom 08 Dezember 1967, Az. 5 Sa 758/67). Die Rechtsprechung ist hier aber zugunsten des Arbeitnehmers relativ streng. Tatsächlich müssen alle Umstände des Einzelfalls abgewogen werden. Der Arbeitgeber kann dem Arbeitnehmer während des Urlaubs keinesfalls pauschal körperlich anstrengende Tätigkeiten untersagen.

Erkrankung während des Urlaubs

Häufiger Streitpunkt zwischen Arbeitgebern und Arbeitnehmern ist eine Erkrankung während des Urlaubs. Das Gesetz ist eindeutig. Erkrankt ein Arbeitnehmer während des Urlaubs, so werden die durch ärztliches Zeugnis nachgewiesenen Tage der Arbeitsunfähigkeit auf den Jahresurlaub nicht angerechnet, siehe § 9 BUrlG. Erkrankt also der Arbeitnehmer im Urlaub, dann endet mit dem Tag der Erkrankung der Urlaub und der Arbeitnehmer ist „arbeitsunfähig erkrankt". Der hierdurch ausfallende Urlaub bleibt dem Arbeitnehmer erhalten. Voraussetzung ist allerdings, dass diese Zeiten der Arbeitsunfähigkeit auch nachgewiesen werden. Der Arbeitnehmer muss also für diese Zeit nicht nur Meldung an den Arbeitgeber machen, sondern er muss eine Arbeitsunfähigkeitsbescheinigung einreichen.

In der Praxis entstehen hier häufig Probleme mit Arbeitsunfähigkeitsbescheinigungen aus dem Ausland. Entscheidend ist in diesen Fällen tatsächlich, dass die ausländische Bescheinigung den Anforderungen entspricht, die auch eine solche nach deutschem Recht einhalten muss. Die Art der Erkrankung und deren Ursache sind für die rechtliche Beurteilung nicht relevant. Es macht also keinen Unterschied, ob der Arbeitnehmer während des Urlaubs schuldlos einen Verkehrsunfall hat oder sich an der einheimischen Küche den Magen verdirbt. Arbeitsunfähig erkrankt ist er in jedem Fall (siehe auch Finanztest, Heft 08/2015).

Bewusste Selbstgefährdung

Problematisch sind die Fälle der bewussten Selbstgefährdung. Übt der Arbeitnehmer während seines Urlaubs eine Hochrisikosportart aus und verletzt sich hierbei schwer, so kann dies im Ausnahmefall dazu führen, dass der Urlaubsanspruch nicht aufrechterhalten bleibt. Ein Arbeitsgericht hat

dies beispielsweise entschieden für eine Verletzung eines Arbeitnehmers nach einem Bungee-Sprung. Hier wurde diese Freizeitaktivität als so stark selbstgefährdend angesehen, dass die eingetretene Erkrankung nicht mehr als schuldlos angesehen worden ist. Bei einer selbst verschuldeten Erkrankung liegt keine Erkrankung im Sin-

Arbeitnehmer	Arbeitgeber

Fall: Arbeitnehmerin C. Tiedemeyer macht Ostseeurlaub und gibt nebenbei Kurse in Windsurfen. Nach wenigen Tagen erkrankt sie, ist aber zwei Tage später wieder gesund und setzt ihren Urlaub fort.

1	**2**
Arbeitnehmerin meldet nach Rückkehr aus dem Urlaub die Kranktage und fordert Arbeitgeber auf, diese nicht als Urlaubstage zu zählen. (§ 9 BUrlG: bei Erkrankung während des Urlaubs werden die Tage der Arbeitsunfähigkeit auf den Jahresurlaub nicht angerechnet)	Arbeitgeber weigert sich und teilt Arbeitnehmerin mit, dass sie an der Erkrankung selbst schuld sei, weil sie trotz Urlaub im Nebenjob gearbeitet und sich nicht erholt habe. (LAG Hamm, Urteil vom 08 Dezember 1967, Az. 5 Sa 758/67)
3 ... insistiert: Sie könne im Urlaub machen, was sie wolle, und ihr Nebenjob sei keine schwere Arbeit. Sie fordert die Umbuchung auf Kranktage. (Argument § 8 BUrlG: die Erwerbstätigkeit widerspricht dem Urlaubszweck nicht)	**4** ... gesteht das zu und fordert die Arbeitnehmerin auf, die Arbeitsunfähigkeitsbescheinigung vorzulegen. Vorher geschehe keine Umbuchung. (§ 9 BUrlG: Nur ärztlich attestierte Kranktage werden nicht auf den Jahresurlaub angerechnet)
5 ... beruft sich darauf, dass sie für zwei Tage Krankheit keine Arbeitsunfähigkeitsbescheinigung brauche. (Regelung in § 5 EFZG)	**6** ... verweigert weiter die Umbuchung, da die Arbeitsunfähigkeit nicht nachgewiesen ist. (Erneut § 9 BUrlG: die Tage der Arbeitsunfähigkeit müssen durch ein ärztliches Zeugnis nachgewiesen werden)

Ausgang: Da C. Tiedemeyer im Urlaub erkrankte, hätte sie zum Arzt gehen müssen, um ein Attest zu erhalten – auch wenn es nur zwei Tage waren. Ohne Nachweis bleiben die Tage als Urlaub gerechnet.

ne des § 9 BUrlG vor und dem Arbeitnehmer bleibt der Urlaubsanspruch nicht erhalten. Berufen sollte man sich auf diesen engen Ausnahmefall aber nicht, denn diese Rechtsprechung ist sicher nicht fähig zur Verallgemeinerung.

Langzeiterkrankung im Urlaub

Über dieses Problem werden derzeit im Urlaubsrecht prozentual die meisten Rechtsstreite geführt. Seit dem Jahr 2009 ist in der Rechtsprechung stark umstritten, wie mit dem Urlaubsanspruch von Arbeitnehmern umgegangen wird, die über lange Zeit erkrankt sind. Grundsätzlich ist der Urlaub im Kalenderjahr zu nehmen und kann nur im Ausnahmefall in das Folgejahr übertragen werden, wenn hierfür besondere Gründe vorliegen. Er ist dann bis zum 31. März des Folgejahres zu nehmen (siehe „Übertragung und Abgeltung", S. 80). Erkrankt ein Arbeitnehmer aber für längere Zeit oder gar für mehrere Jahre, können diese gesetzlichen Vorgaben nicht eingehalten werden. Die Rechtsprechung hat sich daher intensiv mit der Problematik des Urlaubsverfalls bei Langzeiterkrankungen beschäftigt.

> 66 **Seit 2009 ist der Umgang mit dem Urlaubsanspruch langzeiterkrankter Arbeitnehmer stark umstritten.**

Bei den generellen Urlaubsansprüchen war der erste Ansatzpunkt der Überlegungen immer, ob und in welchem Umfang in einem Arbeitsverhältnis eines langzeiterkrankten Arbeitnehmers diese überhaupt entstehen. In einigen Urteilen wurde diskutiert, dass bei einem solchen ruhenden Arbeitsverhältnis Urlaubsansprüche gar nicht entstehen würden, weil ja ein Erholungsbedürfnis des Arbeitnehmers nicht mehr vorliege (LAG BW, Urteil vom 09. März 2012, Az. 9 Sa 155/11).

Dieser Auffassung hat das Bundesarbeitsgericht grundsätzlich eine Absage erteilt und festgestellt, dass die Pflicht zur Urlaubsgewährung nur an den rechtlichen Bestand des Arbeitsverhältnisses anknüpft, nicht aber an die Tatsache, ob gegenseitige Pflichten noch bestehen oder Leistungen ausgetauscht werden (BAG, Urteil vom 07. August 2012, Az. 9 AZR 353/10).

Übertragung von Urlaub bei Langzeiterkrankung

Bis zum Jahr 2009 ging das Bundesarbeitsgericht noch davon aus, dass die Langzeiterkrankung eines Arbeitnehmers ein in der Person des Arbeitnehmers liegender Grund nach § 7 Abs. 3 Satz 2 BUrlG sei. Blieb also der Arbeitnehmer durchgängig auch über den 31. März des Folgejahres hinaus krank, so verfiel nach der alten Rechtsprechung des Bundesarbeitsgerichts der Urlaub des langzeiterkrankten Arbeitnehmers eben spätestens zu diesem Zeitpunkt.

Stress am Strand

Viele Arbeitgeber wollen oder müssen auch im Urlaub
erreichbar sein. Das geht auf Kosten der Erholung.

**Wie belasten Sie Gedanken an
die Arbeit im Urlaub?** [1]

Ständig unter
Strom, Unruhe — 37

Rückenschmerzen,
Schlafstörungen — 34

Familienleben
leidet — 25

Weniger
Reisefreude — 20

Antriebslosigkeit — 20

Gar nicht — 11

Sind Sie im Urlaub für Ihre Vorgesetzten oder Kollegen erreichbar? [2]

Ja, per E-Mail — 6

Nein — 52

Ja, per
E-Mail und
telefonisch — 16

Ja, telefonisch — 27

Gründe für Arbeit im Urlaub [3]

Erreichbarkeit für
Kollegen und Kunden — 32

Dringende
Aufgaben — 25

Gefühl der
Verpflichtung — 24

Arbeitgeber
erwartet es — 14

Kollegen und
Kunden erwarten es — 14

Eigener Wunsch — 7

**Nach dem Urlaub freuen sich
auf die Arbeit** [4]

Frauen — 63

Männer — 50

Angaben in Prozent der Befragten; Quellen: 1) TNS Emnid (repräsentative Umfrage im
Mai 2015, Mehrfachnennungen möglich); 2) DAK (Nov. Dez. 2012, 3 063 Befragte, 18–65 Jahre,
Erwerbstätige); 3) GfK, Lastminute.de (Juni 2011, 1 000 Befragte, ab 18 Jahre, Berufstätige)
Mehrfachnennungen möglich; 4) IFAK Institut (2 000 Befragte, ab 18 Jahre, Arbeitnehmer)

Diese Rechtsprechung hat der Europäische Gerichtshof (EuGH) dann im Jahr 2009 korrigiert und festgestellt, dass bei einem langzeiterkrankten Arbeitnehmer ein Verfall des Urlaubsanspruchs zum 31. März des Folgejahres nicht dem Europäischen Recht entspreche. In der Folge sind die Arbeitsgerichte in Deutschland davon ausgegangen, dass bei langzeiterkrankten Arbeitnehmern Urlaubsansprüche grundsätzlich gar nicht mehr verfallen und bis zu einer unbegrenzten Höhe anwachsen können.

In der Entscheidung KHS im Jahr 2011 hat es der EuGH zumindest als zulässig erachtet, dass auch bei langzeiterkrankten Arbeitnehmern Urlaubsansprüche verfallen können, allerdings gilt eine längere Grenze. Bei langzeiterkrankten Arbeitnehmern verfallen dann nämlich nach diesem Urteil Urlaubsansprüche erst 15 Monate nach Ende des Urlaubsgewährungszeitraums, also zum 31. März des übernächsten Jahres (EuGH, Urteil vom 22. November 2011, Az. C-214/10 – „KHS"). 2014 revidierte der EuGH dies aber teilweise (siehe „Gesetze"-Kasten, S. 88). Kritisiert wird an dieser Rechtsprechung, dass dadurch erkrankte Arbeitnehmer ohne rechtfertigenden Grund bessergestellt werden als gesunde Arbeitnehmer.

Vererbbarkeit des Urlaubsabgeltungsanspruchs

Eine weitere Auswirkung der Entscheidung von 2014 ist die uneingeschränkte Vererbbarkeit des Urlaubsabgeltungsanspruchs.

Gesetze für Europa

2014 hat der EuGH die Rechtsprechung von 2011 erneut revidiert. Der EuGH hat wieder betont, dass der Urlaubsanspruch eines Arbeitnehmers unter keinem rechtlichen Gesichtspunkt beeinträchtigt werden darf. Der Urlaubsanspruch, der in dieser Fallkonstellation aus Urlaubstagen aus mindestens vier Jahren bestand, in denen der Urlaub teilweise angesammelt worden war und der Arbeitnehmer allerdings auch längere Zeit erkrankt war, ist abzugelten.
Mit dieser Entscheidung rückt der EuGH wieder von seiner 15-Monats-Rechtsprechung ab.

In früherer Zeit ging das BAG davon aus, dass der Urlaubsabgeltungsanspruch ein Ersatz für den Urlaubsanspruch ist.

Mit der Entscheidung des EuGH ist der Urlaubsanspruch allerdings voll vererbbar, also nicht mehr an die Person des Arbeitnehmers oder das Arbeitsverhältnis selbst gebunden. Insbesondere die Urlaubsabgeltung entwickelt sich mit dieser Rechtsprechung zu einem reinen Zahlungsanspruch.

Pflege- und Elternzeit

In diesen Fällen gibt es einen Freistellungsanspruch von der Pflicht zur Arbeitsleistung nach PflegeZG bzw. BEEG.

Zur Pflege eines nahen Angehörigen in häuslicher Umgebung können Arbeitnehmer vollständig oder teilweise Freistellung von der Arbeitsleistung verlangen. Die Pflegebedürftigkeit muss durch eine entsprechende Bescheinigung einer Pflegekasse oder des Medizinischen Dienstes der Krankenkassen nachgewiesen werden.

Für den Anspruch ist wichtig zu wissen, dass er nur in Betrieben besteht, die in der Regel mehr als 15 Arbeitnehmer beschäftigen, siehe § 3 Abs. 1 Satz 2 PflegeZG.

Will ein Arbeitnehmer eine Pflegezeit beanspruchen, muss er das dem Arbeitgeber spätestens zehn Tage vor Beginn der Pflegezeit schriftlich ankündigen und gleichzeitig erklären, für welchen Zeitraum und in welchem Umfang die Freistellung in Anspruch genommen werden soll. In einer Notsituation kann er sich kurzfristig bis zu zehn Tage freistellen lassen. Insgesamt beträgt die Höchstdauer der Pflege nach § 4 PflegeZG für jeden pflegebedürftigen nahen Angehörigen maximal sechs Monate.

Erfolgt eine vollständige Freistellung von der Arbeitsleistung, verliert der Arbeitnehmer seinen Vergütungsanspruch für diese Zeit. Bei einer teilweisen Verringerung der Arbeitszeit und damit teilweisen Freistellung richtet sich die Vergütung nach dem prozentualen Arbeitsanteil: dem Teilzeitfaktor. Ein Arbeitnehmer, der Pflegezeit absolviert oder eine kurzzeitige Verhinderung nach § 2 PflegeZG hat, darf während dieser Zeit nicht gekündigt werden. Er genießt besonderen Kündigungsschutz (§ 5 PflegeZG).

Elternzeit

Nach der Geburt eines Kindes haben Eltern einen Rechtsanspruch auf unbezahlte Freistellung von der Arbeit – genommen von jedem Elternteil allein oder von beiden gemeinsam. Anspruch besteht bis zur Vollendung des dritten Lebensjahres des Kindes, ein Teil kann bis zum achten Lebensjahr genommen werden. Der in Elternzeit befindliche Arbeitnehmer darf nicht mehr als 30 Wochenstunden im Monatsdurchschnitt erwerbstätig sein, siehe § 15 BEEG.

Die Inanspruchnahme muss dem Arbeitgeber spätestens sieben Wochen vor Beginn schriftlich mitgeteilt werden, siehe § 16 BEEG. Innerhalb dieser Zeit darf der Arbeitgeber das Arbeitsverhältnis nicht kündigen, zum Ende der Elternzeit nur mit einer Frist von drei Monaten, siehe §§ 18, 19 BEEG.

Arbeitgeber dürfen in der Zeit eine befristete Vertretung einstellen (§ 21 BEEG).

Unfall, Krankheit, Schwerbehinderung

Im Jahr 2013 gab es laut DGVU 874 514 meldepflichtige Arbeitsunfälle. Im Vergleich zum Vorjahr 2012 sank der Wert um 1,19 Prozent.

Eine Reihe wichtiger Vorschriften für Arbeitgeber und Arbeitnehmer finden sich im Recht der gesetzlichen Unfallversicherung (SGB VII), im Gesetz über die Zahlung des Arbeitsentgelts an Feiertagen und im Krankheitsfall (EFZG) und im Sozialgesetzbuch, neuntes Buch – Rehabilitation und Teilhabe behinderter Menschen. Spitzenverband ist die Deutsche Gesetzliche Unfallversicherung (DGVU).

Ob Arbeitsunfall oder Berufskrankheit, in beiden Fällen zahlt der Arbeitgeber für jeden Arbeitnehmer nach einer Formel einen Beitrag zur Absicherung dieser Risiken.

Kritisch wird die Angelegenheit, wenn Alkohol oder Drogen involviert waren. Von der Verrichtung von Arbeiten unter Alkoholkonsum ist grundsätzlich – und nicht nur aus Gründen der Versicherung – dringend abzuraten.

Auch wenn der Arbeitnehmer einfach schlichtweg erkrankt, hat er Pflichten: Es liegt in seiner Beweislast, die Arbeitsunfähigkeitsbescheinigung rechtzeitig vorzulegen.

Gesetzlich zwar festgelegt, aber in der Praxis oft wenig bekannt, sind die Regelungen zum Recht Schwerbehinderter.

Die gesetzliche Unfallversicherung

Mit dem SGB VII haben Arbeitnehmer und Arbeitgeber zu tun, wenn Arbeitsunfälle geschehen oder der Arbeitnehmer berufskrank wird.

→ **In der gesetzlichen Unfallversicherung** sind Arbeitnehmer kraft Gesetzes versichert. Es besteht kein Wahlrecht, ob man will oder nicht. Anders ist es für Arbeitgeber. Wenn sie Unternehmer sind, können sie aufgrund der Satzung der Träger der gesetzlichen Unfallversicherung (Berufsgenossenschaft) unter bestimmten Voraussetzungen mitversichert werden. Zudem können Arbeitgeber sich unter bestimmten Voraussetzungen auch auf Antrag freiwillig versichern lassen und genießen dann den gleichen Schutz aus der gesetzlichen Unfallversicherung wie die Arbeitnehmer. Einen Zwang hierfür gibt es aber nicht.

Definition: Arbeitsunfall

Als Arbeitsunfall gilt der Unfall einer versicherten Person bei Ausübung einer versicherten Tätigkeit. Ein Unfall ist dabei ein zeitlich begrenztes, von außen auf den Körper einwirkendes Ereignis, das zu einem Gesundheitsschaden oder zum Tod führt, siehe § 8 Abs. 1 SGB VII.

Geschieht ein solcher Arbeitsunfall, haben sowohl Arbeitnehmer wie Arbeitgeber die Pflicht, den Träger der gesetzlichen Unfallversicherung – die für sie zuständige Berufsgenossenschaft – umgehend zu informieren. Hierfür gilt eine Frist von drei Tagen. Wird diese Frist versäumt, kann der Versicherungsschutz verloren gehen, siehe § 193 SGB IV. Die meisten Berufsgenossenschaften haben hierfür Formulare, die verwendet werden sollten. Sie finden sich meist auf deren Homepages .

→ Arbeitsunfall in der Fleischerei

Schneidet sich etwa der Metzger beim Zuschneiden von Fleisch in die Hand, dann ist das ein Arbeitsunfall. Er tut dies exakt in Ausübung seiner Tätigkeit.

Ein Arbeitsunfall kann aber auch ein Wegeunfall sein. Nach § 8 Abs. 2 SGB VII gehören zu den versicherten Tätigkeiten auch das unmittelbare Zurücklegen des Weges zum und vom Ort der Tätigkeit (also des Arbeitsplatzes) weg. Von der Unmittelbarkeit lässt das Gesetz auch noch Ausnahmen zu, wenn der Arbeitsweg unterbrochen wird, um ein Kind in die Kita oder Schule zu bringen, eine Fahrgemeinschaft mit anderen Arbeitnehmern zu bilden oder – wenn ein Zweitwohnsitz besteht – wenn eine Fahrt von oder zur Arbeit von der Familienwohnung aus erfolgt. Exakt diese Vorschrift bietet den größten Anlass für Streitigkeiten.

Die Problemfälle liegen in folgenden Klassikern:

▸ **Unfall auf dem Nachhauseweg nach der Weihnachtsfeier:** Bei einem Unfall auf einer Weihnachtsfeier oder auf dem Heimweg von dieser fragt die Rechtsprechung, ob es sich um eine betriebliche Gemeinschaftsveranstaltung handelte, die der Pflege der Verbundenheit zwischen Chefetage und Belegschaft sowie zwischen den Kollegen untereinander dient und ob diese von der Unternehmensleitung selbst veranstaltet wird (BSG, Urteil vom 20. Februar 2001, Az. B 2 U 7/00 R). Bei einer betrieblichen Weihnachtsfeier ist das eindeutig, bei einer privaten Feier von Arbeitnehmern untereinander nicht.

▸ **Unterbrechung des Arbeitswegs, um einkaufen zu gehen:** Unterbricht der Arbeitnehmer seinen Nachhauseweg oder seinen Weg zur Arbeit, um einkaufen zu gehen, handelt es sich nach der Rechtsprechung um eine Unterbrechung aus eigenwirtschaftlichen Motiven (BSG, Urteil vom 02. Dezember 2008, Az. B 2 U 17/07 R). Versicherungsschutz besteht dann also gerade nicht.

▸ **Arbeitsunfall auf einem Umweg zur Arbeit:** Bei einem Wegeunfall auf einem Umweg ist die Rechtsprechung sehr komplex. Grundsätzlich besteht für einen Arbeitnehmer freie Wegewahl, er darf allerdings nur einen geringfügigen Umweg machen (BSG, Urteil vom 19. März 1991, Az. 2 RU 45/90). Der Umweg ist nicht mathematisch zu messen oder nach Kilometern, sondern nach objektiver Betrachtung. Ein Umweg kann also durchaus etwas größer ausfallen, wenn er der Umfahrung eines Staus dient. Fällt der Umweg aber größer aus, weil der Arbeitnehmer Fahrten auf Landstraßen generell vermeiden möchte und stattdessen lieber auf der Autobahn fährt oder umgekehrt, ist der Umweg nicht mehr geringfügig. Entscheidend ist daher immer der Einzelfall.

Allergrößte Vorsicht ist beim Konsum von Alkohol geboten. Nach § 7 Abs. 2 SGB VII schließt verbotswidriges Handeln grundsätzlich einen Versicherungsfall nicht aus. Allerdings unterbricht Alkoholkonsum den erforderlichen Ursachenzusammenhang zwischen versicherter Tätigkeit und Schadenereignis, wenn der alkoholbedingte Ausfall von derart überragender Bedeutung ist, dass ihm gegenüber die versicherte Tätigkeit in ihrer Wirksamkeit in den Hintergrund rückt (BSG, Urteil vom 30. April 1991, Az. 2 RU 11/90). Wer also stockbetrunken einen Unfall hat, ist nicht mehr versichert.

Berufskrankheit

Versichert sind Arbeitnehmer auch, wenn bei ihnen eine Berufskrankheit entsteht. Berufskrankheiten sind aber nicht zwangsläufig Erkrankungen, die im Zusammenhang mit dem Beruf stehen. Sie müssen vom Gesetzgeber als solche bezeichnet werden und dann beim Versicherten bei Ausübung seiner Tätigkeit entstehen. Für das Vorliegen einer Berufskrankheit sind also zwei Voraussetzungen erforderlich: Verrichtung einer versicherten Tätigkeit und Definition einer Krankheit als Berufskrankheit (§ 9 SGB VII).

Definiert wird eine Berufskrankheit, wenn nach medizinischen Erkenntnissen besondere Einwirkungen vorliegen, denen bestimmte Personengruppen durch ihre versicherte Tätigkeit in erheblich höherem Grad als die übrige Bevölkerung ausgesetzt sind. Diese Einwirkungen müssen dann auch die Erkrankung verursacht haben.

Prozesse vor den Sozialgerichten auf Anerkennung einer Berufskrankheit sind in der Regel langwierig und verlangen betroffenen Arbeitnehmern viel Kraft und Durchhaltevermögen ab.

Das Recht der Entgeltfortzahlung

Das Recht der Arbeitnehmer auf Lohn an Feiertagen und im Krankheitsfall, ebenso wie die Pflicht des Arbeitgebers hierzu, ist im Entgeltfortzahlungsgesetz (EFZG) geregelt.

Ein Arbeitnehmer, der an seiner Arbeitsleistung durch Arbeitsunfähigkeit infolge Krankheit, ohne dass ihn ein Verschulden trifft, verhindert ist, hat Anspruch auf Entgeltfortzahlung im Krankheitsfall (§ 3 EFZG). Dieser Anspruch besteht für die Dauer von sechs Wochen. Gleichermaßen besteht die Pflicht des Arbeitgebers, dieses Entgelt zu zahlen. Ist der Arbeitnehmer länger krank, hat er gegen seine Krankenkasse einen Anspruch auf Zahlung von Krankengeld nach § 44 SGB V für die Dauer von maximal 78 Wochen. Der Anspruch entsteht, sobald das Arbeitsverhältnis vier Wochen ununterbrochen angedauert hat. Erkrankt ein Arbeitnehmer vor diesem Zeitpunkt, hat er Anspruch auf Entgeltfortzahlung nur gegen seine Krankenkasse.

Der gelbe Zettel

Im Falle der Arbeitsunfähigkeit muss der Arbeitnehmer, um seinen Entgeltfortzahlungsanspruch zu erhalten, dem Arbeitgeber die Arbeitsunfähigkeit und deren voraussichtliche Dauer unverzüglich mitteilen, siehe § 5 Abs. 1 EFZG. Dauert die Arbeitsunfähigkeit länger als drei Kalendertage, hat der Arbeitnehmer eine ärztliche Bescheinigung über die bestehende Arbeitsunfähigkeit sowie deren voraussichtliche Dauer spätestens am darauffolgenden Tag vorzulegen. Allerdings berechtigt das Gesetz den Arbeitgeber, die Vorlage einer ärztlichen Bescheinigung, also den gelben Zettel, früher zu verlangen.

Bleibt der Arbeitnehmer über den Zeitpunkt der Arbeitsunfähigkeit aus der Bescheinigung hinaus krank, so ist eine neue ärztliche Bescheinigung vorzulegen. Diese gesetzliche Regelung findet sich in vielen Arbeitsverträgen. Fehlt sie im Arbeitsvertrag, dann gilt das Gesetz. Wenn allerdings der Arbeitgeber eine frühere Vorlage einer Arbeitsunfähigkeitsbescheinigung verlangen will, muss dies im Arbeitsvertrag festgehalten sein oder aber sich durch einheitliche Anwendung und Übung im Betrieb ergeben (BAG, Urteil vom 14. November 2012, Az. 5 AZR 886/11).

Die gleiche Pflicht zur Vorlage einer Arbeitsunfähigkeitsbescheinigung trifft den Arbeitnehmer, wenn er sich zu Beginn der Arbeitsunfähigkeit im Ausland aufhält. Das Gesetz verschärft hier die Anforderungen aber dadurch, dass die schnellstmögliche Art der Übermittlung für den Arbeitnehmer vorgeschrieben wird, § 5 Abs. 2 Satz 1 EFZG.

→ **Attest nicht per Post schicken**

Ein Arbeitnehmer, der im Ausland erkrankt, kann sich nicht auf die üblicherweise längeren Postlaufzeiten berufen und daher seine Arbeitsunfähigkeitsbescheinigung mit normaler Post übermitteln. Das entspricht nicht der schnellstmöglichen Art der Übermittlung (LAG Köln, Urteil vom 12. Mai 2000, Az. 4 Sa 310/00).

Konsequenzen bei Verstößen

Verstößt der Arbeitnehmer gegen diese Pflichten, kann das unangenehme Folgen haben. Tatsächlich gibt nämlich § 7 Abs. 1 EFZG dem Arbeitgeber ein Leistungsverweigerungsrecht, wenn der Arbeitnehmer die Arbeitsunfähigkeitsbescheinigung nicht vorlegt. Der Arbeitgeber kann also den Lohn bzw. das Gehalt bis zur Vorlage der Arbeitsunfähigkeitsbescheinigung einbehalten. Das kann erhebliche finanzielle Konsequenzen für den Arbeitnehmer haben. Das Leistungsverweigerungsrecht des Arbeitgebers erlischt erst dann, wenn der Arbeitnehmer die Arbeitsunfähigkeitsbescheinigung vorlegt.

Bei der Vorlage der Arbeitsunfähigkeitsbescheinigung handelt es sich um eine Pflicht des Arbeitnehmers – für die erfolgte und die rechtzeitige Vorlage trägt er die Beweislast. Gelingt ihm das nicht, läuft der Arbeitnehmer Gefahr, den Vergütungsanspruch für diese Zeit tatsächlich zu verlieren.

Entgelthöhe in der Arbeitsunfähigkeit

Der Arbeitnehmer bekommt während der Arbeitsunfähigkeit das Arbeitsentgelt, das ihm bei der für ihn maßgebenden regelmäßigen Arbeitszeit zusteht, siehe § 4 EFZG.

Zu diesem Arbeitsentgelt gehört nach dem Gesetz nicht das Entgelt, das für Überstunden gezahlt worden ist. Ebenfalls nicht dazu gehören Leistungen für Aufwendungen des Arbeitnehmers, wenn der Anspruch auf diese auch beim gesunden Arbeitnehmer davon abhängig ist, dass ihm entsprechende Aufwendungen tatsächlich entstanden sind; und wenn dem Arbeitnehmer solche Aufwendungen während der Arbeitsunfähigkeit nicht entstehen.

Ist die Vergütung des Arbeitnehmers auf ein bestimmtes Arbeitsergebnis hin geregelt, so ist die durch die regelmäßige Arbeitszeit erzielbare Durchschnittsvergütung zu verwenden, siehe § 4 Abs. 5a EFZG.

Vom Ansatz her ist das der Regelung zur Urlaubsvergütung nicht unähnlich (siehe „Urlaubsentgelt ganz einfach", S. 78). Im Vergleich zur Berechnungsformel bei der Urlaubsvergütung sind aber Aufwendungen, die nur einem arbeitsfähigen Arbeitnehmer entstehen können, bei der Entgeltfortzah-

lung im Krankheitsfall ausdrücklich ausgenommen – es gilt nach der Rechtsprechung das modifizierte Referenzprinzip (BAG, Urteil vom 21. November 2001, Az. 5 AZR 296/00). Vergütung für Überstunden ist also hier ebenfalls nicht in die Entgeltfortzahlung mit einzurechnen.

Nach dem Gesetz ist es zulässig, durch Tarifverträge abweichende Berechnungsgrundlagen für das weiterhin zu zahlende Arbeitsentgelt festzulegen und andere Bemessungszeiträume zu bestimmen. In einer beachtlichen Anzahl von Tarifverträgen finden sich solche Regelungen tatsächlich. So sieht der TVöD eine verlängerte Entgeltfortzahlung im Krankheitsfall vor. Bezieht der Arbeitnehmer Krankengeld, ist nach diesem Tarifvertrag eine Zuzahlung des Arbeitgebers zum Krankengeld vorgeschrieben, die eine weitere Existenzsicherung des Arbeitnehmers bezweckt, siehe § 14 TVöD. Eine solche Regelung ist zulässig.

Krank durch eigene Schuld?

Zunächst besteht der Anspruch auf Entgeltfortzahlung. Nur in besonderen Fällen trifft den Arbeitnehmer ein eigenes Verschulden an der Krankheit.

Eine Krankheit ist nur dann verschuldet, wenn es sich um einen groben Verstoß gegen das eigene Interesse eines verständigen Menschen handelt, also ein Verschulden gegen sich selbst vorliegt. Leichtsinniges Verhalten ist daher nicht schuldhaft – nur besonders leichtfertiges oder vorsätzliches

Krank am Arbeitsplatz

Liegt man krank zu Hause (Absentismus), kostet den Betrieb das Geld. Aber krank zur Arbeit zu gehen (Präsentismus), kostet viel mehr: Die Genesung dauert länger, gleichzeitig werden Fehler, Unfälle und eine chronische Erkrankung wahrscheinlicher.

Gründe für Präsentismus[1]

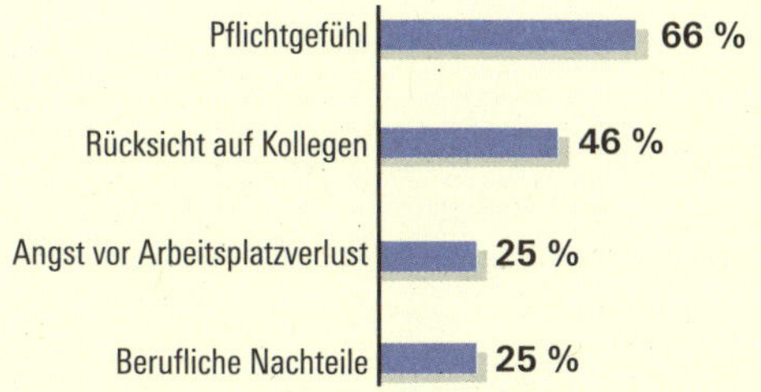

Pflichtgefühl	**66 %**
Rücksicht auf Kollegen	**46 %**
Angst vor Arbeitsplatzverlust	**25 %**
Berufliche Nachteile	**25 %**

Ist es in den letzten 12 Monaten vorgekommen, dass Sie …[2]

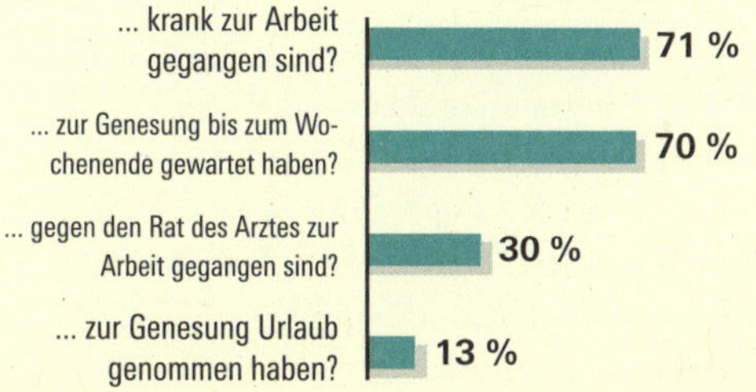

… krank zur Arbeit gegangen sind?	**71 %**
… zur Genesung bis zum Wochenende gewartet haben?	**70 %**
… gegen den Rat des Arztes zur Arbeit gegangen sind?	**30 %**
… zur Genesung Urlaub genommen haben?	**13 %**

Jährliche Krankheitskosten für Unternehmen pro Arbeitnehmer[4]

1 199 € .... **2 399 €**
durch Absentismus   durch Präsentismus

insg. **3 598 €**

Zusammenhang von Beschäftigungslage und Krankenstand[3]

■ Arbeitslosenquote* und — Krankenstand** in Deutschland in Prozent

1980   1990   2000   2012

Quellen: 1) Gesundheitsmonitor 2009; 2) WIdO-Befragung 2009. Anteil unterlassener Krankmeldungen, (n = 2000);
3) Bundesagentur für Arbeit, Bundesministerium für Gesundheit (BMG); bis 1991 nur Westdeutschland, * Anteil der Arbeitslosen an allen zivilen
Erwerbspersonen, kein Wert für 1991, **Anteil der arbeitsunfähig kranken GKV-Pflichtmitglieder an allen Mitgliedern (mit Anspruch auf Krankengeld),
jeweils am 1. des Monat; 4) Booz & Company; Statistisches Bundesamt: Inlandsproduktberechnung 2009

Verhalten (LAG Köln, Urteil vom 19. April 2013, Az. 7 Sa 1204/11). Ist also eine Grippewelle im Gange, ist es kein Verschulden gegen sich selbst, wenn der Arbeitnehmer nicht zu Hause bleibt, sondern sich etwa im Bus und auf der Arbeit potenziellen Grippeviren aussetzt. Anders kann es aber zu beurteilen sein, wenn der Arbeitnehmer gerade kurz davor ist, zu genesen, dann aber bei kaltem Wetter draußen schwimmen geht. Diffizil ist die Frage auch bei Sportunfällen und bei Missbrauch von Alkohol, Nikotin, Tabletten sowie Drogen im engeren Sinne wie Cannabis. Die Frage, wann eine Arbeitsunfähigkeit selbst verschuldet ist, ist ein häufig diskutiertes Problem.

Krank durch Arbeitsunfall

Arbeitsunfälle sind in der Regel nicht selbst verschuldet. Etwas anderes ist das nach der Rechtsprechung dann, wenn der Arbeitnehmer die Vorgaben der Unfallverhütungsverordnung außer Acht lässt oder Sicherheitsanordnungen in grober Weise missachtet und es zu einem Unfall mit anschließender Arbeitsunfähigkeit kommt. Klassisches Beispiel ist das Arbeiten unter Alkoholeinfluss (LAG Hamm, Urteil vom 07. März 2007, Az. 18 Sa 1839/06).

Sportunfälle

Die Rechtsprechung unterscheidet bei Sportunfällen bislang danach, ob eine gefährliche oder eine nicht gefährliche Sportart vorliegt. Eine nicht gefährliche Sportart stellt nämlich gegenüber dem allgemeinen Lebensrisiko keine Besonderheit dar, sodass bei einer dann eingetretenen Verletzung ein Verschulden nicht vorliegen kann. Bei einer gefährlichen Sportart hingegen ist das Verletzungsrisiko so groß, dass auch ein gut ausgebildeter Sportler bei sorgfältiger Beachtung aller Regeln dieses Risiko nicht vermeiden kann (BAG, Urteil vom 07. Oktober 1981, Az. 5 AZR 338/79). Nach diesen Maßstäben gab es bisher aber kaum gefährliche Sportarten, weil auch Motorradrennen und Drachenfliegen diesen Anforderungen nicht genügten.

Die modernere Auffassung stellt auf eine Einzelfallbetrachtung ab: Hat der verletzte Arbeitnehmer besonders leichtfertig gegen die anerkannten Regeln des Sports verstoßen? Hat er sich an dieser Sportart in einer Weise beteiligt, die seinen bisherigen Ausbildungsstand und/oder seine Kräfte übersteigt?

→ **Die schwarze Abfahrt**

Anschauliches Beispiel ist die „schwarze Abfahrt". So gesehen darf weder ein Skianfänger eine solche Abfahrt versuchen noch ein langjährig erfahrener Skifahrer am ersten Tag seines Aufenthalts im Skigebiet – auch wenn er oder sie Profi ist. Letztlich ist also die Frage eines Selbstverschuldens beim Sport immer eine Wertungs- und Einzelfallfrage.

Abhängigkeit und Missbrauch

Bei der Abhängigkeit von Alkohol, Nikotin, Drogen im engeren Sinne und Medikamenten hat sich die Rechtsprechung gewandelt. Die alte Rechtsprechung sah diese Abhängigkeiten nicht als Krankheit, sondern immer als selbst verschuldet. Die moderne Rechtsprechung stellt wieder auf die Umstände des Einzelfalls ab und verlangt von den Gerichten, dass die Ursachen der Abhängigkeit aufgeklärt werden müssen – und dann, inwieweit diese Ursachen dem Arbeitnehmer als Verschulden angelastet werden können (BAG, Urteil vom 07. August 1991, Az. 5 AZR 410/90). In der Regel liegt daher bei der reinen Abhängigkeit kein Verschulden gegen sich selbst vor.

Durchläuft der Arbeitnehmer aber eine Entzugsmaßnahme, kann dies anders sein. Zwar geht die Rechtsprechung davon aus, dass ein Rückfall allein immer noch kein Verschulden gegen sich selbst ist, sie sieht aber ein Verschulden, wenn der Arbeitnehmer eine stationäre Entzugsmaßnahme mit umfassender medizinischer Aufklärung durchlaufen hat.

Liegt eine verschuldete Arbeitsunfähigkeit vor, hat der Arbeitnehmer keinen Anspruch auf Entgeltfortzahlung im Krankheitsfall.

Krank ungleich krank

Im Rahmen von Auseinandersetzungen um die Entgeltfortzahlung werden die Begriffe Krankheit und Arbeitsunfähigkeit häufig parallel oder gar identisch verwendet. Das ist allerdings so pauschal nicht zulässig.

Eine Krankheit ist zunächst ein medizinischer Begriff und ist dann anzunehmen, wenn ein sogenannter regelwidriger Körper- und Geisteszustand vorliegt (BAG, Urteil vom 07. Dezember 2005, Az. 5 AZR 228/05).

Dieser Zustand ist aber nicht gleichbedeutend mit Arbeitsunfähigkeit. Diese liegt vor, wenn der Arbeitnehmer seine vertraglich geschuldete Tätigkeit objektiv nicht ausüben kann oder nicht ausüben sollte (BAG, Urteil vom 26. Juli 1989, Az. 5 AZR 301/88). Für eine Arbeitsunfähigkeit ist daher nicht der gesundheitliche Zusammenbruch maßgebend, sondern eine von einem Arzt vorgenommene Bewertung, die aussagt, dass der Arbeitnehmer nicht in der Lage ist, seine Arbeitspflichten auszuüben.

→ Krank versus arbeitsunfähig

Es sind Fälle denkbar, in denen ein regelwidriger Körper- und Geisteszustand vorliegt, aber eine Arbeitsunfähigkeit nicht anzunehmen ist. Hat sich etwa ein Radiomoderator den Arm gebrochen, liegt selbstverständlich eine Krankheit vor. Arbeitsunfähig muss er aber deswegen nicht sein. Seine vertraglich geschuldete Tätigkeit – Moderieren – kann er grundsätzlich ausüben. Etwas anderes kann dann gelten, wenn der Bruch kompliziert und mit dauerhaften Schmerzen verbunden ist. In diesem Fall kann anzunehmen sein, dass Arbeitsunfähigkeit vorliegt.

Bei einem Kellner in einem Restaurant hingegen führt der Bruch des Armes unweigerlich zur Arbeitsunfähigkeit.

Anders ist es wieder, wenn ein Arbeitnehmer an einer ansteckenden Krankheit leidet.

Allein das Leiden an einer ansteckenden Krankheit hindert grundsätzlich den Arbeitnehmer nicht am arbeiten – er wäre also nicht im klassischen Sinne arbeitsunfähig. Allerdings geht die Rechtsprechung in diesen Fällen davon aus, dass es dem Arbeitnehmer objektiv nicht zumutbar sein soll, seinen Arbeitsplatz aufzusuchen, wenn er andere dadurch in Gefahr bringt, ebenfalls zu erkranken. Die Arbeitsunfähigkeit liegt hier also darin, dass der Arbeitnehmer andere Personen objektiv gefährden könnte, ebenfalls zu erkranken (BAG, Urteil vom 26. April 1978, Az. 5 AZR 7/77).

Sucht der Arbeitnehmer während der Arbeitszeit einen Arzt auf, um sich untersuchen zu lassen, muss ebenfalls sehr genau unterschieden werden. Einen Anspruch auf Entgeltfortzahlung hat der Arbeitnehmer bei solchen Besuchen nur dann, wenn er bereits zu diesem Zeitpunkt arbeitsunfähig erkrankt war oder aber sein Besuch zu einer dann ärztlich angeordneten Maßnahme führt, die eine Arbeitsunfähigkeit unmittelbar zur Folge hat (BAG, Urteil vom 09. Januar 1985, Az. 5 AZR 415/82).

Allein der ungünstige Termin beim Arzt oder die örtlich ungünstige Lage der Arztpraxis führen nicht automatisch zu Arbeitsunfähigkeit und Entgeltfortzahlungsanspruch.

Krank und draußen unterwegs

In etlichen Rechtsstreiten wird die Auseinandersetzung darüber geführt, ob und mit welchem Beweiswert die eingereichte Krankschreibung zu behandeln ist.

Der „gelbe Zettel" weist den Zustand der Arbeitsunfähigkeit nach – nicht den der Krankheit (siehe „Der gelbe Zettel", S. 95). Wenn also ein Arbeitnehmer arbeitsunfähig ist, muss ihn das beispielsweise nicht daran hindern, ausgedehnte Spaziergänge zu unternehmen. Bewegung an der frischen Luft kann der Wiedererlangung der Arbeitsfähigkeit sogar zuträglich sein.

Auch die Tatsache, dass der Arbeitgeber davon Kenntnis erlangt, dass der Arbeitnehmer in einem Zeitraum der Arbeitsunfähigkeit abends in einer Kneipe sitzt, lässt nicht automatisch die bescheinigte Arbeitsunfähigkeit als unglaubwürdig erscheinen. Er muss auch hier zwischen dem Begriff der Krankheit und dem Begriff der Arbeitsunfähigkeit unterschieden werden. Der Aufenthalt in einer Gaststätte oder Kneipe bedeutet noch nicht, dass der Arbeitnehmer tatsächlich arbeitsfähig ist (OLG Zweibrücken, Urteil vom 16. Februar 2005, Az. 1 U 63/04).

Zweifelt der Arbeitgeber in solchen Fällen den Beweiswert der Arbeitsunfähigkeitsbe-

Arbeitgeber	Arbeitnehmer

Fall: Im Fußballstadion am Donnerstagabend sieht der Arbeitgeber plötzlich seinen Arbeitnehmer J. Zöllner in einer Gruppe von Freunden. Eigentlich ist Zöllner seit Mittwoch aber krankgeschrieben.

1 Arbeitgeber wirft Zöllner in der darauffolgenden Woche vor, dass er nur krank feiere und droht ihm an, das Entgelt zu kürzen oder eine Abmahnung zu erteilen, mit dem Argument, er sei gar nicht krank gewesen und habe daher keinen Zahlungsanspruch.	**2** Arbeitnehmer beruft sich auf Krankschreibung, das sei ja wohl Beweis für die Krankheit. (Nach § 5 EFZG ist die ärztliche Arbeitsunfähigkeitsbescheinigung das gesetzlich vorgesehene Nachweismittel. Sie hat daher einen hohen Beweiswert (LAG Köln, Urteil vom 02. November 2011, Az. 9 Sa 1581/10).)
3 … entgegnet, krank habe er im Stadion nicht ausgesehen. Er habe sich prächtig amüsiert. Aufregung, Menschenmassen, evtl. Alkohol und wenig Schlaf sind nicht der Genesung zuträglich. (Zweifel an der Arbeitsunfähigkeit, für die der Arbeitgeber aber tatsächliche Anhaltspunkte benötigt. Der Aufenthalt in einer Freizeitstätte allein bedeutet nicht, dass der Arbeitnehmer tatsächlich arbeitsfähig ist (OLG Zweibrücken, Urteil vom 16. Februar 2005, Az. 1 U 63/04).)	**4** … weist darauf hin, dass der gelbe Zettel Berufsunfähigkeit bedeute, nicht Krankheit. Weder er selbst noch sein Arzt (Schweigepflicht) müssten dem Arbeitgeber Genaueres zur Art der Erkrankung erklären. (Eine Krankheit muss zur Arbeitsunfähigkeit führen, das heißt zu einem Zustand, in dem der Arbeitnehmer seine vertraglich geschuldete Tätigkeit objektiv nicht ausüben kann oder nicht ausüben sollte (BAG, Urteil vom 26. Juli 1989, Az. 5 AZR 301/88).)
5 … stellt fest, dass J. Zöllner aber schon öfter ein „langes Wochenende" per Krankschreibung hatte. Er hat weitere Zweifel an den tatsächlichen Krankheitsereignissen, konfrontiert J. Zöllner hiermit und schaltet bei der nächsten Krankmeldung Zöllners den MDK ein. Nach Überprüfung stellt MDK fest: J. Zöllner ist eigentlich gesund. (Medizinischer Dienst der Krankenkassen, MDK, nach § 275 SGB V)	**6** … sucht einen Facharzt auf und besorgt sich von diesem ein ärztliches Attest. Ergebnis: Er ist sehr wohl krank. (Bei einer von einem approbierten Arzt ordnungsgemäß ausgestellten Arbeitsunfähigkeit – erst recht bei einem ordnungsgemäßen Attest – besteht die Vermutung, dass der Arbeitnehmer tatsächlich infolge Krankheit arbeitsunfähig ist bzw. war (BAG, Urteil vom 15. Juli 1992, Az. 5 AZR 312/91).)

Ausgang: Der Arbeitgeber scheitert mit seiner Vermutung. Arbeitsrechtliche Sanktionen sind nicht zulässig. Allerdings ist das Arbeitsverhältnis sicher in der Folge schwer belastet.

scheinigung, also des gelben Scheines, an, gilt für eine Auseinandersetzung: Die Beweislast für die Voraussetzungen einer krankheitsbedingten Arbeitsunfähigkeit liegt zwar beim Arbeitnehmer, er hat aber eine Erleichterung dadurch, dass die ärztliche Arbeitsunfähigkeitsbescheinigung nach § 5 EFZG das gesetzlich vorgesehene Nachweismittel ist. Ihr kommt daher ein hoher Beweiswert zu (LAG Köln, Urteil vom 02. November 2011, Az. 9 Sa 1581/10). Grundsätzlich besteht also bei einer vom Arzt ordnungsgemäß ausgestellten Arbeitsunfähigkeit eine tatsächliche Vermutung, dass ein Arbeitnehmer wirklich infolge Krankheit arbeitsunfähig ist bzw. war (BAG, Urteil vom 15. Juli 1992, Az. 5 AZR 312/91).

Wenn der Arbeitgeber allerdings dennoch der Auffassung ist, dass keine Arbeitsunfähigkeit bestanden hat, reicht eine reine Vermutung nicht. Er muss tatsächliche Anhaltspunkte dafür haben, dass ernsthafte Zweifel an einer Arbeitsunfähigkeit bestehen. Der für den Arbeitgeber sicherste Weg liegt in solchen Fällen darin, eine Begutachtung des Arbeitnehmers durch den Medizinischen Dienst der Krankenkassen (MDK) nach § 275 SGB V herbeizuführen. Hier wird die ausgestellte Arbeitsunfähigkeitsbescheinigung überprüft.

Diese Möglichkeit soll und darf Arbeitgeber aber nicht dazu verleiten, nur aus Ärger über das Fehlen des Arbeitnehmers den MDK einzuschalten. Tatsächlich sollte dies nur bei Vorliegen ansonsten objektiver An-

Gesetze für Europa

Mit der Frage nach ausländischen Arbeitsunfähigkeitsbescheinigungen beschäftigte sich der EuGH mehrfach. Im Ergebnis wurden die Anforderungen an die Erschütterung des Beweiswertes einer ausländischen Arbeitsunfähigkeitsbescheinigung angeglichen an die Bewertung einer solchen von einem deutschen Arzt. Nach diesen Entscheidungen ist der Weg, eine ausländische Arbeitsunfähigkeitsbescheinigung pauschal nicht anerkennen zu wollen, nicht mehr möglich (EuGH, Urteil vom 02. Mai 1996, Az. C206/94 – „Paletta II").

haltspunkte geschehen. Solche Fälle können sein, wenn ein Arbeitnehmer häufig und mit erkennbaren Mustern immer am Anfang oder am Ende einer Arbeitswoche arbeitsunfähig wird oder aber eine Arbeitsunfähigkeitsbescheinigung eines Arztes vorlegt, von dem bei den Krankenkassen bekannt ist, dass er solche auffällig häufig ausstellt. Anlass für eine Überprüfung kann auch sein, wenn der Arbeitnehmer nach einem Streit über Urlaubsgewährung ankündigt, dass er eine Arbeitsunfähigkeitsbescheinigung einreichen wird, falls ihm der Urlaub nicht gewährt wird (BAG, Urteil vom 04. Oktober 1978, Az. 5 AZR 326/77).

Die Anforderungen an das Anzweifeln einer Arbeitsunfähigkeitsbescheinigung sind daher durchaus hoch. Leichtfertiges Handeln ist nicht ratsam.

Schwierigkeiten bereiten teilweise Arbeitsunfähigkeitsbescheinigungen ausländischer Ärzte für Arbeitnehmer, die im Ausland, beispielsweise im Urlaub, erkranken. Die deutschen Anforderungen an solche Arbeitsunfähigkeitsbescheinigungen, die auf Übereinkommen der Krankenkassen beruhen, gelten für solche Arbeitsunfähigkeitsbescheinigungen nicht.

Nichtsdestotrotz gilt aber, dass der Arbeitnehmer die schnellstmögliche Übermittlungsmethode zu wählen hat (siehe „Der gelbe Zettel", S. 95). Diese Pflicht hat mit dem Beweiswert einer Arbeitsunfähigkeitsbescheinigung eines ausländischen Arztes nichts zu tun.

Das kranke Kind

Der Vergütungsanspruch des Arbeitnehmers besteht nur dann fort, wenn er selbst infolge einer Erkrankung arbeitsunfähig wird. Es gibt also keinen Entgeltfortzahlungsanspruch nach § 3 EFZG für Arbeitnehmer, wenn deren Kinder erkranken.

Die Erkrankung und Versorgung eines Kindes ist jedoch als vorübergehender Verhinderungszustand nach § 616 BGB zu verstehen. Hiernach geht der Anspruch auf Vergütung nicht dadurch verloren, dass sich ein Arbeitnehmer für eine verhältnismäßig nicht erhebliche Zeit durch einen in seiner Person liegenden Grund ohne sein Verschulden an der Arbeitsleistung gehindert sieht. Die Pflege und Versorgung eines Kindes ist ein Grund, der in der Person eines Arbeitnehmers liegt (BAG, Urteil vom 20. Juni 1979, Az. 5 AZR 361/78). Der Vergütungsanspruch des Arbeitnehmers bei einem erkrankten Kind folgt also nicht aus dem EFZG, sondern aus § 616 BGB.

In vielen Arbeitsverträgen wird allerdings die Anwendung von § 616 BGB ausdrücklich ausgeschlossen. Soweit dieser Ausschluss zulässig formuliert ist, besteht bei der Erkrankung des Kindes kein Vergütungszahlungsanspruch. Für diesen Fall haben Eltern allerdings einen Zahlungsanspruch gegenüber der Krankenkasse aus § 45 Abs. 1 SGB V. Eine Zahlungspflicht des Arbeitgebers besteht nicht.

Verordnungen zum Arbeitsschutz

In Bewegung ist das Recht des Arbeitsschutzes und des betrieblichen Gesundheitsmanagements. Der Gesetzgeber hinkt der aktuellen Situation mit erhöhtem Renteneintrittsalters einerseits und demografischer Entwicklung andererseits hinterher. Neben einigen Verordnungen aus jüngster Zeit gibt es Anforderungen aus dem Arbeitsschutzgesetz (ArbSchG) wie aus dem Gesetz über Betriebsärzte, Ingenieure und andere Fachkräfte für Arbeitssicherheit (ASiG).

Nach § 3 ArbSchG trifft den Arbeitgeber die Pflicht, die erforderlichen Maßnahmen des Arbeitsschutzes unter Berücksichtigung der Umstände zu treffen, die Sicherheit und Gesundheit der Arbeitnehmer beeinflussen. Er hat die Maßnahmen auf ihre Wirksamkeit zu prüfen und ggf. anzupassen. Das Ziel hierbei soll grundsätzlich sein, Sicherheit und Gesundheitsschutz der Arbeitnehmer anzustreben und zu erhöhen. Um die allgemeinen Grundsätze des § 4 ArbSchG durchzusetzen, muss der Arbeitgeber Gefährdungsbeurteilungen nach § 5 durchführen und diese nach § 6 dokumentieren.

Das Einhalten der Verpflichtungen des Arbeitgebers aus dem ArbSchG wird jedoch von öffentlich-rechtlichen Behörden überwacht, siehe § 21 ArbSchG. Der Arbeitnehmer hat also effektiv keine Ansprüche gegen seinen Arbeitgeber.

Allerdings sind die Wertungen aus dem ArbSchG wie auch aus ASiG im Rahmen des § 618 BGB zu berücksichtigen: Den Arbeitgeber trifft also gegenüber seinem Arbeitnehmer die Pflicht, Räume, Vorrichtungen oder Gerätschaften so einzurichten und zu unterhalten, dass der Arbeitnehmer gegen Ge-fahren für Leben und Gesundheit soweit geschützt ist, wie es die Natur des Arbeitsverhältnisses gestattet.

Nach Abschluss der Diskussion über rauchfreie Arbeitsplätze spielt derzeit die Klärung von Arbeitnehmeransprüchen auf ergonomische Arbeitsgeräte eine große Rolle. Hier ist jedoch tatsächlich nach Art der Arbeitsleistung und der Verpflichtung zu unterscheiden. Übt der Arbeitnehmer eine statische, sitzende Beschäftigung aus, ist ihm ein Anspruch auf ein ergonomisches Sitzgerät eher zuzugestehen als einem Arbeitnehmer, der eine Tätigkeit im Stehen oder Gehen ausübt.

Es läuft bei der Rechtsprechung also wieder auf die Betrachtung des Einzelfalls hinaus. Entscheidend ist für derartige Fälle, dass Eignung und Notwendigkeit des ergonomischen Arbeitsmittels entweder allgemein bekannt oder aber für den konkreten Einzelfall feststellbar sein müssen. Ohne Weiteres besteht also nicht automatisch Anspruch auf ergonomische Arbeitsmittel.

Bei der Pflege eines erkrankten Kindes ist in rechtlicher Hinsicht Folgendes zu beachten: Als Rechtfertigung, der Arbeit fernbleiben zu dürfen, wird häufig § 2 Abs. 1 PflegeZG herangezogen. Dieser begründet ein Leistungsverweigerungsrecht, nicht aber einen Anspruch auf Fortzahlung der Vergütung. Diese ergibt sich im Übrigen auch nicht aus § 2 Abs. 3 PflegeZG. Dort wird auf andere gesetzliche Vorschriften – also etwa § 616 BGB – verwiesen.

Das Recht der Schwerbehinderten

Das Recht der Rehabilitation und Teilhabe behinderter und schwerbehinderter Menschen ist im 9. Buch des Sozialgesetzbuches (SGB IX) geregelt.

Eine arbeitsrechtlich relevante Schwerbehinderung liegt vor, wenn ein Grad der Behinderung von mindestens 50 vorliegt bzw. festgestellt ist.

Gleiches gilt für jemanden, der mit einem schwerbehinderten Menschen gleichgestellt wird, also ein Grad der Behinderung von 30 vorliegt und der behinderte Mensch infolge seiner Behinderung ohne die Gleichstellung einen geeigneten Arbeitsplatz nicht erlangen oder nicht behalten kann, siehe § 2 Abs. 2 und Abs. 3 SGB IX. Für die Anwendung des SGB IX im Arbeitsrecht maßgeblich sind:

- **die Erteilung** des sogenannten Feststellungsbescheids durch die jeweils zuständigen Behörden nach § 69 Abs. 1 SGB IX sowie
- **die Erteilung** des Schwerbehindertenausweises nach § 69 Abs. 5 SGB IX.

Grundsätzlich sind Arbeitgeber nach § 71 SGB IX verpflichtet, schwerbehinderte Menschen zu beschäftigen. Diese haben einen besonderen Beschäftigungsanspruch, der auf eine ihrer Behinderung entsprechende Beschäftigung abzielt und eine Benachteiligung wegen der Schwerbehinderung verbietet, § 81 Abs. 2 SGB IX. Dieser besondere Anspruch bezieht sich nicht nur auf die Ausstattung des Arbeitsplatzes, sondern beinhaltet auch einen besonderen Fortbildungsanspruch. Das SGB IX sieht darüber hinaus einen besonderen Präventionsanspruch im Krankheitsfall vor, § 84 SGB IX.

Die arbeitsrechtlich wichtigsten Vorschriften sind § 125 SGB IX sowie die §§ 85 ff. SGB IX. Schwerbehinderte und diesen gleichgestellte Menschen haben einen Anspruch auf Zusatzurlaub. Dieser Zusatzurlaub beträgt fünf Arbeitstage je Urlaubsjahr, § 125 SGB IX.

Zudem ist für Arbeitgeber wie -nehmer besonders zu berücksichtigen, dass schwerbehinderte bzw. diesen gleichgestellte Menschen einen besonderen Kündigungsschutz genießen. Für diese Kündigungen gilt nämlich ein Zustimmungserfordernis des Integrationsamtes, siehe §§ 85 ff. SGB IX (siehe „Sonderkündigungsschutz", S. 153).

Was ist erlaubt am Arbeitsplatz – was nicht?

Die meisten Menschen verbringen einen Großteil ihrer Lebenszeit mit der Arbeit. Die Ausgestaltung des Arbeitsplatzes mit persönlichen Dingen ergibt sich daraus fast zwangsläufig.

Aber auch für Arbeitgeber haben Anforderungen an die Kleidung, das Aussehen und das Verhalten des Arbeitnehmers sowie die Freiheiten oder Verbote bei der Ableistung der Arbeit eine hohe Bedeutung. Für viele Arbeitnehmer gilt die Arbeit heute nicht mehr als reiner Zweck zum Geld verdienen, sondern soll auch mit einer gewissen Erfüllung verbunden sein. Arbeit soll bis zu einem gewissen Grad Spaß machen, man will sich wohl fühlen am Arbeitsplatz. Arbeitgeber sollten sich dieser Umstände gerade in Zeiten des Fachkräftemangels bewusst sein. Arbeitnehmer hingegen sollten bei den folgenden Ausführungen immer im Hinterkopf behalten, dass das Ausreizen vermeintlicher oder tatsächlicher Arbeitnehmerrechte unbeabsichtigte Konsequenzen haben kann. Nicht selten führen diese zu einer schleichenden Entfremdung zwischen Arbeitgeber und Arbeitnehmer. Diese mündet irgendwann nahezu zwangsläufig in einer Kündigung.

Grundsatz der Gleichbehandlung

Der Bereich rund um den Arbeitsplatz wird in besonderem Maße durch den arbeitsrechtlichen Gleichbehandlungsgrundsatz

Was ist erlaubt?

Rein vom Grundgesetz her kann der Arbeitgeber nichts gegen folgende persönliche Stilmerkmale sagen:

- ☐ **Kleidung**

- ☐ **Haarlänge**

- ☐ **Barttracht**

- ☐ **Tattoos**

- ☐ **Körperschmuck**

- ☐ **Religiöse Attribute**

Eine Einschränkung ist aber möglich durch:

- ☐ **Gesetzliche Regelungen:** Schutzausrüstung, Hygiene (Verbot von langen Fingernägeln oder Nagellack)

- ☐ **Arbeitsvertrag:** Weisung auf einheitliche Arbeitskleidung wegen „Corporate Identity"

- ☐ **Branchenüblicher Konsens:** Businesskleidung, kein übermäßiges Piercing oder Gesichtstätowierungen in Banken, Anwaltskanzleien und in Führungspositionen

(Art. 3 Abs. 1 GG) mitbestimmt. So darf der Arbeitgeber hier regelmäßig nicht bestimmte Dinge von einem Arbeitnehmer verlangen – zum Beispiel die Nutzung einheitlicher Firmenkleidung –, wenn er anderen Arbeitnehmern Ausnahmen gestattet.

Umgekehrt darf er nicht einzelnen Arbeitnehmern Dinge gestatten, wie zum Beispiel Kopfhörer am Arbeitsplatz, wenn er sie anderen verbietet. Für eine unterschiedliche Behandlung benötigt der Arbeitgeber einen sachlichen Grund. Fehlt dieser, kann sich der benachteiligte Arbeitnehmer gegen die Ungleichbehandlung notfalls auch gerichtlich wehren.

Kleiderordnung, Tattoos, Piercings und Kopftuch

Die Kleidung, aber auch der Körperschmuck bestimmen maßgeblich die Identität vieler Menschen. Ansichten darüber, was modern oder zumindest sozial noch tolerierbar ist, sind einem stetigen Wandel unterworfen. Nicht alles, was vor diesem Hintergrund erlaubt ist, ist aber für das eigene berufliche Fortkommen im Unternehmen tauglich.

Die Freiheit des Arbeitnehmers (Art. 2 Abs. 1 GG) gilt am Arbeitsplatz nicht uneingeschränkt. Sie kann zum einen durch gesetzliche Regelungen begrenzt sein, wenn etwa der Arbeitsschutz fordert, für bestimmte Tätigkeiten eine Schutzausrüstung zu tragen (§ 15 Abs. 1, 2 ArbSchG) oder hygienische Vorgaben die Gestaltung von Frisur oder Fingernägeln begrenzen.

Zum anderen können vertragliche Rücksichtnahmepflichten (§ 241 Abs. 2 BGB) und das arbeitgeberseitige Weisungsrecht (§ 106 GewO) Grenzen der persönlichen Freiheit am Arbeitsplatz einschränken.

Schließlich kann sich auch unter branchenüblichen Gesichtspunkten die Verpflichtung zu einer bestimmten Arbeitskleidung ergeben. Unter den gleichen Gesichtspunkten können gewisse Formen von Körperschmuck usw. vertragswidrig sein.

Kann der Arbeitnehmer zur Rechtfertigung des eigenen Outfits auf religiöse Motive verweisen, kommt grundsätzlich auch noch das Recht auf die Freiheit der Religionsausübung gemäß Art. 4 Abs. 1 GG mit in Betracht. Dieses kann das oben zitierte allgemeine Persönlichkeitsrecht noch verstärken, mit der Folge, dass der Arbeitgeber seinerseits stärkere Gründe benötigt, um dieses auszuhebeln.

→ Verbot religiöser Kleidung

Der Arbeitgeber einer Einrichtung der Evangelischen Kirche etwa kann das Kopftuchtragen auch bei religiöser Motivation verbieten (BAG, Urteil vom 24. September 2014, Az. 5 AZR 611/12).

Ein Kopftuchverbot, wie es die Schulgesetze einzelner Länder vorsehen, ist in seiner Absolutheit hingegen unwirksam, wenn gleichzeitig das Tragen einer Ordenstracht oder der Kippa erlaubt sind (BVerfG zum Schulgesetz in NRW, Beschlüsse vom 27. Januar 2015, Az. 1 BvR 471/10 und 1 BvR 1181/10).

Verstöße gegen berechtigte Verbote können im Extremfall zur Kündigung führen. Das hat das Bundesarbeitsgericht unter anderem für den Fall einer Lehrerin bestätigt, die das Kopftuch in einer zur religiösen Neutralität verpflichteten Schule tragen wollte (BAG, Urteil vom 10. Dezember 2009, Az. 2 AZR 55/09).

Berufs- und Arbeitskleidung

Verlangt der Arbeitgeber die Benutzung von einheitlicher Berufskleidung, muss er diese auch bezahlen. Die Umlage der Kosten auf den Arbeitnehmer ist nur eingeschränkt möglich, zum Beispiel, wenn der Arbeitnehmer die Kleidung auch privat verwenden kann. Die Kostenumlage darf aber nicht dazu führen, dass die Pfändungsfreigrenzen bei der Gehaltshöhe unterschritten werden (BAG, Urteil vom 17. Februar 2009, Az. 9 AZR 676/07).

Keinen Anspruch auf Kostenerstattung haben Arbeitnehmer, wenn die Kleidungsstücke privat verwendet werden können und nicht vom Arbeitgeber gestellt werden. Verlangt etwa ein Bankinstitut von seinen Mitarbeitern, dass Männer in Anzügen und Frauen im Kostüm zur Arbeit erscheinen, müssen die entstehenden Kosten nicht vom Arbeitgeber übernommen werden.

Besteht der Arbeitgeber auf der Nutzung von Dienstkleidung, muss er in der Regel auch geeignete Umkleideräume zur Verfügung stellen und die notwendige Umkleidezeit als Arbeitszeit bezahlen (BAG, Urteil vom 19. September 2012, Az. 5 AZR 678/11). Das gilt nur ausnahmsweise dann nicht, wenn es dem Arbeitnehmer nach Art der Kleidung zuzumuten ist, in der Arbeitskleidung nach Hause zu gehen.

Private Nutzung von Telefon, Internet, E-Mail und Kopierer

Der Arbeitgeber ist grundsätzlich berechtigt, sämtliche privaten Nutzungen der Betriebsmittel zu untersagen.

Nicht untersagt werden kann allerdings eine kurzzeitige, private Benutzung des Telefons in dringenden, unaufschiebbaren und nicht vorhersehbaren Fällen. Erlaubt ist zum Beispiel der Anruf im Kindergarten, wenn sich der Feierabend betriebsbedingt und unerwartet verzögert. Diese Rechtsprechung wird man auch auf die entsprechende Nutzung des Internets, von E-Mail-Accounts und von internetbasierten Kurznachrichtendiensten wie WhatsApp auf Diensthandys übertragen können.

Umgekehrt gilt, dass auch bei grundsätzlich gestatteter Privatnutzung eine solche nur außerhalb der Arbeitszeit (zum Beispiel in den Pausen) unproblematisch zulässig ist. Während der Arbeitszeit ist der Arbeitnehmer zur Erbringung der Arbeitsleistung verpflichtet. Wer hier privaten Tätigkeiten – gleich welcher Art – nachgeht, begeht einen Arbeitszeitbetrug.

Das Problem dabei: Arbeitet der Arbeitnehmer nicht und ist stattdessen mit den Gedanken ganz woanders, kann man ihm das kaum nachweisen. Wenn er aber auf der Arbeit privat im Internet surft, kann dies oft sehr genau nachgewiesen werden – inklusive Zeitumfang. Entsprechend leicht fällt es dem Arbeitgeber dann, im Bedarfsfall einen Kündigungsgrund zu konstruieren. Nutzt der Arbeitnehmer zum Beispiel unbefugt das Internet während der Arbeitszeit, kommt eine Kündigung gleich unter mehreren Aspekten in Betracht: Verstoß gegen das Verbot der privaten Internetnutzung, Gefährdung der Betriebsmittel durch Viren, Verursachung von Kosten und Nichtableistung der geschuldeten Arbeit (siehe BAG, Urteil vom 07. Juli 2005, Az. 2 AZR 581/04).

> 66 **Handy aufladen? Prinzipiell Stromdiebstahl – aber eine der wenigen Bagatellen.**

Arbeitgeber sollten die private Nutzung des Internets und des betrieblichen E-Mail-Accounts im Arbeitsvertrag verbieten bzw. auf Notfälle beschränken. Andernfalls riskieren sie Konflikte mit dem Datenschutzgesetz, wenn sich zum Beispiel bei einer Erkrankung des Arbeitnehmers ein Zugriff auf den Dienst-Account als erforderlich erweist.

| Arbeitnehmer | Arbeitgeber |

Fall: Arbeitgeber „erwischt" seine Arbeitnehmerin K. Liebrecht dabei, wie sie am Firmenrechner privat im Internet surft. Er weist sie darauf hin, dass sie während der Arbeit keinen privaten Tätigkeiten nachgehen dürfe. Exzessive private Internetnutzung rechtfertige als Arbeitszeitbetrug eine fristlose Kündigung ohne Abmahnung (LAG Niedersachsen, Urteil vom 31. Mai 2010, Az. 12 Sa 875/09).

Arbeitnehmer	Arbeitgeber
Arbeitnehmerin erklärt, dass sie gerade Pause habe und in dieser Zeit nicht arbeiten müsse.	**2** Arbeitgeber wendet ein, dass unabhängig davon laut Arbeitsvertrag die private Internetnutzung ausdrücklich verboten sei. Er droht mit Abmahnung unter Verweis auf die Gefährdung der Betriebsmittel durch Viren und die Verursachung zusätzlicher Kosten. (siehe BAG, Urteil vom 07. Juli 2005, Az. 2 AZR 581/04)
3 … entgegnet, dass sie nur für einen kurzen Moment privat im Internet gesurft hat, sie habe dringend die Nummer der Kindertagesstätte ihrer Tochter herausfinden müssen, um dort mitzuteilen, dass es heute Abend später werde.	**4** … präsentiert am Folgetag ein Surf-Protokoll der letzten Wochen, aus dem ersichtlich ist, dass Arbeitnehmerin Liebrecht jeden Tag mehrere Stunden privat gesurft hat und damit in dieser Zeit nicht gearbeitet habe.
5 … sagt, dass das Protokoll unrechtmäßig zustande gekommen sei, weil es sich hierbei um die unzulässige Erfassung personenbezogener Daten handele und durch die Verwertung rechtswidrig in das Grundrecht auf informationelle Selbstbestimmung eingegriffen werde. (ArbG Cottbus, Urteil vom 25. November 2014, AZ 3 Ca 359/14)	**6** … entgegnet, das dies keine spezielle Überwachung sei, die Server der Firma speicherten so etwas ganz automatisch. Auch die mangelhafte Arbeitsleistung und die Aussagen von Kollegen würden bestätigen, dass K. Liebrecht „oft privaten Dingen nachgehe".

Ausgang: Die Parteien einigen sich auf eine Abmahnung, da der Arbeitgeber die Arbeitnehmerin Liebrecht gern behalten will, soweit diese künftig wieder ihre geschuldete Leistung erbringt. Eine sofortige Kündigung könnte zudem an der fehlenden Abmahnung scheitern (BAG, Urteil vom 19. April 2012, AZ 2 AZR 186/11). Liebrecht sollte künftig streng auf Einhaltung der Betriebsregeln achten.

Alle Privatnutzungen von Betriebsmitteln, etwa Kopieren auf dem Bürokopierer, Aufladen von Handys, Verzehr von Waren des Arbeitgebers, gehen unmittelbar mit einem wirtschaftlichen Verlust des Arbeitgebers einher. Ein solcher kann – von Bagatellschäden wie dem Stromdiebstahl durch das Aufladen des Handys abgesehen – grundsätzlich eine Kündigung begründen. Man sollte daher immer die Genehmigung des Arbeitgebers bzw. seines Vorgesetzten einholen und diese im Streitfall auch beweisen können. Das gilt nur dann nicht, wenn entsprechende Nutzungen im Arbeitsvertrag, in einer Betriebsvereinbarung oder in einem anwendbaren Tarifvertrag ausdrücklich gestattet sind.

Mitnahme von ausrangiertem oder überflüssigem Material

Auch hier ist dringend vor eigenmächtigem Tun zu warnen. Selbst wenn der Arbeitgeber das Material ersichtlich nicht mehr benötigt oder es objektiv nicht mehr zu gebrauchen ist – zum Beispiel Essensreste in der Kantine oder im Supermarkt, kaputtes Werkzeug, ausrangierte Betriebsmittel –, kann die Mitnahme verboten und im Falle eines Verstoßes gegen das Verbot mit einer Kündigung geahndet werden.

Hintergrund ist hier immer die Verletzung des arbeitgeberseitigen Vertrauens, nach dem Motto: „Heute nimmt er das eine, morgen das andere." Das bereits sehr geringe Beträge ausreichend sein können, hat et-

wa der in der Öffentlichkeit sehr kontrovers diskutierte Fall Emmely gezeigt.

Musik hören auf der Arbeit

Immer dann, wenn sich das Verbot des Musikhörens oder von Kopfhörern am Arbeitsplatz bereits aus einer gesetzlichen Regelung ergibt, ist es zwingend. Gleiches gilt, wenn sich das Verbot durch die Tätigkeit selbst ergibt: Kraftfahrer dürfen keine Kopfhörer zum Musikhören benutzen.

Aber auch dann, wenn die Qualität der Arbeitsleistung beeinträchtigt werden kann, darf der Arbeitgeber Verbote aussprechen. Mitarbeiter im Servicebereich können nicht mit Kopfhörern arbeiten, wenn sie Kundenanfragen beantworten müssen. Umgekehrt ist der Kopfhörer, nur weil er die Arbeitsleistung nicht zwingend beeinträchtigt, nicht zwangsläufig gestattet.

Ist eine Beeinträchtigung der Konzentration und der Ansprechbarkeit des Arbeitnehmers durch Musik nicht ausgeschlossen, darf der Arbeitgeber ein Verbot aussprechen. Auch unter dem Gesichtspunkt der Beeinträchtigung von Arbeitskollegen lässt sich das rechtfertigen. Der Arbeitgeber hat für seine Arbeitnehmer Fürsorgepflichten – fühlen sich Kollegen von der Musik gestört, geht das Verbot unter diesem Aspekt in Ordnung.

Haustiere am Arbeitsplatz

Der Arbeitgeber darf Haustiere am Arbeitsplatz grundsätzlich verbieten. Unter dem

Tierische Begleitung
Auch gegen nachweislich unge-
fährliche Haustiere am Arbeitsplatz
dürfen Arbeitgeber Verbote aussprechen.

Gesichtspunkt des Gleichbehandlungs-
grundsatzes darf er die Regelung nur allgemein für alle Arbeitnehmer gleichermaßen
treffen. Einmal erteilte Genehmigungen
können bei Vorlage eines sachlichen Grundes widerrufen werden, zum Beispiel weil
sich Kollegen beeinträchtigt fühlen (Katzen-
allergie, Angst vor Hunden, Ekel vor Tieren).
Auf die objektive Gefährlichkeit des Tieres
kommt es in solchen Fällen nicht an (LAG
Düsseldorf, Urteil vom 24. März 2014, Az. 9
Sa 1207/13).

Überwachung von Arbeitnehmern: Kameras und Taschenkontrollen

Die öffentliche Videoüberwachung ist über-
all dort zulässig, wo sie durch die Natur des
Arbeitsverhältnisses bedingt ist. Der Fern-
sehmoderator kann sich nicht gegen die
laufenden Kameras zur Wehr setzen. Wer in
einem sicherheitsrelevanten Bereich arbeitet – zum Beispiel in der Bahnhofshalle bei
der Fahrkartenausgabe –, muss ebenfalls
mit fortlaufender Videoüberwachung leben. Der Arbeitgeber darf diese Aufnahmen
allerdings nicht gegenüber dem Arbeitneh-

mer verwenden, etwa zur Überwachung der
Arbeitsleistung.

Die heimliche Überwachung des Arbeitnehmers, zum Beispiel durch einen Detek-
tiv oder durch Video und Foto, ist nur in eng
begrenzten Ausnahmefällen zulässig. Der
Arbeitgeber benötigt hierfür den auf konkrete Tatsachen gestützten Verdacht einer
schweren Pflichtenverletzung durch den Arbeitnehmer. Solche Pflichtenverletzungen
müssen mindestens geeignet sein, eine
Kündigung des Arbeitnehmers zu rechtfertigen. Die Überwachung darf auch nur zeitlich begrenzt erfolgen. Andernfalls macht
sich der Arbeitgeber schadensersatzpflichtig (LAG Hamm, Urteil vom 11. Juli 2013,
Az. 11 Sa 312/13; BAG, Urteil vom 19. Februar
2015, Az. 8 AZR 1007/13).

Taschenkontrollen und persönliche
Durchsuchungen sind nur unter besonderen Voraussetzungen zulässig. Präventive,
regelmäßige und umfassende Personen-
kontrollen sind unzulässig. Allerdings darf
der Arbeitgeber präventiv die Taschen kontrollieren und am Ein- bzw. Ausgang des Unternehmens auch die Oberbekleidung ab-

tasten. Präventive und/oder regelmäßige Leibesvisitationen sind generell unzulässig.

Bei der konkreten Beurteilung der Zulässigkeit kommt es auf das jeweilige Sicherheitsbedürfnis des Arbeitgebers an. Dieses ist bei einem Flughafen oder einer Goldschmiede höher als einem Imbiss. Im Einzelfall sind solche Kontrollen zulässig, wenn es, wie oben bei der Videoüberwachung geschildert, um den konkreten Verdacht einer Straftat des Arbeitnehmers geht.

Öffentliche Äußerungen über Arbeitgeber, Kollegen und Kunden

Öffentliche Äußerungen über den Arbeitgeber spielen in jüngster Zeit im Arbeitsrecht besonders im Zusammenhang mit der Nutzung sozialer Medien eine verstärkte Rolle. Hier ist für Arbeitnehmer absolute Vorsicht geboten, wenn sie dem Arbeitgeber nicht einen Kündigungsgrund liefern wollen.

Bei schweren Fällen ist das ohne vorherige Abmahnung möglich. Ein Auszubildender hatte auf Facebook seine Arbeit als „dämliche Scheiße" bezeichnet – ihm wurde fristlos gekündigt (LAG Hamm, Urteil vom 10. Oktober 2012, Az. 3 Sa 644/12).

Aber auch Betriebsinterna und letztlich sogar lobende oder anpreisende Äußerungen sollten unterbleiben. Schreibt der Arbeitnehmer zum Beispiel auf Facebook, dass sein Unternehmen wesentlich besser ist als das Konkurrenzunternehmen und macht dabei falsche Angaben, kann dies zu wettbewerbsrechtlichen Verfahren gegen den Arbeitgeber führen. Dem Arbeitgeber wird dadurch ein Schaden zugefügt, der wiederum Grund für eine Kündigung des Arbeitnehmers sein kann.

Arbeitnehmer sollten am besten jedwede Äußerungen über Arbeitgeber im Internet unterlassen. Das gilt auch für vermeintlich geschützte Räume wie Freundeskreise bei Facebook (siehe Finanztest, Heft 3, 2015).

→ Das Internet vergisst nie

Wiegen gepostete Beleidigungen schwerer als eine Beleidigung im Gespräch oder per Brief? Die Rechtsprechung ist sich uneins:
Nein, sie gehen in der Flut der täglichen Kommentare unter und verschwinden schneller (LAG Hessen, Urteil vom 28. Januar 2013, Az. 21 Sa 715/12).
Ja, sie greifen nachhaltig in die Rechte des Betroffenen ein (ArbG Duisburg, Urteil vom 26. September 2012, Az. 5 Ca 949/12). Die Tendenz geht in diese Richtung. Kommentare sind über Wochen öffentlich einsehbar und können theoretisch selbst nach Löschung durch einen zuvor getätigten Screenshot wieder auftauchen.

Nebentätigkeiten

Als Nebentätigkeiten werden alle Tätigkeiten des Arbeitnehmers außerhalb derjenigen für seinen Hauptarbeitgeber bezeichnet. Darunter fallen Arbeiten für andere Arbeitgeber oder im Rahmen einer Selbstständigkeit, aber auch ehrenamtliches Engagement.

Nebentätigkeiten sind grundsätzlich ohne besondere Genehmigung des Arbeitgebers zulässig, wenn sie den Arbeitnehmer nicht so sehr beanspruchen, dass er seine Haupttätigkeit nur noch eingeschränkt ausüben kann. Das ist zum Beispiel der Fall, wenn der Arbeitnehmer aufgrund der Nebentätigkeit zu müde ist, um die Haupttätigkeit in der gebotenen Qualität erledigen zu können. Unzulässig ist eine Nebentätigkeit auch dann, wenn sie zur Überschreitung der nach dem Arbeitszeitgesetz maximal zulässigen Arbeitszeiten führt und auch, wenn dem Arbeitgeber durch diese Tätigkeit Konkurrenz gemacht wird (BAG, Urteil vom 18. Januar 1996, Az. 6 AZR 314/95).

Grundsätzliche Einschränkungen der Nebentätigkeitsmöglichkeiten, zum Beispiel Informationspflichten, können sich aus dem Arbeitsvertrag oder einem Tarifvertrag (zum Beispiel im öffentlichen Dienst gemäß § 3 Abs. 3 TVöD) ergeben. Arbeitsvertragliche Beschränkungen der Nebentätigkeitsmöglichkeiten sind aber unwirksam, wenn sie diese generell untersagen.

Anzeigepflichten oder Zustimmungsvorbehalte können in Arbeitsverträgen wirksam vereinbart werden. Ohne ausdrückliche Vereinbarung bestehen Anzeigepflichten nur dann, wenn die berechtigten Interessen des Arbeitgebers bedroht sind.

HÄTTEN SIE'S GEWUSST?

Härte der Aussage, Kontext und Ort beeinflussen Urteile.

Halsabschneider, dulde die Prügelstrafe: grobe Beleidigung; außerordentliche fristlose Kündigung (BGH, Az. VI ZR 204/74)

Dummschwätzer: keine Kündigung; Gegenreaktion auf provozierende Aussage (BVerfG, Az. 1 BvR 1318/07)

Menschenschinder, Ausbeuter: grobe Beleidigung; fristlose Kündigung (LAG Hamm, Az. 3 Sa 644/12)

Ist irre, Psycho: keine Kündigung; nach aufwühlendem Gespräch, nicht öffentlich (LAG Rheinland-Pfalz, Az. 5 Sa 55/14)

Wichser, Arschloch, arme Sau: grobe Beleidigung; fristlose Kündigung (LAG Hamm, Az. 18 Sa 836/04)

Wichser: keine Kündigung; zuvor keine Abmahnung, nach aufwühlendem Gespräch (LAG Rheinland-Pfalz, Az. 2 Sa 232/11)

Probleme, Streit und Differenzen

In fast jedem Arbeitsverhältnis treten über die Jahre Schwierigkeiten auf. Einige Fälle können antizipiert und durch einen Betriebsrat entschärft werden, wenn ein solcher existiert. Andere Fälle sind schwerer – oder komplexer.

Rechtlich gesehen ist das Arbeitsverhältnis ein Dauerschuldverhältnis. Zu Streit führt häufig die unterschiedliche Erwartungshaltung beider Parteien: Was wer und wie viel leistet und was wer dafür verdient – sei es Gehalt, Lob oder Respekt. In vielen größeren Betrieben hat sich als Vertretung der Belegschaft und für gute Zusammenarbeit mit der Führungsetage ein Betriebsrat gegründet. Er soll zum einen Konflikte zwischen Arbeitgebern und Arbeitnehmern im Betrieb bearbeiten und da-für Lösungen finden, wobei er per Gesetz zu einer effektiven und vertrauensvollen Zusammenarbeit verpflichtet ist. Er greift zum anderen ein, wenn Konflikte zwischen Arbeitnehmern entstehen bzw. bereits sehr verfahren oder schwerwiegend sind, wie Mobbing oder eine ausgesprochene Abmahnung.

Konflikte können aber auch durch externe Probleme den gesamten Betrieb betreffen. Beispiele hierfür sind die Insolvenz oder der Betriebsübergang.

Betriebsrat: Wahl, Zusammenarbeit, Rechte und Pflichten

Bei etlichen Schwierigkeiten im Arbeitsverhältnis können Arbeitnehmer wie Arbeitgeber Hilfe durch einen Betriebsrat erhalten.

Betriebsräte und Arbeitgeber führen keine Showkämpfe, sondern arbeiten trotz gegensätzlicher Positionen sehr häufig effizient und zum Vorteil für Arbeitnehmer wie auch den Betrieb zusammen.

Die Wahl

Ein Betriebsrat fällt nicht vom Himmel. Das Recht, einen Betriebsrat zu wählen, gehört zu den großen sozialen Errungenschaften im Arbeitsleben. Erstmals gesetzlich geregelt hat dies das Betriebsverfassungsgesetz 1972 (BetrVG). Ein Betriebsrat kann immer eingerichtet werden, wenn in einem Betrieb in der Regel mindestens fünf ständig wahlberechtigte Arbeitnehmer vorhanden sind, von denen drei Arbeitnehmer wählbar sind. Diese Definition des §1 BetrVG klingt einfach, birgt aber erhebliche Probleme.

Die Rechtsprechung hat sich bereits mehrfach mit der Frage beschäftigt, was unter Arbeitnehmern in diesem Sinn zu verstehen ist. Die Definition des §5 BetrVG passt nämlich nicht auf alle Fallkonstellationen. Nach dem Paragrafen sind Arbeitnehmer im Sinne des §1 BetrVG die Arbeiter und Angestellten im Betrieb einschließlich der Auszubildenden, die in Heimarbeit Beschäftigten, Beamte, Soldaten und Arbeitnehmer des öffentlichen Dienstes. Hingegen sind keine Arbeitnehmer die gesetzlichen Vertreter einer juristischen Person, Gesellschafter von Handelsgesellschaften, Personen, die nicht erwerbstätig sind, Ehegatten, Lebenspartner und Verwandte und Verschwägerte, die in einer häuslichen Gemeinschaft mit dem Arbeitgeber leben.

Ungeklärt war lange die Frage, ob auch im Betrieb tätige Leiharbeiter Arbeitnehmer nach dieser Vorschrift sind. Das BAG rechnet diese Leiharbeiter dann als Arbeitnehmer des Betriebs, wenn eine dauerhafte Überlassung vorliegt. Das ist der Fall, wenn ein Einsatz im Entleiherbetrieb mehr als drei Monate andauert (BAG, Beschluss vom 05. Dezember 2012, Az. 7 ABR 48/11). Erfolgt der Einsatz also länger als drei Monate, sind diese Leiharbeitnehmer der Arbeitnehmeranzahl hinzuzurechnen. Auch befristet beschäftigte Arbeitnehmer sind Arbeitnehmer im Sinne der §§1, 5 BetrVG (BAG, Urteil vom 21. Februar 2013, Az. 6 AZR 524/11).

Die Wahl eines Betriebsrates setzt allerdings daneben drei wählbare Arbeitnehmer voraus. Wählbar sind Arbeitnehmer dann, wenn sie dem Betrieb sechs Monate angehören, siehe § 8 Abs. 1 BetrVG. Diese Vorschrift kann bei großen, aber jungen Betrieben für Probleme bei der Gründung eines Betriebsrates sorgen.

Kraft Gesetzes sind Leiharbeitnehmer keine wählbaren Arbeitnehmer, siehe § 14 Abs. 2 AÜG. Besteht also ein Betrieb aus sehr vielen Leiharbeitnehmern und nur zwei fest angestellten Arbeitnehmern, scheidet eine Betriebsratswahl ebenfalls aus.

Wenn sich die Belegschaftszahlen ändern, hat das zumindest teilweise Auswirkung. Sinkt die Zahl der wahlberechtigten Arbeitnehmer unter die Grenze von fünf, endet das Amt eines Betriebsrates (BAG, Beschluss vom 07. April 2004, Az. 7 ABR 41/03). Sinkt hingegen die Zahl der wählbaren Arbeitnehmer unter die Mindestgrenze, so wirkt sich das auf den Bestand des Betriebsrates nicht aus.

Wahlverfahren und Turnus

Der Betriebsrat ist ein Wahlorgan, das von den Arbeitnehmern des Betriebs gewählt wird (§ 7 ff. BetrVG). Das Gesetz unterscheidet zwischen erstmaliger Wahl eines Betriebsrates und der regelmäßigen Betriebsratswahl. Die regelmäßige Betriebsratswahl findet alle vier Jahre in der Zeit vom 1. März bis zum 31. Mai statt. Gezählt wird ab Inkrafttreten des BetrVG im Jahr 1972. 2014 gab es also regelmäßige Betriebsratswahlen, die nächsten regelmäßigen Betriebsratswahlen finden 2018 statt.

Jeder Betrieb, der bislang keinen Betriebsrat hat und die Voraussetzungen erfüllt, kann auch außerhalb dieser Zeit erstmals einen Betriebsrat wählen oder, wenn die Voraussetzungen vorliegen, einen neuen Betriebsrat wählen. Das regeln die §§ 13 ff. BetrVG. Entscheidend ist, dass der Betriebsrat grundsätzlich in geheimer und unmittelbarer Wahl gewählt wird, siehe § 14 BetrVG. Das Gesetz sieht ein vereinfachtes und damit erleichtertes Wahlverfahren für Kleinbetriebe vor, im Übrigen ist das Wahlverfahren sehr ausführlich und leider auch sehr komplex geregelt im BetrVG und in der Wahlordnung (WO).

Das Gesetz sieht das Wahlrecht für einen Betriebsrat auf der Arbeitnehmerseite vor. Daraus ist abzuleiten, dass die Arbeitnehmer das Recht, aber nicht die Pflicht haben, einen Betriebsrat zu wählen (BAG, Beschluss vom 27. Mai 1982, Az. 6 ABR 28/80). Im Gegensatz dazu hat der Arbeitgeber weder die Pflicht noch das Recht, von seiner Seite aus einen Betriebsrat einzusetzen. Selbst wenn also ein Arbeitgeber der Meinung sein sollte, dass in seinem Betrieb ein Betriebsrat sinnvoll sein sollte, liegt es nicht in seiner Hand, einen solchen einzusetzen oder selbst zu wählen. Selbstverständlich kann der Arbeitgeber aber den Arbeitnehmern empfehlen, einen Betriebsrat zu wählen, also erstmals eine Betriebsratswahl durchzuführen.

Rechte und Pflichten bei der Zusammenarbeit

Gelegentlich wird die Wahl eines Betriebsrates wie auch die Arbeit des Betriebsrates auf Arbeitgeberseite als unbequem empfunden. Eine Abwahl des Betriebsrates durch den Arbeitgeber sieht das Gesetz aber nicht vor. Das Gesetz verpflichtet Betriebsrat wie aber auch Arbeitgeber in § 74 BetrVG ausdrücklich dazu, eine effektive und vertrauensvolle Zusammenarbeit zu betreiben, die auf die Erzielung einer Einigung gerichtet ist. Das Gesetz zwingt also unter Anordnung einer ausdrücklichen Friedenspflicht Arbeitgeber und Arbeitnehmer zu einem Zusammenwirken, zu regelmäßigen Treffen und zur Erörterung entstehender Probleme – nicht aber zwingend zur Findung eines Kompromisses um jeden Preis (BAG, Beschluss vom 27. November 1973, Az. 1 ABR 11/73).

Unabhängig von der allgemeinen Pflicht zur vertrauensvollen Zusammenarbeit haben Betriebsrat und Arbeitgeber im Gegenseitigkeitsverhältnis eine Reihe von Rechten und Pflichten.

Der Betriebsrat hat nach § 80 BetrVG eine Reihe allgemeiner Aufgaben, die weitgehend im sozialen Bereich der betrieblichen Belange angesiedelt sind. Eine wichtige Pflicht des Betriebsrates ist die Geheimhaltungspflicht nach § 79 BetrVG. Genauso wie ein Arbeitnehmer, der den Betriebsrat konsultiert, sich darauf verlassen kann, dass dies zunächst vertraulich behandelt wird, hat der Arbeitgeber das Recht, vom Betriebsrat die Wahrung von Betriebs- oder Geschäftsgeheimnissen zu verlangen, soweit der Arbeitgeber solche ausdrücklich als geheimhaltungspflichtig gekennzeichnet hat (LAG Hamm, Urteil vom 20. Juli 2011, Az. 10 Sa 381/11). Verstößt der Betriebsrat gegen diese Verpflichtung, kann das ein Anlass für ein Amtsenthebungsverfahren nach § 23 BetrVG sein.

Amtsenthebungsverfahren

Ist der Arbeitgeber der Auffassung, dass der Betriebsrat als Kollegialorgan oder ein einzelnes Betriebsratsmitglied sich bei der Amtsführung Pflichtverstöße zuschulden kommen lässt, kann ein Amtsenthebungsverfahren nach § 23 BetrVG oder die Auflösung des Betriebsrates beantragt werden. Die Hürden sind für den Arbeitgeber allerdings hoch, da die Rechtsprechung tatsächlich eine grobe Verletzung der gesetzlichen Pflichten verlangt. Einfache Verstöße genügen nicht: verlangt wird ein Pflichtverstoß von einigem Gewicht, der darüber hinaus noch schuldhaft begangen sein muss. Anerkannt grobe Pflichtverletzungen sind etwa die wiederholte Verletzung von Schweigepflichten, die Weitergabe von Gehaltslisten an außerbetriebliche Stellen, Handgreiflichkeiten gegenüber anderen Betriebsratsmitgliedern, Falschangaben über Tätigkeiten im Rahmen der Betriebsratsarbeit, Diffamierung und grobe Beschimpfung des Arbeitgebers. Mangelnde Kompromissbereitschaft

gegenüber dem Arbeitgeber oder auch ge-
werkschaftliche Betätigung eines oder meh-
rerer Betriebsratsmitglieder wie beispielsweise auch die Erstattung einer Strafanzeige
gegen den Arbeitgeber, die nicht rechtsmissbräuchlich oder absichtlich unwahr ist,
sind kein grober Pflichtverstoß und berechtigen daher nicht zur Einleitung eines Ver-
fahrens nach § 23 BetrVG (LAG Ba-Wü, Beschluss vom 14. April 1988, Az. 6 TaBV 1/88).

Wahlanfechtung

Ist der Arbeitgeber der Meinung, der Betriebsrat sei unter Verletzung wesentlicher
Verfahrensvorschriften gewählt worden,
steht ihm die Wahlanfechtung nach § 19
BetrVG offen. Mit einer erfolgreichen Wahlanfechtung kann der Arbeitgeber den gewählten Betriebsrat erst einmal zu Fall bringen. Es ist aber deutlich davor zu warnen,
Wahlanfechtungen zu benutzen, um Betriebsratswahlen generell zu verhindern.
Das Gesetz sieht in § 20 BetrVG ausdrücklich
ein Verbot vor, die Wahl des Betriebsrates zu
behindern oder Arbeitnehmer in der Ausübung ihres Wahlrechtes zu beschränken.

Gleichermaßen verbietet § 20 Abs. 2
BetrVG eine Beeinflussung der Betriebsratswahl durch Zufügung oder Androhung von
Nachteilen oder durch Gewährung oder Ver-
sprechen von Vorteilen. Der Verstoß gegen
dieses Verbot, das sich natürlich auch gegen
den Arbeitgeber richtet, berechtigt alle in §
19 BetrVG genannten Beteiligten zu einer
Wahlanfechtung.

Tatsächlich stellt ein Verstoß auch eine
strafbare Handlung dar, die nach § 119 Abs. 1
Nr. 1 BetrVG mit Geld- oder Freiheitsstrafe
geahndet werden kann (AmtsG Detmold,
Urteil vom 28. April 1978, Az. 7 LS 2553/77). §
20 BetrVG erlaubt auch einen Unterlassungsanspruch der Betriebsparteien gegeneinander, offensichtlich und rechtswidrig
Einfluss auf Betriebsratswahlen zu nehmen
(ArbG Regensburg, Beschluss vom 06. Juni
2002, Az. 6 BvGa 6/02 S).

Unterlassungsanspruch des Betriebsrates

Der § 23 BetrVG wirkt aber auch zulasten des
Arbeitgebers. Lässt sich dieser eine grobe
Pflichtverletzung gegenüber dem Betriebsrat zuschulden kommen, so hat jener einen
Unterlassungsanspruch gegen den Arbeitgeber, der mit Zwangsgeldern durchgesetzt
werden kann.

Solche groben Verstöße sind etwa die be-
harrliche Verweigerung der Zusammenarbeit mit dem Betriebsrat, bewusste Verstöße
gegen das Gleichbehandlungsgebot aus § 75
BetrVG und das mehrfache Übergehen des
Betriebsrates bei der Anordnung von Überstunden (BAG, Beschluss vom 18. April 1985,
Az. 6 ABR 19/84).

Ebenso zählen zu den groben Verstößen
Aushänge am Schwarzen Brett über Fehlzei-
ten von Betriebsratsmitgliedern wegen
Krankheit, Betriebsratstätigkeiten und Besuch von Lehrgängen (ArbG Verden, Beschluss vom 14. April 1989, Az. 1 BV 5/89).

Unterstützung statt Streit
Der Betriebsrat vertritt die Interessen der Arbeitnehmer untereinander und gegenüber dem Arbeitgeber – jedoch ohne dabei ausschließlich gegen diesen zu arbeiten. Konstruktive Zusammenarbeit hilft beiden Seiten.

Nicht jeder Pflichtverstoß ist allerdings ein grober Pflichtverstoß: Er muss objektiv erheblich und offensichtlich schwerwiegend sein. Ist zwischen dem Arbeitgeber und dem Betriebsrat eine schwierige und ungeklärte Rechtsfrage streitig, begeht der Arbeitgeber keinen groben Pflichtenverstoß, wenn er einer der beiden Rechtsansichten folgt, solange sie vertretbar ist. Das gilt auch dann, wenn der Betriebsrat eine andere Rechtsauffassung für zutreffend hält (BAG, Beschluss vom 19. Januar 2010, Az. 1 ABR 55/08).

Mitwirkungsrechte des Betriebsrates

Zu der eher allgemein gehaltenen Pflicht der konstruktiven und vertrauensvollen Zusammenarbeit kommen Hinzuziehungsrechte beim Betriebsrat hinzu. Arbeitnehmer, die sich über Vorgänge im Betrieb sowie den Arbeitsablauf im weiteren Sinne informieren wollen, können hierzu Betriebsratsmitglieder hinzuziehen. Gleiches gilt für allgemeine personelle Maßnahmen, für Einsichtnahme in Personalakten und für Be-

schwerden, siehe §§ 81–84 BetrVG. Bei all diesen Maßnahmen kann der Arbeitnehmer verlangen, dass ein Mitglied des Betriebsrates hinzugezogen wird. Tut er das, ist der Arbeitgeber verpflichtet, diesem Wunsch zu folgen.

Für den Ausspruch von Kündigungen besteht ein Mitbestimmungsrecht des Betriebsrates, siehe § 102 BetrVG. Danach ist der Betriebsrat bei jeder Kündigung zu hören, wobei ihm vonseiten des Arbeitgebers die Gründe für die Kündigung mitzuteilen sind. Eine Kündigung ohne erfolgte Anhörung des Betriebsrates ist unwirksam, siehe § 102 Abs. 1 Satz 3 BetrVG.

Mitwirkungsrecht bedeutet, dass die Kündigung unwirksam ist, wenn der Betriebsrat nicht angehört wird. Ob er zustimmt, ist hingegen nicht Voraussetzung der Wirksamkeit einer ausgesprochenen Kündigung (BAG, Urteil vom 16. September 2004, Az. 2 AZR 511/03).

Anders ist die Fallgestaltung, wenn ein Betriebsratsmitglied außerordentlich gekündigt werden soll. Hier muss der Betriebsrat nach § 103 BetrVG ausdrücklich zustimmen. Stimmt er nicht zu, ist eine dennoch ausgesprochene Kündigung unwirksam.

Bei personellen Einzelmaßnahmen wie Einstellungen, Ein- und Umgruppierung sowie Versetzung hat der Betriebsrat ein Mitbestimmungsrecht. Das bedeutet, dass der Arbeitgeber die Bewerbungsunterlagen vorzulegen, Auskunft über die Person der Bewerber zu geben und die Zustimmung des Betriebsrates einzuholen hat (§ 99 BetrVG). Dies ist mit die stärkste Form der Betriebsratsbeteiligung, da auch das Recht des Betriebsrates vorgesehen ist, die Zustimmung zu verweigern. Das hat zur Folge, dass der Arbeitgeber die personelle Einzelmaßnahme nicht durchführen kann, sondern ein Ersetzungsverfahren beim Arbeitsgericht einleiten muss. Gleiches gilt für vorläufige personelle Maßnahmen, § 100 BetrVG.

Besondere Mitbestimmungsrechte des Betriebsrates

Besondere Mitbestimmungsrechte sind in §§ 87 ff. BetrVG geregelt und betreffen Arbeitsabläufe, Entgelt- und Arbeitszeitgrundsätze, technische Einrichtungen und Ähnliches im Betrieb.

Die Mitbestimmungsangelegenheiten finden ihren Niederschlag in den sogenannten Betriebsvereinbarungen (§ 77 BetrVG). Sie werden zwischen Betriebsrat und Arbeitgeber beschlossen, anschließend schriftlich niedergelegt und beidseitig unterzeichnet. Insbesondere für die Frage der Entgeltgrundsätze, also Gehaltsgruppen, Zuschläge und Ähnliches, ist dies ein wichtiges Betätigungsfeld für den Betriebsrat und von hohem Interesse für die Arbeitnehmer.

Liegt ein Fall des Mitbestimmungsrechtes vor, kann der Betriebsrat den Arbeitgeber zu Verhandlungen zwingen. Verweigert der Arbeitgeber Verhandlungen oder kommt eine Einigung nicht zustande, können sowohl Betriebsrat wie auch Arbeitgeber die Einigungsstelle nach § 76 BetrVG anrufen. In dieser Einigungsstelle finden dann die Verhandlungen zwischen Betriebsrat und Arbeitgeber statt. Soweit sich Arbeitgeber und Betriebsrat auch dort nicht einigen können, ergeht der Spruch der Einigungsstelle, der dann die Einigung zwischen Arbeitgeber und Betriebsrat ersetzt. Ein solcher Spruch ist einer Betriebsvereinbarung gleichgestellt und damit verbindlich, § 76 BetrVG. Will der Arbeitgeber einen solchen Spruch der Einigungsstelle nicht akzeptieren, muss er ihn gerichtlich überprüfen lassen – einfach ignorieren kann er ihn nicht. Für die Fälle der notwendigen Mitbestimmung, insbesondere für die aus § 87 BetrVG, bedeutet dies eine große Gestaltungsfreiheit, aber auch eine große Verantwortung des Betriebsrates.

Für alle Mitwirkungs- wie Mitbestimmungsrechte des Betriebsrates gilt, dass der Arbeitgeber den Betriebsrat zur Wahrnehmung seiner Rechte umfassend und unverzüglich zu unterrichten hat. Vernachlässigt der Arbeitgeber diese Pflicht, besteht für den Betriebsrat wiederum die Möglichkeit, entsprechende Verfahren beim Arbeitsgericht einzuleiten.

Betriebsrat bei Krisen im Betrieb

Ein besonderes Mitwirkungsrecht besteht für den Betriebsrat im Krisenfall. Beabsichtigt der Arbeitgeber, Betriebsänderungen durchzuführen, die wesentliche Nachteile für die Belegschaft nach sich ziehen und gegebenenfalls sogar bis zur Betriebsstilllegung gehen können, muss der Arbeitgeber nach § 111 BetrVG den Betriebsrat rechtzeitig und umfassend unterrichten und diese Änderung mit ihm beraten.

Für diese Fälle der Betriebsänderung haben Arbeitgeber und Betriebsrat die Aufgabe, einen Interessenausgleich über die Abfederung der den Arbeitnehmern entstehenden Nachteile abzuschließen, den sogenannten Sozialplan (§ 112 Abs. 1 BetrVG). Besteht die Betriebsänderung lediglich in der Entlassung von Arbeitnehmern, sieht das Gesetz einen erzwingbaren Sozialplan vor, soweit die Mitarbeiterzahlenwerte aus § 112a BetrVG erreicht sind. Ein Folgeanspruch aus dem Interessenausgleich bzw. Sozialplan kann der Abfindungsanspruch (§ 113 BetrVG) sein, der sogenannte Nachteilsausgleich. Dieser, den jeweiligen Arbeitnehmern zustehende Abfindungsanspruch, ist einer der wenigen gesetzlich geregelten Abfindungsansprüche bei Kündigungen.

Lohn im Verzug und Insolvenz

Geht der Arbeitgeber insolvent, spürt das der Arbeitnehmer: Die Entgeltzahlung kommt später – oder gar nicht. Was tun?

→ **Das Arbeitsverhältnis** ist ein Fixgeschäft. Der Arbeitnehmer erbringt eine Arbeitsleistung und ist hierfür grundsätzlich nach §§ 611, 614 BGB zu vergüten. Diese Vorschrift bestimmt, dass die Vergütung nach Erbringung der Leistung zu zahlen ist. Hieraus entsteht häufig das Problem, dass die Arbeitsleistung schon erbracht ist, wenn der Lohn ausbleibt.

§ 614 BGB bestimmt zwar den Grundsatz „ohne Arbeit kein Lohn" (BAG, Urteil vom 21. März 1958, Az. 1 AZR 555/56), enthält aber auch eine Fälligkeitsregel. Diese findet sich häufig ebenso im Arbeitsvertrag. Zahltag ist in der Regel am Monatsende oder zum 15. des Folgemonats.

Daher gerät der Arbeitgeber automatisch in Verzug, wenn er den Lohn am Ende des jeweiligen Zeitabschnitts – also in der Regel am Ende des Monats – nicht zahlt. Es bedarf dazu keiner besonderen Mahnung des Arbeitnehmers, siehe § 286 Abs. 2 Nr. 1 BGB. Er hat dann grundsätzlich Verzugszinsen zu bezahlen und macht sich gegebenenfalls schadensersatzpflichtig (BAG, Beschluss vom 07. März 2001, Az. GS 1/00).

Maßnahmen für Arbeitnehmer bei Lohn im Verzug

Besteht Lohnzahlungsverzug des Arbeitgebers in nicht unerheblicher Höhe, kann der Arbeitnehmer sein Zurückbehaltungsrecht nach § 273 Abs. 1 BGB ausüben: Da der Lohnanspruch nicht erfüllt wird, kann er seine Arbeitsleistung bis zur vollständigen Lohnzahlung verweigern (BAG, Urteil vom 09. Mai 1996, Az. 2 AZR 387/95).

Voraussetzung ist aber, dass der Rückstand mit der Lohnzahlung weder geringfügig sein noch und eine nur kurzfristige Zahlungsverzögerung vorliegen darf. Die Grenzen sind hier nicht exakt. Als Mindestgrenze muss ein Arbeitnehmer, um nicht selbst Anlass für eine Abmahnung oder Kündigung zu geben, zumindest ein halbes Monatsgehalt sowie eine Verzögerung von mehr als zehn Tagen ansetzen (BAG, Urteil vom 10. November 2011, Az. 6 AZR 583/10).

Gerät der Arbeitgeber mit erheblichen Beträgen in Zahlungsverzug oder ist er mehrfach in der Gehaltszahlung säumig, kann das zum Recht des Arbeitnehmers führen, den Arbeitsvertrag fristlos zu kündi-

gen. Dieses Recht hat er dann, wenn er den Arbeitgeber erfolglos abgemahnt hat und dieser mit mindestens zwei vollständigen Lohnzahlungen im Rückstand ist (BAG, Urteil vom 12. März 2009, Az. 2 AZR 894/07).

Der Arbeitnehmer muss hierbei aber grundsätzlich beachten, dass er den Arbeitgeber nahezu immer vorher abgemahnt haben muss. Diese Abmahnung muss dem Arbeitgeber nachweislich zugehen und eine ausreichende Fristsetzung enthalten. Auf eine solche Abmahnung kann der Arbeitnehmer nur dann verzichten, wenn nicht mehr zu erwarten ist, dass der Arbeitgeber überhaupt zu einem arbeitsvertragskonformen Verhalten zurückkehrt (BAG, Urteil vom 26. Juli 2007, Az. 8 AZR 796/06). Das ist aber eine Ausnahmevorschrift mit sehr engen Voraussetzungen. Aus Sicherheitsgründen sollte der Arbeitnehmer den Arbeitgeber immer abmahnen, um nicht seinerseits Anlass für eine Abmahnung oder gar Kündigung wegen Arbeitsverweigerung zu geben.

Kompensation: Vorschüsse

Eine weitere Möglichkeit, Zahlungsausfälle zumindest dem Grund nach zu vermeiden, kann die Vereinbarung von Vorschusszahlungen im laufenden Monat sein. Das sind Vorauszahlungen des Arbeitgebers auf noch nicht verdienten Lohn (BAG, Urteil vom 11. Februar 1987, Az. 4 AZR 144/86), auf die es dem Gesetz nach keine Ansprüche gibt. Ein Vorschuss setzt also voraus, dass Einigkeit zwischen Arbeitgeber und Arbeitnehmer besteht. Beide Parteien müssen sich darüber einig sein, dass es sich um eine vorschussweise Zahlung handelt, die bei Fälligkeit der Lohnforderung mit dieser Forderung verrechnet wird und werden darf (BAG, Urteil vom 31. März 1960, Az. 5 AZR 441/57).

Ist der Vorschuss ordnungsgemäß vereinbart, ist automatisch dessen Verrechnung bei der nächsten Lohnabrechnung ohne Aufrechnungserklärung möglich. Hierbei muss der Arbeitgeber auch nicht die sogenannten Pfändungsfreigrenzen des § 850k ZPO berücksichtigen (BAG, Urteil vom 13. Dezember 2000, Az. 9 AZR 676/07).

Kompensation: Abschlagszahlung

Von Vorschüssen unterschieden werden Abschlagszahlungen. Das sind Zahlungen auf bereits verdientes, aber noch nicht abgerechnetes Arbeitsentgelt. Sie werden in der Regel vorgenommen bei schwankenden Bezügen, etwa bei Leistungslohn oder bei Provisionsabreden (BAG, Urteil vom 11. Februar 1987, Az. 4 AZR 144/86). Im Unterschied zu Vorschüssen besteht auf Abschlagszahlungen ein Anspruch am Ende des jeweiligen Kalendermonats. Sie sind also im Gegensatz zu Vorschüssen gerichtlich durchsetzbar.

Ausschluss- oder Verfallsfristen

Gerät der Arbeitgeber mit einer Lohnzahlung in den Rückstand, muss der Arbeitnehmer darauf achten, dass nicht etwa vereinbarte Ausschlussfristen greifen und den Zahlungsanspruch verfallen lassen.

Muster

Ausschlussfrist

(1) Alle Ansprüche, die sich aus dem Arbeitsverhältnis ergeben, sind innerhalb von drei Monaten nach ihrer Fälligkeit gegenüber der anderen Vertragspartei schriftlich geltend zu machen. Nach Ablauf dieser Frist sind die Ansprüche verfallen. Dies gilt nicht für Ansprüche nach dem Gesetz zur Regelung eines allgemeinen Mindestlohnes (MiLoG) sowie für Ansprüche, die auf einer vorsätzlich begangenen unerlaubten Handlung beruhen.

(2) Lehnt die Gegenpartei den Anspruch ab oder erklärt sie sich nicht innerhalb von vier Wochen nach der Geltendmachung des Anspruchs, so verfällt dieser, wenn er nicht innerhalb von drei Monaten nach der Ablehnung oder dem Fristablauf gerichtlich geltend gemacht wird.

Viele Arbeitsverträge enthalten sogenannte Ausschluss- oder Verfallsfristen. Diese Fristen sollen beide Parteien des Vertrags anhalten, Ansprüche aus dem Arbeitsvertrag zeitig und zügig geltend zu machen. Wenn bei der Formulierung des Arbeitsvertrags die Anforderungen aus der Rechtsprechung für zulässige Ausschlussfristen gewahrt sind (mindestens drei Monate bei einstufigen und drei Monate + drei Monate bei zweistufigen Ausschlussfristen, BAG, Urteil vom 31. August 2005, Az. 5 AZR 545/04), dann können auch Lohnzahlungsansprüche verfallen, sodass der Arbeitnehmer sie nicht mehr geltend machen kann.

Abmahnung durch Arbeitnehmer

Wenn solche Ausschlussfristen zulässig vereinbart sind, muss der Arbeitnehmer schon aus Eigeninteresse darauf achten, den Arbeitgeber zeitnah abzumahnen. Alternativ sollte er eine Frist zur Zahlung setzen und – bei zweistufigen Ausschlussfristen – bei weiterer Nichtzahlung eine Klage beim Arbeitsgericht einreichen. Die Argumentation, das Arbeitsverhältnis nicht belasten zu wollen, hilft Arbeitnehmern in derartigen Fällen nicht über die Ausschlussfristen hinweg.

Eine Ausnahme besteht für die Fälle, in denen der Arbeitgeber bereits eine entsprechende Lohnabrechnung erteilt hat. Dann geht die Rechtsprechung davon aus, dass die Zahlungsansprüche durch den Arbeitgeber anerkannt worden und Ausschlussfristen nicht mehr anzuwenden sind (BAG, Urteil vom 21. April 1993, Az. 5 AZR 399/92).

Die Insolvenz der Firma

Fällt der Arbeitgeber in die Insolvenz, spürt der Arbeitnehmer die Auswirkungen in aller Regel zunächst an der Entgeltzahlung.

Die Insolvenzordnung (InsO) beinhaltet einige entscheidende Vorschriften:

▸ **Nach § 113 InsO** kann ein vom Gericht bestellter Insolvenzverwalter ein Arbeitsverhältnis einfach kündigen – ohne Rücksicht auf die gesetzliche oder vertragliche Kündigungsfrist und auch ohne Rücksicht auf eine eventuell arbeitsvertraglich ausgeschlossene ordentliche Kündigung.

▸ **Laut § 113 Satz 2 InsO** gilt für diese Kündigung eine besondere Kündigungsfrist, diese beträgt drei Monate zum Monatsende. Allerdings kann der Insolvenzverwalter, wenn die gesetzliche oder arbeitsvertraglich vereinbarte Kündigungsfrist (noch) kürzer sein sollte, auch mit der kürzeren Frist kündigen.

▸ **Mit § 120 InsO** können auch Betriebsvereinbarungen vom Insolvenzverwalter gekündigt werden, auch hierfür gilt eine Frist von drei Monaten.

▸ **Für ein Insolvenzverfahren** gibt es besondere Vorschriften für die Aufstellung von Sozialplänen in den §§ 123, 124 InsO und zum Interessenausgleich und Kündigungsschutz in den §§ 125 und 126 InsO. Gehaltsansprüche, die der Arbeitnehmer zum Zeitpunkt der Eröffnung des Insolvenzverfahrens des Arbeitgebers erworben hatte, sind Masseverbindlichkeiten nach § 55 InsO.

Der Arbeitgeber kann also Schuldenfreiheit erlangen, mit der Folge, dass der Arbeitnehmer ggf. keinen Lohn bekommt.

Anspruch auf Insolvenzgeld

Wichtig sind die Vorschriften der §§ 165 ff. SGB III. Nach § 165 Abs. 1 SGB III haben alle Arbeitnehmer einen Anspruch auf Insolvenzgeld, wenn sie im Inland beschäftigt waren und bei einem Insolvenzereignis für die vorangegangenen drei Monate des Arbeitsverhältnisses noch Ansprüche auf Arbeitsentgelt haben.

Das Insolvenzereignis ist hierbei entweder die Eröffnung des Insolvenzverfahrens oder die Abweisung des Antrags auf Eröffnung des Insolvenzverfahrens oder die vollständige Betriebsstilllegung, wenn ein Antrag auf Eröffnung des Insolvenzverfahrens nicht gestellt wird und ein Insolvenzverfahren mangels Masse gar nicht in Betracht käme, siehe § 165 Abs. 1 Satz 2 SGB III.

Weitere Voraussetzung ist, dass aus den vorangegangenen drei Monaten vor dem Insolvenzereignis noch offene Arbeitsentgeltansprüche bestehen. Nach § 165 Abs. 2 SGB III gehören hierzu alle Ansprüche auf Bezüge aus dem Arbeitsverhältnis, damit also nicht nur der Lohn im eigentlichen Sinn, sondern auch Provisionsansprüche, anteilige Urlaubsgeldansprüche und Ähnliches.

Ein Anspruch auf Insolvenzgeld besteht auch dann, wenn der Arbeitnehmer in Unkenntnis eines Insolvenzereignisses weitergearbeitet oder die Arbeit aufgenommen hat: Hier besteht der Insolvenzgeldanspruch für die dem Tag der Kenntnisnahme vorausgegangenen drei Monate des Arbeitsverhältnisses (§ 165 Abs. 3 SGB III). Dieser Zeitraum ist ein etwas anderer, setzt aber voraus, dass das Arbeitsverhältnis noch besteht. Weitere Voraussetzung ist, dass tatsächliche Arbeitsleistung erbracht wurde.

Regelungen für Insolvenzgeld

Nach § 167 SGB III wird als Insolvenzgeld das Arbeitsentgelt gezahlt, das sich ergibt, wenn das auf die monatliche Beitragsbemessungsgrenze begrenzte Bruttoarbeitsentgelt (SG Kassel, Urteil vom 07. November 2012, Az. S 7 AL 43/12) um die gesetzlichen Abzüge vermindert wird.

Von entscheidender Bedeutung ist für das Insolvenzgeld das Antragsprinzip. Leistungen der sozialen Sicherung, damit auch Leistungen nach dem SGB III, werden grundsätzlich nur auf entsprechenden Antrag des Arbeitnehmers erbracht, siehe § 323 SGB III. Wird ein Antrag nicht gestellt, gibt es keine Leistungen.

Aber nicht nur der Antrag ist entscheidend, sondern auch die Wahrung der gesetzlichen Ausschlussfrist. Nach § 324 Abs. 3 Satz 1 SGB III muss ein Antrag auf Insolvenzgeld innerhalb von zwei Monaten nach dem Insolvenzereignis gestellt werden. Erfolgt das nicht, ist der Anspruch ebenfalls ausgeschlossen.

Eine Ausnahme liegt für den Fall vor, wenn die Versäumung der Frist vom Arbeitnehmer nicht zu vertreten ist, siehe § 324 Abs. 3 Satz 2 SGB III. Der Anspruch auf Insolvenzgeld besteht dann, wenn der Antrag innerhalb von zwei Monaten nach Wegfall des

Hinderungsgrundes gestellt wird. Wird aber auch diese zweite Frist versäumt, verfällt wiederum der Anspruch auf Insolvenzgeld.

Zu beachten ist für Arbeitnehmer zuletzt noch, dass es einen Anspruch auf Vorschuss auf das Insolvenzgeld nach § 168 SGB III gibt. Für den Fall, dass Insolvenzgeld geleistet worden ist, kommt es im Hinblick auf die Ansprüche auf das Arbeitsentgelt zum (teilweisen) Forderungsübergang auf die Agentur für Arbeit, siehe § 169 SGB III.

Der Betriebsübergang

Durch einen Betriebsübergang bekommt der Arbeitnehmer einen neuen Arbeitgeber. Das kann für erhebliche Unruhe im Betrieb und Verunsicherung bei den Arbeitnehmern sorgen.

Erwirbt eine Person oder Rechtsperson durch ein Rechtsgeschäft einen Betrieb oder Betriebsteil, wird das nach § 613a BGB Betriebsübergang genannt. Gesetzliche Folge ist, dass die Arbeitsverhältnisse der betroffenen Arbeitnehmer mit allen Rechten und Pflichten, so wie sie zum Zeitpunkt des Rechtsgeschäfts bestehen, auf den Erwerber übergehen. Die Folgen können gravierend sein und sind oft Gegenstand gerichtlicher Auseinandersetzungen.

Rechtliche Voraussetzungen

Erste Voraussetzung ist, dass ein Betrieb oder Betriebsteil veräußert wird: Die Rechtsprechung versteht hierunter nicht nur eine ganze Firma oder ein Unternehmen. Betriebsteil können auch einzelne Abteilungen sein, sogar einzelne Funktionen und Betriebselemente. Das BAG und der EuGH fragen nicht nach dem funktionalen Begriff, sondern nach der wirtschaftlichen Einheit: übergehen kann nur und muss eine identitätswahrende wirtschaftliche Einheit (BAG, Urteil vom 13. Oktober 2011, Az. 8 AZR 455/10). Diese Rechtsprechung führt zu mangelnder Rechtssicherheit. Es müssen immer alle Umstände des Einzelfalls geprüft werden.

Genauso schwierig greifbar ist der Begriff des Rechtsgeschäfts: Die Rechtsprechung versteht hierunter nicht nur jeden Vertrag des Privatrechts zwischen zwei Personen, sondern auch die Gesamtrechtsnachfolge nach einer Unternehmensumstrukturierung und alle öffentlich-rechtlichen Verträ-

Bei einem erbrechtlichen Übergang auf die Firmengründer-erben liegt kein Betriebsübergang in diesem Sinne vor. Hier findet ein Übergang kraft Gesetzes statt, der aber die gleichen Folgen hat.

ge und neue Auftragsvergabe nach einer Ausschreibung (BAG, Urteil vom 13. Juni 2006, Az. 8 AZR 271/05). Ein Rechtsgeschäft in diesem Sinne liegt nur dann nicht vor, wenn eine Übertragung durch Gesetz stattfindet oder einzelne Aufgaben übergehen.

Rechtliche Folgen

Als Folge des Betriebsübergangs gehen die Arbeitsverhältnisse der Arbeitnehmer auf den Erwerber so über, wie sie zu diesem Zeitpunkt bestanden haben. Das gilt für den gesamten Inhalt: erfasst sind also alle Leistungen, darunter auch gewährte Arbeitgeberdarlehen, Personalrabatte und Ähnliches (BAG, Urteil vom 07. September 2004, Az. 9 AZR 631/03).

Wichtigste Schutzvorschrift für den Arbeitnehmer ist, dass eine Kündigung wegen des Betriebsübergangs verboten ist, siehe § 613a Abs. 4 BGB. Das Gesetz lässt aber eine Kündigung aus anderen Gründen zu: Nach einem Betriebsübergang kann der alte Arbeitgeber aus betrieblichen Gründen kündigen, wenn er seine geschäftlichen Tätigkeiten einstellt.

Eine weitere wichtige Schutzvorschrift für den Arbeitnehmer ist § 613a Abs. 1 S. 2–4 BGB. Gilt für das Arbeitsverhältnis zum Zeit-punkt des Betriebsübergangs ein Tarifvertrag, wird er zum Inhalt des Arbeitsvertrags, auch wenn er im Verhältnis zum neuen Arbeitgeber nicht mehr gelten würde (siehe „Welcher Tarifvertrag …", S. 23). Der neue Arbeitgeber kann diese Rechte auch nicht ohne Weiteres ändern: zunächst bestimmt das Gesetz eine Sperrfrist von einem Jahr. Danach muss sich jede Änderung an den Anforderungen einer zulässigen Änderungskündigung messen lassen (BAG, Urteil vom 06. Dezember 1978, Az. 5 AZR 545/77).

Eine Ausnahme hierzu gibt es nur, wenn der neue Inhaber seinerseits tarifgebunden ist und daher auf das Arbeitsverhältnis ein Tarifvertrag Anwendung findet. Eine weitere Ausnahme lässt das Gesetz zu, wenn der alte Tarifvertrag nicht mehr wirksam ist und beide Parteien, obwohl sie beidseits nicht tarifgebunden sind, die Anwendung eines neuen Tarifvertrags vereinbaren.

Wenn der Arbeitnehmer den Betriebsübergang nicht will

Das Gesetz gibt Arbeitnehmern ein Widerspruchsrecht gegen den Betriebsübergang (§ 613a Abs. 4 BGB). Nutzen sie es, geht ihr Arbeitsverhältnis nicht auf den Erwerber über, sondern bleibt beim alten Arbeitgeber.

Dieses Widerspruchsrecht ist aber an eine Frist gebunden: Der Arbeitnehmer kann, sofern das Unterrichtungsschreiben über den Betriebsübergang den gesetzlichen Anforderungen aus § 613a BGB voll entsprochen hat, nur in der Frist von vier Wochen ab Zugang dieses Schreibens widersprechen. Widerspricht er verspätet, ist der Widerspruch unbeachtlich und der Betriebsübergang vollzieht sich. Die Frist für den Arbeitnehmer läuft jedoch nur, wenn das Unterrichtungsschreiben tatsächlich formell sowie inhaltlich richtig und vollständig war. Angesichts der sehr hohen Anforderungen aus § 613a BGB leiden zahlreiche Unterrichtungsschreiben an Mängeln. In diesem Fall kann der Arbeitnehmer auch nach Ablauf der Frist widersprechen. Eine Grenze setzt die Rechtsprechung aber dann, wenn das Widerspruchsrecht verwirkt ist oder der Arbeitnehmer bei dem neuen Inhaber Dispositionen über sein Arbeitsverhältnis vorgenommen hat, etwa einen Aufhebungsvertrag abgeschlossen oder Ähnliches (BAG, Urteil vom 23. Juli 2009, AZ. 8 AZR 541/08).

Grundsätzlich muss die Ausübung des Widerspruchsrechts aber gut überdacht werden: Dadurch bleibt der Arbeitnehmer zwar beim alten Arbeitgeber – stellt dieser aber seine Geschäftstätigkeit ein oder fällt die Beschäftigungsmöglichkeit weg, muss der Arbeitnehmer mit einer Kündigung rechnen (siehe „Beendigung durch ...", S. 149). Umgekehrt kann sich auf längere Sicht auch durch einen Betriebsübergang die Position des Arbeitnehmers verschlechtern.

Die Abmahnung

Eine Abmahnung wird im Arbeitsrecht häufig als Vorstufe zur Kündigung verstanden. Sie kann allerdings auch für sich selbst stehen.

Gesetzlich angedeutet ist die Abmahnung für das Arbeitsrecht in § 314 Abs. 2 BGB. Dort wird – allerdings tatsächlich als Vorstufe zu einer Kündigung – von einer erfolglosen Abmahnung bzw. einem erfolglosen Abhilfeversuch gesprochen.

Beim Arbeitsverhältnis liegt ein Dauerschuldverhältnis vor, in dessen Rahmen Arbeitgeber wie Arbeitnehmer ihre Missbilligung als allgemeines vertragliches Rügerecht im Rahmen der vertraglichen Leistung zum Ausdruck bringen können (BAG,

Muster

Abmahnung

Sehr geehrte Frau/sehr geehrter Herr
xxx,

Ihnen wird wegen Verstoßes gegen
xxx
eine Abmahnung ausgesprochen.

Begründung:
Gemäß Ihres Arbeitsvertrags vom
xx.xx.xxxx haben Sie nach § Y eine
regelmäßige Arbeitszeit von Montag
bis Freitag, 09:00 Uhr bis 18:00 Uhr.
Am xx.xx.xxxx erschienen Sie erst
um 10:30 Uhr zur Arbeit. Nachvollziehbare Gründe Ihrerseits für die
Verspätung gaben Sie nicht an. Daher sprechen wir Ihnen hiermit eine
Abmahnung aus.

Ihr Verhalten stellt einen Verstoß
gegen Ihre Verpflichtungen aus dem
Arbeitsverhältnis dar. Im Wiederholungsfall müssen Sie mit einer
Kündigung des Arbeitsverhältnisses
rechnen.

Ort, Datum

_____

Unterschrift einer zur Abmahnung
berechtigten Person

Urteil vom 23. Oktober 2008, Az. 2 AZR
163/07).

Eine Abmahnung hat also zwei wesentliche Komponenten: Eine Abmahnung muss
eine Rüge- und eine Warnfunktion beinhalten, nur dann ist es eine Abmahnung und
keine reine Ermahnung (BAG, Urteil vom
27. September 2012, Az. 2 AZR 995/11).

Rüge- und Warnfunktion

Unter der Rügefunktion versteht die Rechtsprechung, dass der Arbeitgeber den Arbeitnehmer in einer für ihn hinreichend deutlich erkennbaren Art und Weise mit einer
Beanstandung konfrontiert, indem er ihn
auf dessen Pflichten aus dem Arbeitsvertrag
hinweist und ihn auf die Verletzung dieser
Pflichten aufmerksam macht (BAG, Urteil
vom 27. November 2008, Az. 2 AZR 675/07).

Warnfunktion bedeutet, dass der Arbeitgeber den Arbeitnehmer für die Zukunft zu
einem vertragsgetreuen Verhalten auffordert und ihm individualrechtliche Konsequenzen für den Fall einer erneuten Pflichtverletzung androht (BAG, Urteil vom
19. April 2012, Az. 2 AZR 258/11).

Die Rechtsprechung geht davon aus, dass
mit einer Kündigung nicht ausdrücklich ge-
droht werden muss. Es muss aber für den
Arbeitnehmer hinreichend deutlich sein,
dass ein weiterer Verstoß nicht mehr hinge-
nommen werden wird. Daher soll es auch
ausreichend sein, wenn eine Korrekturver-
einbarung abgeschlossen wird oder eine
Vereinbarung zwischen den Parteien erar-

beitet wird (BAG, Urteil vom 05. April 2001, Az. 2 AZR 580/99).

Rechtliche Grenzen für eine Abmahnung

Aus den Anforderungen der Rechtsprechung wird deutlich, dass eine Abmahnung nur im Zusammenhang mit dem Arbeitsverhältnis erteilt werden kann. Eine allgemeine Wohlverhaltenspflicht des Arbeitnehmers gibt es nicht, genauso wenig kann der Arbeitgeber eine Abmahnung für tatsächliche oder angebliche Verfehlungen des Arbeitnehmers im privaten Bereich erteilen. Die Abmahnung muss sich also ausdrücklich auf arbeitsvertragliche Verpflichtungen, auf Nebenverpflichtungen aus dem Arbeitsverhältnis oder aber auf Treue- und Rücksichtnahmepflichten aus dem Arbeitsvertrag beziehen.

Nach der Rechtsprechung ist eine Abmahnung empfangsbedürftig und rechtsgeschäftsähnlich, allerdings nicht formbedürftig. Das heißt, dass sie nicht zwingend schriftlich zu erfolgen braucht. Sie muss dem Empfänger aber zugehen und der muss Kenntnis vom Inhalt der Abmahnung haben (BAG, Urteil vom 09. August 1984, Az. 2 AZR 400/83). Schon aus Nachweiszwecken empfiehlt es sich daher, eine Abmahnung schriftlich zu erteilen.

Inhaltlich muss aus der Abmahnung erkennbar sein, was exakt dem Arbeitnehmer vorgeworfen wird. Sie muss sich also inhaltlich an dem orientieren, was der konkrete Arbeitnehmer wissen kann. Wird ihm beispielsweise eine quantitative Minderleistung im Arbeitsverhältnis vorgeworfen, muss sowohl das durchschnittliche Arbeitsvolumen, das erreicht werden sollte, angegeben werden als auch der Minderungsgrad, der das Verhalten des Arbeitnehmers bedingt (BAG, Urteil vom 27. November 2008, Az. 2 AZR 675/07). Gleiches gilt etwa für das Nichteinhalten der Arbeitszeiten.

Checkliste

Gründe für eine Abmahnung

Sie kann für jeglichen Pflichtenverstoß erteilt werden, eine Bagatellgrenze gibt es nicht. Einer Abmahnung grundsätzlich würdig ist etwa:

- ☐ **Zuspätkommen**

- ☐ **Schlampiges** Arbeiten

- ☐ **Schlechte** Arbeitsqualität

- ☐ **Verlassen** des Arbeitsplatzes ohne Abmeldung

- ☐ **Verspätetes** Einreichen einer Arbeitsunfähigkeitsbescheinigung

- ☐ **Bestehlen** des Arbeitgebers

Für die Abmahnung gilt auch, dass eine solche nur erteilt werden kann, wenn es sich um ein steuerbares, also beeinflussbares Verhalten des Arbeitnehmers handelt. Eine Pflichtverletzung kann dem Arbeitnehmer ja nur vorgeworfen werden, wenn er seine Handlungsweise beeinflussen und ändern kann. Kann er das nicht, liegt kein Pflichtenverstoß vor – und dann kann mangels vorwerfbarem Verhalten auch keine Abmahnung erteilt werden (BAG, Urteil vom 03. November 2011, Az. 2 AZR 748/10).

Was tun gegen die Abmahnung?

Fühlt sich der Arbeitnehmer durch die Abmahnung ungerecht behandelt, lässt die Rechtsprechung eine Klage auf Entfernung der Abmahnung aus der Personalakte zu. Der Arbeitnehmer kann also Klage einreichen, er muss es aber nicht.

Eine Klage auf Entfernung der Abmahnung aus der Personalakte ist dann begründet, wenn die Abmahnung unrichtige, das berufliche Fortkommen eines Arbeitnehmers berührende Tatsachenbehauptungen enthält (BAG, Urteil vom 27. November 1985, Az. 5 AZR 101/84). Die Beweislast dafür, dass die in der Abmahnung enthaltenen Vorwürfe zutreffend sind, trägt im Prozess der Arbeitgeber (BAG, Urteil vom 26. Januar 1994, Az. 7 AZR 640/92). Dieser muss also beweisen, dass die Vorwürfe in der Abmahnung zutreffend und inhaltlich so konkret gefasst sind, dass sowohl die Rüge als auch die Warnfunktion erfüllt sind.

Problematisch wird ein Prozess für den Arbeitgeber, wenn in einem Abmahnungsschreiben mehrere Pflichtverstöße enthalten sind und hierauf die Abmahnung gestützt wird. Stellt sich im darauffolgenden Prozess nämlich heraus, dass von diesen Pflichtverletzungen nur einige zutreffend sind – aber nicht alle –, dann muss das Abmahnungsschreiben vollständig aus der Personalakte entfernt werden. Der Arbeitgeber kann sich für diesen Fall nicht darauf berufen, dass die Abmahnung „teilweise" aufrechterhalten bleiben kann (BAG, Urteil vom 13. März 1991, Az. 5 AZR 133/90).

Jedoch ist der Arbeitgeber dann nicht gehindert, die tatsächlich erwiesenen Vorwürfe nochmals abzumahnen, soweit diese nicht länger als ein Jahr zurückliegen. Ist hingegen in der Zwischenzeit mehr als ein Jahr vergangen, kann sich der Arbeitnehmer mit dem Argument der Verwirkung gegen eine solche erneute Abmahnung wehren.

Entgegen der früheren Rechtsprechung des BAG gibt es kein klageweise durchzusetzendes Recht auf Entfernung einer lange zurückliegenden Abmahnung aus der Personalakte mehr. Der Arbeitnehmer hat bei einer Abmahnung älteren Datums aber eine andere Möglichkeit: Diese kann dann aus der Personalakte entfernt werden, wenn sie zwar auf einer richtigen Sachverhaltsdarstellung beruht, sich im Rahmen einer Interessenabwägung im Einzelfall aber ergibt, dass die weitere Aufbewahrung zu unzu-

Der Weg durch die Instanzen

Arbeitnehmer und Arbeitgeber streiten sich.
Eine Partei klagt, die andere wird zum Beklagten.
Der Fall kommt vor das Arbeitsgericht.

Berufung
Beide Parteien haben einen Monat
Zeit, Berufung einzulegen.

Revision
Das BAG ermittelt selbst nicht. Es prüft
lediglich, ob Verfahren und Rechtsanwen-
dung richtig waren.

ANWALTSPFLICHT

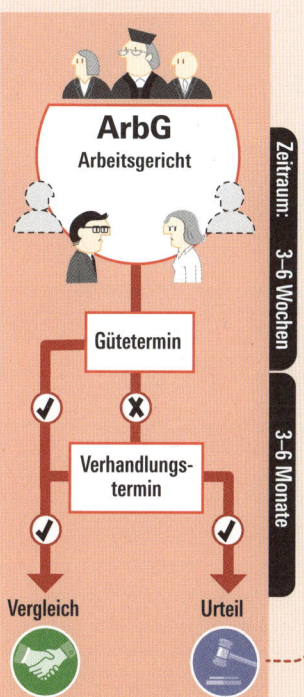

ArbG
Arbeitsgericht

Zeitraum: 3–6 Wochen | 3–6 Monate

Gütetermin

Verhandlungs-
termin

Vergleich — Urteil

Kosten

nach
Vereinbarung | Verteilung durch
Gericht, Anwalts-
kosten jeder selbst

LAG
Landesarbeitsgericht

evtl. Beweis-
aufnahme mit
Zeugen und
Sachverständigen

Zeitraum: 2–4 Monate

Verhandlungs-
termin

Vergleich — Urteil

Kosten

nach
Vereinbarung | unterliegende
Partei

BAG
Bundesarbeitsgericht

Zeitraum: mindestens 7–24 Monate

Verhandlungs-
termin

Vergleich — Urteil

Kosten

nach
Vereinbarung | unterliegende
Partei

EuGH
Europäischer
Gerichtshof

Bei Auslegungsfragen zum EU-Recht
kann bzw. muss jede Instanz ihren
Fall dem EuGH vorlegen. Dessen
anschließendes Urteil ist bindend.

EGMR
Europ. Gerichtshof
für Menschen-
rechte

Zurückverweisung
ans LAG (etwa weil weitere Sachverhaltsaufklärung oder Beweisaufnahme notwendig)

Individualbeschwerde
spätestens sechs Monate nach BAG-Urteil

136

Arbeitnehmer	Arbeitgeber

Fall: Arbeitnehmer M. Böttcher erhält plötzlich eine Abmahnung wegen „wiederholter morgendlicher Verspätungen" beim Arbeitsantritt. Sein Arbeitgeber droht in dem Schreiben für den Fall einer nochmaligen Verspätung „arbeitsrechtliche Konsequenzen" an.

Arbeitnehmer	Arbeitgeber
1 Arbeitnehmer schreibt Gegendarstellung: Er habe die mündliche Genehmigung seines direkten Vorgesetzten für einen späteren Arbeitsbeginn an jedem Montag; er fordert den Arbeitgeber zur Rücknahme der Abmahnung auf. Außerdem sei die letzte Verspätung schon einen Monat her, die Abmahnung daher verspätet. (Anspruchsgrundlage das Verlangen nach Entfernung: §§ 1004, 242 BGB)	**2** Arbeitgeber weigert sich und weist darauf hin, dass besagter Vorgesetzter eine solche Genehmigung bestreite und zu einer solchen Genehmigung auch nicht befugt sei. Für die Erteilung einer Abmahnung gebe es außerdem keine Frist. (BAG, Urteil vom 15. Januar 1986, Az. 5 AZR 70/84)
3 ... will das Arbeitsverhältnis ohnehin gern beenden und den Arbeitgeber provozieren. Deshalb erhebt er Klage auf Rücknahme der Abmahnung und Entfernung aus der Personalakte. Die Abmahnung sei schon formal unwirksam, da die behaupteten Vertragsverstöße durch den Arbeitgeber nicht ausreichend individualisiert seien.	**4** ... spricht vorsorglich eine weitere Abmahnung wegen der gleichen Angelegenheit aus, in der er die Zeiten der jeweiligen Verspätungen mit Datum und Uhrzeit der Ankunft konkretisiert. (BAG, Urteil vom 15. Januar 1986, Az. 5 AZR 70/84)
5 ... erweitert seine Klage auch gegen die zweite Abmahnung und behauptet zudem, die Abmahnungen würden die Rechtsfolgen einer erneuten Verspätung nicht ausreichend bezeichnen und daher der Warnfunktion nicht genügen.	**6** ... verteidigt sich damit, dass es ausreiche, wenn der Arbeitgeber im Text der Abmahnung zum Ausdruck bringe, dass er im Wiederholungsfall das Arbeitsverhältnis nicht fortsetzen werde. Die Androhung „arbeitsrechtlicher Konsequenzen" kann eine hinreichende Warnung vor einer Bestandsgefährdung des Arbeitsverhältnisses sein. (BAG, Urteil vom 19. April 2012, Az. 2 AZR 258/11)

Ausgang: Beide Abmahnungen sind vor dem ArbG unter anderem wegen formeller Mängel unwirksam. Aus der formellen Unwirksamkeit einer Abmahnung kann Arbeitnehmer Böttcher aber nicht entnehmen, dass der Arbeitgeber das abgemahnte Verhalten toleriere. Böttcher bleibt gewarnt, auch wenn die Abmahnung an einem Formfehler leidet. (BAG, Urteil vom 19. Februar 2009, Az. 2 AZR 603/07)

mutbaren beruflichen Nachteilen für den Arbeitnehmer führen könnte, obwohl der beurkundete Vorgang für das Arbeitsverhältnis selbst rechtlich (mittlerweile) bedeutungslos geworden ist (BAG, Urteil vom 19. Juli 2012, Az. 2 AZR 782/11).

Außergerichtliche Möglichkeiten

Will der Arbeitnehmer nicht vor Gericht gegen die Abmahnung vorgehen, kann er seinen Arbeitgeber auch im außergerichtlichen Stadium auffordern, die Abmahnung zurückzunehmen und aus der Personalakte zu entfernen. Kommt der Arbeitgeber dem nicht nach, hat der Arbeitnehmer zumindest einen Anspruch darauf, dass sein Aufforderungsschreiben als Gegendarstellung in die Personalakte aufgenommen wird, sodass sich aus der Personalakte der „Widerspruch" des Arbeitnehmers gegen die Abmahnung dokumentiert (BAG, Urteil vom 14. September 1994, Az. 5 AZR 632/93).

Mobbing und Bossing

Mobbing und Bossing sind keine gesetzlich definierten Begriffe. Das Bundesarbeitsgericht greift zur Definition regelmäßig auf § 3 Abs. 3 AGG zurück.

Nach dem AGG beschreibt der Begriff „Mobbing" unerwünschte Verhaltensweisen, die die Würde der betreffenden Person verletzen und ein von Einschüchterungen, Anfeindungen, Erniedrigungen, Entwürdigung oder Beleidigungen gekennzeichnetes Umfeld schaffen (BAG Urteil vom 25. Oktober 2007, Az. 8 AZR 593/06). „Bossing" beschreibt eine Sonderform des Mobbings, die vom Vorgesetzten oder dem Arbeitgeber selbst ausgeht. Vor dem Gesetz wird aber auch nicht gesondert zwischen Mobbing und Bossing unterschieden.

Gegenmaßnahmen

Der Rechtsschutz im Bereich Mobbing ist unzureichend – im Ergebnis läuft es auf eine Rechtsverweigerung hinaus. Dies hat rechtliche Gründe wie ein unzureichender Opferschutz oder fehlende effektive Instrumente zur Rechtsdurchsetzung. Daneben sind auch tatsächliche Gründe maßgebend: Arbeitnehmer gehen häufig erst zum Anwalt, wenn sie schon krank und zermürbt sind. Dann ist eine Tätigkeit des Anwalts aber regelmäßig auf die Durchsetzung von Schadensersatz- und Schmerzensgeldansprüche beschränkt, während die eigentlich einzig sinnvolle Prävention nicht mehr möglich ist.

Gegen den Mobber kommen folgende Sanktionen, die auch parallel betrieben werden können, in Betracht:

- **Strafanzeigen,** soweit Strafgesetze verletzt werden (Körperverletzung, Beleidigung, Nötigung, üble Nachrede, Sachbeschädigung, Datenveränderung)
- **Unterlassungsansprüche**
- **Widerruf** ehrverletzender Äußerungen
- **Schadensersatz-** und Schmerzensgeldansprüche

Gegen den Arbeitgeber kommt in Betracht:

- **Ansprüche gegen** den Arbeitgeber auf aktives Vorgehen gegen den Mobber (Abmahnung, Versetzung, Kündigung)
- **Unterlassung,** soweit der Arbeitgeber selbst der Mobber ist oder Mobbing aktiv fördert
- **Widerruf** ehrverletzender Äußerungen
- **Schadensersatz-** und Schmerzensgeldansprüche
- **Fristlose** Kündigung und Geltendmachung von Schadensersatzansprüchen (entgangene Abfindung)

Für die Ansprüche wegen Mobbing, die nicht auf eine Diskriminierung gestützt werden, läuft keine Frist.

Mobbing mit Diskriminierung

Soweit das Mobbing / Bossing auch diskriminierende Elemente enthält, können zudem Ansprüche nach dem Allgemeinen Gleichbehandlungsgesetz (AGG) geltend gemacht werden. Dies muss allerdings innerhalb der kurzen Frist von zwei Monaten gemäß § 15 Abs. 4 AGG schriftlich geschehen. Die Frist beginnt spätestens mit der letzten Diskriminierungshandlung.

Checkliste

Mobbingprotokoll

Ein Mobbingprotokoll muss keinem strengen Muster folgen, sollte aber die folgenden Punkte beinhalten:

- ☐ **Ort,** Datum und Uhrzeit
- ☐ **Beschreibung** der Mobbinghandlung
- ☐ **Täter,** evtl. Mittäter
- ☐ **Mögliche** Zeugen
- ☐ **Eigene** Empfindung / Reaktion / Gegenmaßnahme
- ☐ **Gesundheitliche** Folgen der Mobbinghandlung
- ☐ **Tage,** an denen keine Mobbinghandlungen stattfanden

Praxis und Beweispflicht

In der Praxis scheitern die Ansprüche häufig daran, dass der Arbeitnehmer das Mobbing nicht ausreichend belegen kann. Hierfür ist zwingend die Führung eines Mobbingprotokolls über einen längeren Zeitraum notwendig.

Arbeitnehmer, die in eine Mobbingsituation geraten, sollten so früh wie möglich professionelle Hilfe in Anspruch nehmen. Das ist nicht in erster Linie der Anwalt. In einem frühen Stadium kann dem Mobbing häufig präventiv begegnet werden.

Hierfür ist eine psychologische Hilfestellung wichtig:

▶ **Wie gehe ich** mit dem Mobber, den Arbeitskollegen und dem Vorgesetzten um?

▶ **Welche Rolle** habe ich selbst als Opfer?

▶ **Welche Fehler** habe ich gemacht und wie kann ich diese künftig vermeiden?

Erste Anlaufstelle sind hier der Betriebsrat und die außerbetrieblichen Opferverbände. In manchen Firmen gibt es auch ein geregeltes Verfahren im Fall von Mobbing.

Neuanfang oder Kampf

Bevor man einen Mobbingvorwurf öffentlich macht, sollte man immer auch die Folgen für die eigene Rolle bedenken. Man gerät damit automatisch in die Opferrolle – und die Gesellschaft ist Opfern gegenüber leider oft relativ intolerant. In den Unter-

30
SEKUNDEN FAKTEN

5 %
aller Männer und Frauen erfahren Mobbing am Arbeitsplatz.

ZWEI DRITTEL
der Mobbinghandlungen finden mehrmals in der Woche statt.

35 %
der Handlungen dauern unter 6 Monate, 25 % über ein Jahr.

44 %
der Betroffenen erkrankten deswegen – die Hälfte davon länger als 6 Wochen. 31 % wechselten den Arbeitsplatz im Betrieb.

Quellen: Europäische Erhebung über die Arbeitsbedingungen (EWCS) (2010); Meschkutat, B.; Stackelbeck, M.; Langenhoff, G.: Der Mobbing-Report (2002)

nehmen sieht dies nicht anders aus. Für das persönliche und berufliche Fortkommen kann es bei ersten Anzeichen von Mobbing daher sinnvoll sein, aktiv den Arbeitgeber zu wechseln. Man hat dann die Chance, anderswo noch einmal unbelastet von vorn zu beginnen und kann gleichzeitig eventuelle eigene Fehler korrigieren.

Den Kampf aufnehmen hingegen ist schwer: Sind Geschehnisse und Vorwürfe noch jung, sieht die Beweislage entsprechend mager aus. Besteht das Mobbing schon länger, sind die Opfer meist psychisch derart zerrüttet, dass sie der Belastung, die mit einer Rechtsverfolgung einhergeht, in der Regel überhaupt nicht gewachsen sind. Vielen Arbeitsrechtlern sind Mobbingopfer deshalb ein Graus: „Wenig Beweise oder instabiler Mandant, Fall bleibt vermutlich auf halber Strecke liegen und bringt nichts.“

Ausblick: Der Staat in der Pflicht

Die Ansprüche von Mobbingopfern sind theoretisch sehr weitreichend. Die Ottawa-Charta der WHO vom 21. November 1986 zur Gesundheitsförderung und insbesondere auch die Präambel der „Luxemburger Deklaration zur betrieblichen Gesundheitsförderung in der Europäischen Union" von 1997 zielen auf eine aktive betriebliche Gesundheitsförderung. Prävention statt Reparation ist das Gebot.

Der Staat ist im Rahmen des Justizgewährungsanspruchs verpflichtet, seine Bürger zu schützen. Dabei darf das Recht nicht lediglich auf dem Papier bestehen, sondern muss effektiv vor Gericht durchsetzbar sein. Eine auch nur ansatzweise Verwirklichung durch den deutschen Gesetzgeber steht bislang allerdings aus.

❝❝ Es gibt kaum Statistiken zu den entstandenen Schäden bei Opfern durch Mobbing. Vermutlich sind sie enorm.

Ebenfalls ist der Staat verpflichtet, finanzielle Ressourcen zu schonen. Mobbingopfer aber gehen dem Arbeitsmarkt zum weitaus überwiegenden Teil dauerhaft verloren. Sie werden irgendwann krank und verschwinden ebenso geräuschlos wie langfristig vom Arbeitsmarkt in die sozialen Sicherungssysteme. Der dadurch entstehende volkswirtschaftliche Schaden ist sehr hoch.

Zu den entstandenen Schäden bei den Opfern existieren keine wirklich überzeugenden Statistiken. Aus Beobachtungen in der Praxis lässt sich vermuten, dass diese enorm sind. Viele Betroffene finden aus der Mobbingopferrolle ihr Leben lang nicht mehr heraus und in den Arbeitsmarkt nicht mehr hinein.

Sexuelle Belästigung am Arbeitsplatz

Sexuelle Belästigung ist arbeitsrechtlich ein hochkomplexes Thema, in dem sich Leid und Scham der Opfer, harte Konsequenzen für Täter – und leider auch falsche Vorwürfe mischen.

Wer sich sexuelle Belästigung am Arbeitsplatz zuschulden kommen lässt, muss selbstverständlich mindestens mit arbeitsrechtlichen Konsequenzen rechnen. Um den Täter in die Verantwortung nehmen zu können, muss sich das Opfer sexueller Belästigung aber dem Arbeitgeber anvertrauen. Für Opfer sexueller Gewalt ist das zum Teil nicht leicht, aus Scham oder bspw. aus Angst, ihr Wort stünde dann gegen das des beliebten Kollegen. Der Arbeitgeber ist in diesen Fällen aber darauf angewiesen, dass sich das Opfer offenbart.

Vollkommen klar für die Täter ist, dass sexuelle Belästigungen zu Abmahnungen und Kündigungen (ordentlich und außerordentlich) führen können, ja führen müssen.

→ Klare Fälle

Fasst ein Arbeitnehmer einer Auszubildenden an die Brüste, nachdem er sie gefragt hat, ob diese echt sind, wird er berechtigt gekündigt (LAG Niedersachsen, Urteil vom 06. Dezember 2013, Az. 6 Sa 391/13).

Setzt sich ein städtischer Mitarbeiter eine schwarze Perücke auf, zieht sich ein rotes Kleid an und entblößt sich dann in exhibitionistischer Weise am Fenster des Rathauses, ist auch das Grund für eine fristlose Kündigung (BAG, Urteil vom 05. Juni 2008, Az. 2 AZR 234/07).

Schwieriger wird es in Fällen, in denen kein Handeln vorliegt, sondern „nur" Äußerungen oder Verdachtsmomente. Eine an Kollegen verteilte Sammlung von „Witzen" mit u. a. frauenverachtenden Inhalten rechtfertigte eine fristlose Kündigung (LAG Köln, Urteil vom 14. Dezember 1998, Az. 12 Sa 896/98). Der durch Ermittlungen der Staatsanwaltschaft entstandene, erhärtete Verdacht gegenüber einem Kindergartenleiter, im Besitz kinderpornografischer Dateien zu sein, rechtfertigt ebenfalls eine fristlose Kündigung – sogar vor der strafrechtlichen Verurteilung (ArbG Braunschweig, Urteil vom 22. Januar 1999, Az. 3 Ca 370/98).

In all diesen Fällen wird der Arbeitgeber durch das Opfer selbst oder durch Dritte von einer tatsächlichen oder auch vermutlichen Verfehlung in Kenntnis gesetzt.

Falsche Anschuldigungen

Leider existieren auch Fälle von Falschinformation. Diese schaden doppelt: Durch sie werden Unschuldige stigmatisiert, schlimmstenfalls bestraft, gleichzeitig wird die Glaubwürdigkeit tatsächlicher Opfer sexueller Gewalt untergraben.

Für viel Aufsehen sorgte der Justizirrtum um Horst Arnold, ein tatsächlich unzutreffender Vergewaltigungsvorwurf im Schuldienst des Landes Hessen. Dem ursprünglichen Prozess im Jahr 2002 folgten Kündigung und eine fünfjährige Haftstrafe. Erst nach der Freilassung wurde in einem weiteren Prozess 2011 die erwiesene Unschuld festgestellt. Hier war die Bezichtigung des „Opfers" buchstäblich Waffe.

Konfrontation durch Arbeitgeber

Was aber, wenn der Arbeitgeber selbst einen Arbeitnehmer mit derartigen – vermeintlichen oder tatsächlichen – Vorwürfen konfrontiert und ihn drängt, aus dem Betrieb auszuscheiden (siehe „Maßnahmen gegen Finten ...", S. 159)? Eventuell wird er versuchen, seinen Arbeitnehmer zum Abschluss eines Aufhebungsvertrags oder zum Ausspruch einer Eigenkündigung zu bewegen.

Unterschreibt der Arbeitnehmer unter dem Druck einer solchen Situation den Aufhebungsvertrag oder die Eigenkündigung, mag in den nächsten Tagen ein Sinneswandel bei ihm einsetzen. Er wird versuchen, sich von den Folgen seiner unerwünschten Erklärung zu lösen. Eine Kündigung ist allerdings eine einseitige empfangsbedürftige Willenserklärung – ist sie in der Welt, und ist sie zugegangen, ist ein Widerruf nicht mehr möglich (siehe „Ordentliche Kündigung", S. 150). Die ausgesprochene Kündigung ist wirksam und beendet das Arbeitsverhältnis.

Beim Aufhebungsvertrag hingegen ist die Anfechtung möglich. Ist sie wirksam, beseitigt sie den Aufhebungsvertrag. Wegen widerrechtlicher Drohungen kann so ein Vertrag angefochten werden, wenn sich feststellen lässt, dass ein Arbeitgeber eine außerordentliche Kündigung nicht ernsthaft in Erwägung ziehen durfte. Allerdings ist dafür nicht nur der tatsächliche Wissensstand des Arbeitgebers heranzuziehen, sondern auch die Ergebnisse weiterer Ermittlungen, die ein verständiger Arbeitgeber zur Aufklärung des Sachverhalts angestellt hätte (BAG, Urteil vom 21. März 1996, Az. 2 AZR 543/95).

Die Hürden sind hier aber durchaus hoch. Hat der Arbeitgeber tatsächlich alle ihm zumutbaren Ermittlungen durch Anhörung und weitere Sachverhaltsaufklärung angestellt, droht er nicht widerrechtlich. Ein solcher Aufhebungsvertrag würde also Bestand haben.

Versucht der Arbeitgeber aber mit einem solchen Manöver, den Arbeitnehmer ins Bockshorn zu jagen, wird er nicht erfolgreich sein. Die Anfechtung eines solchen Aufhebungsvertrags dürfte gelingen.

Das zweite Ich im Internet

Während der Gesetzgeber schläft und die Rechtsprechung erfolglos versucht, der Mobbingproblematik Herr zu werden, müht sich die Praxis bereits mit neueren Phänomenen.

Während der Shitstorm, ein Sturm der Entrüstung im Internet, meist eher die Firma oder Marke betrifft, richten sich Cyber- und Internet-Mobbing sowie Cyber-Bullying und -Stalking an echte Personen. Diese werden öffentlich im Internet in Chatrooms und sozialen Netzwerken, aber auch privat über das Handy und bei Instant Messengern, diffamiert, belästigt, bedrängt oder genötigt. Im Extremfall werden den Opfern ihre (virtuellen) Identitäten gestohlen.

Bereits 2011 kam eine Studie der Universität Münster zu dem Ergebnis, dass jeder dritte Jugendliche bereits einmal Opfer solcher Aktivitäten wurde. Hinzu kommt die extreme Selbstentblößung heutiger Jugendlicher – künftiger Arbeitnehmer – im Internet. Die Spuren im Internet lassen sich bislang durch die Betroffenen kaum verwischen oder löschen. Bestrebungen um ein „Recht auf Vergessenwerden" gehen zwar langsam voran, Sperren und Verbote lassen sich im globalen Netz jedoch oft leicht umgehen. Die Verbreitung von Links und Bildern kann kaum kontrolliert werden.

Die arbeitsrechtlichen Probleme, beginnend mit Recherchen des Arbeitgebers im Internet vor der Einstellung über Vorfälle im laufenden Arbeitsverhältnis bis hin zur Konstruktion von Kündigungsgründen, sind in diesem Zusammenhang leider noch völlig ungelöst.

Eigendarstellung im Internet

Die Situation ist abstrus: Der Arbeitgeber darf im Bewerbungsgespräch nicht nach der Schwangerschaft oder einer Schwerbehinderung fragen. Im Internet kann er aber oft mühelos erforschen, welche Parteien der Bewerber wählt, welchen Sport er ausübt und welche Internetseiten er besucht.

Für Arbeitgeber bietet das Internet große Chancen, Arbeitnehmer vor der Einstellung auszuforschen, während des Beschäftigungsverhältnisses zu überwachen und im Fall eines Beendigungswunsches nach Kündigungsgründen zu suchen.

Für Arbeitnehmer ist das Internet ein Minenfeld. Wer sich hier offen verhalten will, muss mit einem gewissen Risiko leben. Da offline zu bleiben heutzutage für viele keine zukunftsfähige Lösung mehr ist, sollte man zumindest seine Einstellungen im Bereich der Privatsphäre verstärkt im Blick behalten und immer wieder kontrollieren.

Die Beendigung des Arbeits- verhältnisses

Arbeitsverhältnisse können auf unterschiedliche Weise beendet werden. Selbst wenn die Beendigung einvernehmlich erfolgt, sind wichtige Formalien zu beachten. Will man sich gegen eine Beendigung zur Wehr setzen, laufen wichtige Fristen.

Sind sich Arbeitgeber und Arbeitnehmer über die Beendigung einig, ist der Fall einfach – könnte man meinen. Aber auch hier lauern nicht nur Fristen, sondern auch Fallstricke für beide Parteien.

Was ist bei einem Aufhebungsvertrag zu beachten?

Soll ein solcher Vertrag geschlossen werden, und will der Arbeitnehmer im Anschluss Arbeitslosengeld beziehen, ist diese Variante für ihn riskant. Er riskiert zum einen eine Sperrzeit wegen der Mitwirkung an der Herbeiführung der Arbeitslosigkeit gemäß § 159 Abs. 1 Nr. 1 SGB III. Der Arbeitnehmer bekommt dann insgesamt zwölf Wochen kein Arbeitslosengeld. Zum anderen kommt hinzu, dass der Arbeitnehmer nach Ablauf eines Monats innerhalb der Sperrzeit auch nicht mehr krankenversichert ist.

Der Verhängung einer Sperrzeit kann der Arbeitnehmer nur dann entgehen, wenn er für den Abschluss des Aufhebungsvertrags einen wichtigen Grund hatte. Ein solcher Grund kann beispielsweise sein, dass das Unternehmen dem Arbeitnehmer ansonsten betriebsbedingt oder wegen einer lang andauernden Erkrankung gekündigt hätte. Dies muss der Arbeitnehmer beweisen, was in der Praxis im Nachhinein häufig sehr schwierig ist. Zudem dauern Prozesse wegen rechtswidrig verhängter Sperrzeiten vor den Sozialgerichten viele Jahre. Der Arbeitnehmer erhält das Geld dann unter Umständen erst, wenn er es gar nicht mehr braucht – oder die private Schuld etwa durch Überziehungszinsen schon viel höher ist.

Wird die Kündigungsfrist im Aufhebungsvertrag nicht eingehalten, führt dies zusätzlich zur Sperrzeit zu einer teilweisen Anrechnung der Abfindung auf das Arbeitslosengeld.

Alternativen zum Aufhebungsvertrag

Um diese Folgen zu vermeiden, werden allgemein verschiedene Methoden empfohlen – so zum Beispiel, dass der Arbeitgeber zunächst kündigt und dann im Anschluss statt eines Aufhebungs- ein sogenannter Abwicklungsvertrag geschlossen wird, der die Folgen der Kündigung wie Abfindung usw. regelt.

Es gibt aber nur eine wirklich sichere Variante: Der Arbeitgeber kündigt zunächst, der Arbeitnehmer erhebt innerhalb von drei Wochen Kündigungsschutzklage und beide Seiten schließen den angedachten Aufhebungsvertrag als Vergleich vor Gericht. Wird hier dann auch noch die Kündi-

gungsfrist eingehalten, braucht man sich als Arbeitnehmer vor Nachteilen beim Bezug von Arbeitslosengeld nicht zu fürchten. Die Arbeitsagenturen sind angewiesen, in den Fällen gerichtlicher Vergleiche grundsätzlich keine Sperrzeit zu verhängen.

Verhandlung beim Aufhebungsvertrag

Bei Verhandlungen zum Abschluss eines Aufhebungsvertrags wird seitens der Arbeitgeber oft starker zeitlicher Druck ausgeübt. Sie drohen insbesondere mit dem Ausspruch einer Kündigung. Arbeitnehmer sollten sich hiervon nicht beeindrucken lassen: In der Praxis ist es sehr selten, dass nach Ausspruch einer Kündigung und anschließender Kündigungsschutzklage vor Gericht ein Vergleich zu schlechteren Konditionen geschlossen wird, als der ursprünglich angebotene Aufhebungsvertrag diese vorsah. Regelmäßig sind die Konditionen deutlich besser.

Arbeitgeber argumentieren häufig mit ganz sicheren Varianten und völliger Unbegründetheit der Sorge wegen einer Sperrzeit. In diesen Fällen empfiehlt es sich für den Arbeitnehmer, in der Aufhebungsvereinbarung dem Arbeitgeber das Risiko einer Sperrzeit aufzuerlegen.

Im Aufhebungsvertrag sollte man grundsätzlich alle wechselseitigen Ansprüche abschließend regeln. Insbesondere auch der Inhalt eines Zeugnisses sollte fest vereinbart werden. Vor Abschluss des Aufhebungsver-

Muster

Aufhebungsvereinbarung

Zwischen der xxx

- Arbeitgeber/-in -

und

Herrn/Frau: _____

geboren am: _____

wohnhaft in: _____

- Arbeitnehmer/-in -

wird folgende Aufhebungsvereinbarung geschlossen:

1. Die Parteien sind sich darüber einig, dass das zwischen ihnen bestehende Arbeitsverhältnis aufgrund arbeitgeberseitiger, ordentlicher, fristgerechter Kündigung aus betriebsbedingten Gründen vom xxx zum xxx beendet worden ist.

2. Der Arbeitgeber zahlt an den Arbeitnehmer für den Verlust des Arbeitsplatzes eine Abfindung gemäß §§ 9, 10 KSchG in Höhe von xxx brutto.

3. Der Arbeitgeber erteilt dem Arbeitnehmer ein wohlwollendes qualifiziertes Arbeitszeugnis mit der Note gut.

Der Arbeitnehmer wird dem Arbeitgeber ein von ihm formuliertes Zeugnis vorlegen. Der Arbeitgeber verpflichtet sich, von dem Text nur bei Vorliegen wichtiger Gründe abzuweichen.

4. Der Arbeitgeber stellt den Arbeitnehmer mit sofortiger Wirkung unwiderruflich und unter Anrechnung etwaiger Ansprüche auf Resturlaub oder Überstundenvergütung bis zum Ablauf der Kündigungsfrist frei.

5. Die Parteien sind sich darüber einig, dass der dem Arbeitnehmer zustehende Urlaub in natura gewährt wurde.

6. Der Arbeitgeber wird das Arbeitsverhältnis, soweit noch nicht geschehen, ordnungsgemäß zum xxx abrechnen und die sich ergebenden weiteren Vergütungen an den Arbeitnehmer auszahlen.

7. Mit der Erfüllung dieser Aufhebungsvereinbarung sind sämtliche gegenseitigen Ansprüche aus dem Arbeitsverhältnis und aus Anlass seiner Beendigung – gleichwohl ob bekannt oder unbekannt – erledigt.

trages hat der Arbeitnehmer noch alle Trümpfe in der Hand. Nach Vertragsabschluss ist es sehr schwierig, Verbesserungen beim Zeugnis gerichtlich durchzusetzen (siehe „Anspruch und ...", S. 167).

Auch für den Arbeitgeber ist ein Aufhebungsvertrag in bestimmten Situationen mit erheblichen Risiken verbunden.

Übt der Arbeitgeber im Zusammenhang mit dem Vertragsabschluss Druck auf den Arbeitnehmer aus oder bedroht er ihn für den Fall der Verweigerung der Unterschrift zum Beispiel mit fristloser Kündigung, kann der Arbeitnehmer den Aufhebungsvertrag später unter Umständen anfechten, gemäß § 123 BGB.

66 Beim Aufhebungsvertrag ist die Beratung durch einen Anwalt praktisch Pflicht.

———

Das gilt auch, wenn der Arbeitgeber den Arbeitnehmer über wesentliche Folgen des Aufhebungsvertrags – zum Beispiel den Eintritt einer Sperrzeit oder einer Anrechnung der Abfindung auf das Arbeitslosengeld – arglistig täuscht. Das Anfechtungsrecht besteht selbst dann, wenn der Aufhebungsvertrag ausdrücklich oder schlüssig und formal korrekt einen Klageverzicht beinhaltet. Der Vertrag unterliegt nämlich einer Inhaltskontrolle nach § 307 BGB. Das Bundesarbeitsgericht nimmt ein Anfechtungsrecht des Arbeitnehmers an, wenn ein verständiger Arbeitgeber die angedrohte Kündigung nicht ernsthaft in Erwägung ziehen durfte (BAG, Urteil vom 12. März 2015, Az. 6 AZR 82/14).

Das Risiko für den Arbeitgeber ist hier deshalb unverhältnismäßig hoch, weil eine solche Anfechtung gemäß § 124 BGB innerhalb der Frist eines ganzen Jahres nach Entdeckung der Täuschung, bzw. Wegfall der durch die Drohung geschaffenen Zwangslage, erfolgen kann.

Bei einer Kündigung hat der Arbeitgeber nach Ablauf der dreiwöchigen Frist für die Kündigungsschutzklage des Arbeitnehmers Rechtssicherheit. Beim Aufhebungsvertrag dagegen können Anfechtung und ein entsprechendes Klageverfahren unter Umständen noch Monate später erfolgen.

Arbeitgeber verringern das Risiko einer erfolgreichen Anfechtung, wenn sie dem Arbeitnehmer genug Zeit für die Prüfung einräumen und im Aufhebungsvertrag selbst auf die Risiken hinweisen. Der Vertrag sollte daher nicht im ersten Gespräch mit dem Arbeitnehmer geschlossen werden. Außerdem sollte ein Zeuge bei allen Gesprächen anwesend sein und ein Protokoll führen.

Arbeitnehmer sollten sich bewusst sein, dass sie für eine erfolgreiche Anfechtung eines Aufhebungsvertrags alle Umstände, auf die die Anfechtung gestützt werden soll, beweisen müssen. Vor diesem Hintergrund sollte niemals ein Aufhebungsvertrag ohne anwaltliche Beratung geschlossen werden.

Beendigung durch Zeitablauf, Tod oder Insolvenz

Arbeitsverhältnisse, die durch Zeitablauf enden, sind rechtlich kompliziert. Tod und Insolvenz weniger – aus rechtlicher Sicht.

→ **Ist die Wirksamkeit der Befristung** zweifelhaft (siehe „Befristung …", S. 36), hat der Arbeitnehmer zwei Möglichkeiten:

▶ **Er kann** den Ablauf der Befristung (Datum des letzten Arbeitstages bei Zeitbefristung oder Erreichung des Zwecks bei Zweckbefristung) abwarten und direkt nach Ablauf oder innerhalb von drei Wochen eine Befristungskontrollklage beim Arbeitsgericht einreichen.

▶ **Er kann aber auch** schon während des laufenden Arbeitsverhältnisses eine sogenannte Entfristungsklage erheben und die Unwirksamkeit der Befristung des Arbeitsverhältnisses gerichtlich verbindlich feststellen lassen.

Welche Variante den Vorzug verdient, ist von Fall zu Fall unterschiedlich. Die Entfristungsklage während des laufenden Arbeitsverhältnisses sorgt regelmäßig für schlechte Stimmung. Umgekehrt bietet sie natürlich frühzeitig Rechtssicherheit.

Spätestens vor Abschluss eines neuen befristeten Arbeitsvertrags muss sich der Arbeitnehmer aber entscheiden, ob er die Befristung gerichtlich überprüfen lässt. Gerichte überprüfen regelmäßig nur die Wirksamkeit der letzten Befristung, wenn sich der Arbeitnehmer bei Abschluss des Folgevertrags nicht ausdrücklich auch die Überprüfung vorangegangener Befristungen vorbehält (BAG, Urteil vom 24. August 2011, Az. 7 AZR 228/10).

Tod des Arbeitnehmers

Der Tod beendet das Arbeitsverhältnis des Arbeitnehmers. Seine Ansprüche auf zum Beispiel das restliche Gehalt, eine Abfindung und den Ersatz für nicht genommenen Urlaub gehen auf die Erben über. Allerdings nur in dem Fall, soweit sie bei Tod des Arbeitnehmers bereits entstanden sind. Abfindungsansprüche, die typischerweise an das Ende des Arbeitsverhältnisses geknüpft werden, werden vor Ende nur dann vererbt, wenn dies in der Aufhebungsvereinbarung (oder dem Sozialplan) ausdrücklich so vorgesehen ist.

Tod oder Insolvenz des Arbeitgebers

Stirbt der Arbeitgeber, wird das Arbeitsverhältnis mit dessen Erben fortgesetzt. Hier ergeben sich kaum Besonderheiten: Die meisten Arbeitgeber sind juristische Personen – diese sterben nicht, sondern gehen gegebenenfalls in Insolvenz (siehe „Die Insolvenz der Firma", S. 127). Die Insolvenz an sich beendet das Arbeitsverhältnis nicht automatisch – der Insolvenzverwalter kann aber mit verkürzter Kündigungsfrist von drei Monaten kündigen. Im Übrigen muss er aber auch das Kündigungsschutzgesetz beachten. Kündigt er nur einigen Arbeitnehmern, muss er die Grundsätze der sozialen Auswahl genauso beachten wie jeder andere Arbeitgeber.

Gesetze für Europa

Dass Urlaub vererbt werden kann, ist eine relativ neue Regelung. Im entscheidenden Fall „Bollacke" wurde dies zunächst abgelehnt, dann aber bis zum EuGH getragen. Der entschied im Juni 2014, dass dies rechtmäßig ist (EuGH, Urteil vom 12. Juni 2014, Az. C-118/13). Damit gilt dies auch für Deutschland.

Ordentliche Kündigung

Eine ordentliche Kündigung des Arbeitnehmers ist unproblematisch. Arbeitgeber müssen ggf. auf Kündigungsschutz achten.

Der Arbeitnehmer kann das Arbeitsverhältnis gemäß § 622 BGB mit einer Frist von vier Wochen zum 15. oder zum Ende eines Kalendermonats kündigen – wenn im Arbeitsvertrag auf die gesetzlichen Fristen Bezug genommen wird. Das ist aber sehr häufig der Fall.

Arbeitnehmer, die in ein neues Arbeitsverhältnis wechseln wollen, haben häufig ein Interesse daran, die Kündigungsfrist abzukürzen. Lässt sich der Arbeitgeber darauf ein, ist dies unproblematisch. Beide schließen dann einfach einen Aufhebungsvertrag (siehe „Was ist bei ...", S. 145).

Lässt sich der Arbeitgeber nicht darauf ein, stellt sich für den Arbeitnehmer die Frage, was passiert, wenn er der Arbeit einfach fernbleibt und beim neuen Arbeitgeber anfängt? Der alte Arbeitgeber kann dann das Arbeitsverhältnis fristlos kündigen. Das ist kein Problem, da der Arbeitnehmer bereits einen neuen Job hat. Problematisch wird es dann aber mit dem Arbeitszeugnis (siehe „Anspruch und Forderung", S. 167).

Darüber hinaus kann der Arbeitgeber grundsätzlich auch Schadensersatz fordern. In der Praxis sind solche Forderungen sehr selten, da der Arbeitgeber regelmäßig Schwierigkeiten hat, einen konkreten Schaden darzulegen und zu beweisen. Zudem muss sich der Arbeitgeber immer fragen lassen, was er denn getan hätte, wenn der Arbeitnehmer aus anderen Gründen (zum Beispiel krankheitsbedingt) nicht anwesend gewesen wäre.

Ordentliche Kündigung durch den Arbeitgeber

Eine Kündigung muss schriftlich erfolgen. Im Kleinbetrieb ist eine ordentliche Kündigung für Arbeitgeber relativ unproblematisch: Werden regelmäßig nicht mehr als zehn Mitarbeiter beschäftigt und besteht kein Sonderkündigungsschutz des Arbeitnehmers (siehe „Sonderkündigungsschutz", S. 153), gilt auch kein Kündigungsschutzgesetz. Der Arbeitgeber braucht keinen Kündigungsgrund. Bei der Berechnung der Mitarbeiterzahl sind Auszubildende nicht berücksichtigt (§ 23 KSchG). Teilzeitbeschäftigte mit einer regelmäßigen wöchentlichen Arbeitszeit von nicht mehr als 20 Stunden werden mit 0,5 und von nicht mehr als 30 Stunden mit 0,75 berücksichtigt.

Beschäftigt der Arbeitgeber allerdings regelmäßig mehr als zehn Mitarbeiter, gilt das Kündigungsschutzgesetz. Dann braucht er einen Kündigungsgrund und muss eine Reihe von Formalien beachten. In diesen Fällen muss er damit rechnen, dass der Arbeitnehmer gegen die Kündigung Kündigungsschutzklage vor dem Arbeitsgericht einreichen kann. Selbst bei Vorliegen eines Kündigungsgrundes und sorgfältiger Einhaltung sämtlicher Formalien bleibt für den Arbeitgeber ein erhebliches Restrisiko, dass ein Arbeitsgericht die Kündigung später als unwirksam ansieht. Unter Umständen muss der Arbeitgeber dann nach jahrelangem Prozess dem Arbeitnehmer das Gehalt nachzahlen, obwohl der Arbeitnehmer wegen der Kündigung in der gesamten Zeit nicht gearbeitet hat. Um dieses Risiko zu vermeiden, bieten Arbeitgeber Arbeitnehmern regelmäßig spätestens vor Gericht einen Aufhebungsvertrag gegen Zahlung einer Abfindung an. Die Höhe der Abfindung ist Verhandlungssache und davon abhängig, wie streitlustig der Arbeitnehmer ist und welches Risiko der Arbeitgeber tatsächlich hat.

Bedingungen und Ablauf einer Kündigung

Kündigungsgründe sind betriebsbedingte Gründe (Beispiel: Schließung des Betriebs), verhaltensbedingte Gründe (Beispiel: Diebstahl von Betriebsmitteln durch den Arbeitnehmer) und personenbedingte Gründe (Beispiel: lang andauernde Arbeitsunfähigkeit des Arbeitnehmers).

Je nachdem, welcher Kündigungsgrund vorliegt, muss der Arbeitgeber jeweils spezielle weitere Anforderungen beachten. So muss bei einer betriebsbedingten Kündi-

Ordentliche Kündigung

Max Mustermann

Beispielstraße 1

12345 Beispielstadt

Beispielstadt den 01.01.2015

Ordentliche Kündigung Ihres Arbeitsverhältnisses

Sehr geehrter Herr Mustermann,

hiermit kündigen wir das zwischen uns bestehende Arbeitsverhältnis ordentlich und fristgerecht zum ..., hilfsweise zum nächstmöglichen Zeitpunkt.

Zusätzlich möglich: Sie erhalten ab sofort Hausverbot für sämtliche Geschäftsräume.

Sollten Sie noch im Besitz von Geschäftsunterlagen oder sonstigen Gegenständen sein, die zurückzugeben sind, so vereinbaren Sie bitte mit dem Unterzeichner einen Termin zur Übergabe. Dies gilt auch für den Fall, dass sich noch Ihnen gehörende persönliche Gegenstände in unseren Geschäftsräumen befinden.

Zusätzlich möglich: Sie werden ab dem ... / mit sofortiger Wirkung unwiderruflich/widerruflich von der Pflicht zur Arbeitsleistung freigestellt. Mit der Freistellung sind die Ihnen noch zustehenden Urlaubsansprüche von ... Arbeitstagen/die Überstunden von ... in natura abgegolten.

Wir weisen Sie ausdrücklich darauf hin, dass Sie zur Vermeidung von Nachteilen beim Bezug von Arbeitslosengeld verpflichtet sind, sich umgehend bei der Bundesagentur für Arbeit zu melden und diese von der Kündigung in Kenntnis zu setzen. Anderenfalls droht Ihnen für jeden Tag der Säumnis eine Minderung Ihrer Leistungen nach dem SBG III / SGB II.

Mit freundlichen Grüßen

_____

Unterschrift des
Vertretungsberechtigten

gung, bei der nicht allen Arbeitnehmern gekündigt wird, eine soziale Auswahl vorgenommen werden. Diese findet nur zwischen Arbeitnehmern mit einer vergleichbaren Tätigkeit statt. Der Arbeitgeber muss unter Berücksichtigung von Betriebszugehörigkeit, Lebensalter und Unterhaltspflichten der Arbeitnehmer die Arbeitnehmer zuerst kündigen, die sozial am wenigsten schutzwürdig sind.

Soweit ein Betriebs- oder Personalrat existiert, muss dieser ordnungsgemäß angehört werden. Hierbei muss der Arbeitgeber die Personalien des Arbeitnehmers, die ausgeübte Tätigkeit, die Sozialdaten und die Tatsache, auf die der Arbeitgeber die Kündigung stützen will, mitteilen. Fehler führen zur Unwirksamkeit der Kündigung.

Begründung

Eine Begründung sollte nur dann erfolgen, wenn diese durch Tarif- oder Arbeitsvertrag ausdrücklich vorgeschrieben wird. In allen anderen Fällen wäre eine Begründung für den Arbeitgeber nachteilig im Hinblick auf einen möglicherweise anschließenden Kündigungsschutzprozess und die dortige Rechtsverteidigung.

Sonderkündigungsschutz

Unter bestimmten Umständen kann eine ordentliche Kündigung ausgeschlossen oder von einer vorherigen Genehmigung abhängig sein.

→ **Viele Tarifverträge** sehen vor, dass Arbeitnehmer nach einer bestimmten Zeit im Betrieb ordentlich nicht mehr kündbar sind. Solche Arbeitnehmer können nur in besonderen Ausnahmefällen ordentlich gekündigt werden. Die außerordentliche (fristlose) Kündigung (siehe „Die fristlose …", S. 155) ist auch in diesen Fällen möglich.

Daneben genießen bestimmte Personengruppen von Arbeitnehmern Sonderkündigungsschutz, zum Beispiel Auszubildende nach der Probezeit, betriebliche Datenschutzbeauftragte, Immissionsschutzbeauftragte, Arbeitnehmer während der Ableistung ihres Wehr- oder Zivildienstes und Inhaber politischer Wahlämter. Auch in diesen Fällen ist die ordentliche Kündigung regelmäßig ausgeschlossen. Der Kündigungsschutz wirkt häufig auch noch eine gewisse Zeit nach, zum Beispiel bei Datenschutzbe-

Besonderer Schutz
Schwangeren Frauen und jungen Müttern
darf nur in absoluten Ausnahmefällen
gekündigt werden. Die Gründe dürfen mit
der Schwangerschaft selbst nichts zu tun
haben.

auftragten ein Jahr nach Beendigung der Bestellung.

▶ **Betriebsratsmitglieder** können gemäß § 15 KSchG nur außerordentlich bei Vorliegen eines wichtigen Grundes und nur mit Zustimmung der übrigen Betriebsratsmitglieder gekündigt werden. Weigert sich der Betriebsrat zu Unrecht, die Zustimmung zu erteilen, kann der Arbeitgeber die Zustimmung gerichtlich ersetzen lassen. Dies gilt auch für Personalratsmitglieder, Mitglieder von Jugend -und Auszubildendenvertretungen, Schwerbehindertenvertreter, Wahlvorstände und Wahlbewerber bei Betriebsrats- oder Personalratswahlen.

▶ **Schwerbehinderten Menschen** ab einem Grad der Behinderung von 50 kann gemäß § 85 SGB IX nur mit Zustimmung des Integrationsamtes gekündigt werden. Das Integrationsamt erteilt die Zustimmung nur, wenn die Kündigung nicht mit der Schwerbehinderung im Zusammenhang steht.

▶ **Schwangeren bzw. Müttern** kann gemäß § 9 MuSchG während der gesam-

ten Schwangerschaft und bis zum Ablauf von vier Monaten nach der Entbindung nicht gekündigt werden. Der Kündigungsschutz beginnt, wenn dem Arbeitgeber die Schwangerschaft bekannt ist oder innerhalb zwei Wochen nach Zugang der Kündigung mitgeteilt wird. In sehr engen begrenzten Ausnahmefällen, die mit der Schwangerschaft nichts zu tun haben, kann eine Kündigung auf Antrag des Arbeitgebers durch die Aufsichtsbehörden für zulässig erklärt werden.

▶ **Während der Elternzeit** darf der Arbeitgeber das Arbeitsverhältnis nur im Ausnahmefall und nur mit ausdrücklicher Genehmigung der Aufsichtsbehörden kündigen (§ 18 BEEG). Der Kündigungsschutz beginnt mit dem Antrag des Arbeitnehmers auf Elternzeit.

▶ **Bei angezeigter Pflegezeit** kann Arbeitnehmern frühestens zwölf Wochen vor Beginn dieser und bis zu deren Beendigung nur im Ausnahmefall und nur mit Zustimmung der zuständigen Behörde gekündigt werden (§ 5 PflegeZG).

Die fristlose Kündigung

Beiderseitig möglich: Gemäß § 626 BGB können Arbeitnehmer wie Arbeitgeber das Vertragsverhältnis unter bestimmten, eng begrenzten Voraussetzungen fristlos kündigen.

Durch den Arbeitnehmer spielt die fristlose Kündigung in der Praxis keine Rolle, da es für ihn in der Regel ungünstig ist. Selbst bei schwerwiegender Vertragspflichtverletzung des Arbeitgebers ist es in der Regel vorteilhafter, diesen auf Vertragserfüllung und gegebenenfalls Schadensersatz zu verklagen. Im Ergebnis kommt es dann oft zu einer Auflösung des Arbeitsverhältnisses gegen Zahlung einer Abfindung.

Wer hier den Weg über eine fristlose Kündigung und Schadensersatzforderung geht, kann sich zwar auf vereinzelte Rechtsprechung berufen, die dem Arbeitnehmer in solchen Fällen Schadensersatz in Höhe der üblichen Abfindung zugesprochen hat – in der Praxis scheitern solche Klagen jedoch regelmäßig. Der Arbeitnehmer muss nämlich auch die für die fristlose Arbeitgeberkündigung geltenden Formalien (Zwei-Wochen-Frist) einhalten und die Kündigungsgründe beweisen.

Die fristlose Kündigung des Arbeitnehmers empfiehlt sich daher nur dann, wenn dieser bereits einen neuen Job hat und daher die zügige Beendigung des Arbeitsverhältnisses im Blick hat – nicht, wie üblich, eine Abfindung.

Fristlose Kündigung durch den Arbeitgeber

Sie ist gemäß § 626 BGB nur bei Vorliegen eines „wichtigen Grundes" zulässig. Wann genau ein solcher wichtiger Grund vorliegt, hat der Gesetzgeber nicht beschrieben. Die Bestimmung bleibt den Gerichten überlassen, was in der Praxis zu erheblicher Rechtsunsicherheit führt.

Ein wichtiger Grund liegt vor, wenn der Arbeitnehmer in besonders gravierender Weise gegen seine Pflichten aus dem Arbeitsverhältnis verstoßen hat. In Fällen betriebsbedingter Kündigungen kommt daher eine fristlose Kündigung regelmäßig von vornherein nicht in Betracht. Hauptanwendungsfall ist die verhaltensbedingte Kündigung: Wenn der Arbeitnehmer durch sein Verhalten die Pflichten aus dem Arbeitsverhältnis in besonders grobem Maß verletzte.

Hier geht es letztlich um unwiederbringlich verlorenes Vertrauen. Daher spielt auch die Frage eine Rolle, ob das Arbeitsverhältnis bisher über einen längeren Zeitraum anstandslos lief. So kann sich etwa ein Arbeitnehmer, der beanstandungsfrei viele Jahre für den Arbeitgeber tätig war, im Einzelfall mehr Gnade vor Gericht erhoffen als jemand, der nur kurze Zeit im Arbeitsleben stand oder schon oft auffiel. Im Laufe ihres Arbeitslebens häufen Arbeitnehmer quasi einen Vertrauensberg auf, der mehr oder weniger schnell abgetragen werden kann.

Mögliche wichtige Gründe

Alle gegen das Vermögen des Arbeitgebers gerichteten Handlungen des Arbeitnehmers, zum Beispiel Diebstahl von (auch geringwertigen) Gegenständen aus dem Eigentum des Arbeitgebers oder Betrug zulasten des Arbeitgebers, alle gegen die körperliche Integrität des Arbeitgebers oder gegen Kollegen gerichteten Handlungen, etwa Faustschlag ins Gesicht, sowie sämtliche sonstigen Straftaten zulasten des Arbeitgebers – Beleidigungen, falsche Verdächtigung – begründen regelmäßig die fristlose Kündigung ohne vorherige Abmahnung.

Weniger schwere Pflichtverletzungen führen nicht ohne Weiteres zu einem die Kündigung begründenden Vertrauensverlust. In solchen Fällen muss der Arbeitgeber den Arbeitnehmer zunächst abmahnen (siehe „Die Abmahnung", S. 131). Die Abmahnung muss die aus Sicht des Arbeitgebers verletzte Pflicht des Arbeitnehmers benennen, die Verletzungshandlung beschreiben und für den Wiederholungsfall eine Kündigung in Aussicht stellen. Ist die Abmahnung wirksam und verstößt der Arbeitnehmer dann erneut gegen dieselbe oder eine ähnliche Pflicht aus dem Arbeitsverhältnis, kann dies die (fristlose) Kündigung rechtfertigen.

Gerade die technische Entwicklung hat in den letzten Jahren zu einer Vielzahl von bislang unbekannten oder nicht nachweisbaren Kündigungsgründen geführt. So begeht zum Beispiel ein Arbeitnehmer, der während der Arbeitszeit stundenlang privat im Internet unterwegs ist, einen Arbeitszeitbetrug. Der Arbeitgeber zahlt letztlich für eine Arbeitsleistung, die er nicht erhalten hat. Er erleidet daher einen vom Arbeitnehmer verursachten Vermögensnachteil. Dieser berechtigt ggf. zur fristlosen Kündigung ohne Abmahnung (siehe „Private Nutzung von ...", S. 110).

Auch die Nutzung der sozialen Medien kann für den Arbeitnehmer arbeitsrechtliche Konsequenzen haben. Wer zum Beispiel den Arbeitgeber, seine Vorgesetzten oder Kollegen auf Facebook oder Twitter beschimpft, kann damit den Grund für eine fristlose Kündigung liefern. Das gilt sogar dann, wenn man den Arbeitgeber lobpreist (siehe „Öffentliche Äußerungen ...", S. 114). Allgemein liefern moderne Kommunikationsmittel wegen der verursachten Spuren eine gute Beweissituation und für Arbeitgeber regelmäßig gute Kündigungsgründe.

Ablauf und Vorgehen

Arbeitgeber sollten hilfsweise zur fristlosen Kündigung immer ausdrücklich auch die ordentliche Kündigung erklären. Im gesamten Arbeitsrecht gilt der sogenannte Ultima-Ratio-Grundsatz. Der Arbeitgeber muss immer das ihm zumutbare, mildeste Mittel

Arbeitnehmer ☜	☜ Arbeitgeber

Fall: Die in einem Bahnhof mit dem Verkauf von Bahnkarten beschäftigte Arbeitnehmerin O. Wilke erhält eine fristlose, hilfsweise ordentliche Kündigung vom Arbeitgeber ohne Begründung.

Arbeitnehmerin erhebt Kündigungsschutzklage mit dem Antrag, festzustellen, dass das Arbeitsverhältnis weder durch die fristlose Kündigung noch durch die hilfsweise erklärte ordentliche Kündigung beendet wurde.

(Klagefrist gemäß § 4 KSchG: drei Wochen nach Zugang der Kündigung)

Arbeitgeber trägt im Kündigungsschutzprozess vor, er stütze seine Kündigung auf den Verdacht, die Arbeitnehmerin habe fünf Euro aus der Kasse des Arbeitgebers für private Zwecke entnommen. Er habe die Arbeitnehmerin zwar nicht gesehen – da aber nur sie einen Schlüssel habe, könne auch nur sie das Geld entnommen haben.

(BAG, Urteil vom 25. November 2010, Az. 2 AZR 801/09)

… erwidert, dass eine Verdachtskündigung nur nach Anhörung des Arbeitnehmers vor Ausspruch der Kündigung zulässig sei.

(BAG, Urteil vom 23. Juni 2009, Az. 2 AZR 474/07)

… legt ein überraschend aufgetauchtes Video vor, in dem zu sehen ist, dass die Arbeitnehmerin Wilke aus der Kasse heimlich fünf Euro entnimmt. Der Vorwurf sei damit bewiesen, sodass es auf die Zulässigkeit der Verdachtskündigung nicht ankomme, weshalb auch die fehlende Anhörung kein Grund für die Unwirksamkeit sei.

… ist der Ansicht, dass ein heimlich und ohne Anlass aufgenommenes Video rechtswidrig in ihre Persönlichkeitsrechte eingreife. Die Kündigung sei unwirksam zudem ihr stünde Schmerzensgeld zu. Erweitert die Klage um Schmerzensgeldanspruch in Höhe von 5 000 Euro wegen rechtswidrigen Eingriffs in ihre allgemeinen Persönlichkeitsrechte.

(BAG, Urteil vom 19. Februar 2015, Az. 8 AZR 1007/13)

… behauptet, mit der Kamera werde der Bahnhof aus polizeirechtlichen Gründen permanent überwacht. Die Kamera habe überhaupt nicht zur Überwachung von Arbeitnehmern gedient. Die Ergebnisse einer zulässigen Videoaufnahme könnten verwendet werden, da es kein generelles Beweisverwertungsverbot für Videomaterial im Kündigungsschutzprozess gebe.

(BAG, Urteil vom 21. Juni 2012, Az. 2 AZR 153/11)

Ausgang: Beide Parteien einigen sich auf eine Beendigung des Arbeitsverhältnisses durch eine ordentliche und fristgerechte Kündigung aus betriebsbedingten Gründen gegen Zahlung einer Abfindung von einem halben Bruttomonatsgehalt pro Beschäftigungsjahr und ein sehr gutes Zeugnis.

der Ahndung des Pflichtenverstoßes wählen. Greift daher die fristlose Kündigung nicht, greift möglicherweise die hilfsweise erklärte ordentliche Kündigung.

Der Arbeitgeber kann die fristlose Kündigung gemäß § 626 Abs. 2 BGB nur innerhalb von zwei Wochen nach Kenntnis der maßgebenden Tatsachen erklären. Da der Arbeitgeber die Tatsache, auf die er seine Kündigung stützen möchte, häufig nur schwer beweisen kann, lässt die Rechtsprechung unter bestimmten Voraussetzungen auch eine sogenannte Verdachtskündigung zu. Der Arbeitgeber sollte daher immer überlegen, ob er eine Kündigung im Zweifel lieber als Verdachtskündigung erklärt. Zwingende Voraussetzung für eine Verdachtskündigung ist aber, dass der Arbeitnehmer zuvor zu den Kündigungsgründen angehört und ihm Gelegenheit zur Stellungnahme gegeben wird.

Spätestens wenn ein Arbeitnehmer eine Einladung zur Anhörung zu Vertragspflichtverstößen bekommt, muss er sich unverzüglich in anwaltliche Beratung begeben. Die Entscheidung über das weitere Vorgehen steht häufig im Spannungsfeld zwischen Arbeitsrecht und Strafrecht. So gilt im Strafrecht der Grundsatz: keine Aussage vor Einsicht in die Ermittlungsakte. Man muss zunächst wissen, was einem vorgeworfen wird. Nur dann kann man sich sinnvoll dagegen verteidigen. Arbeitsrechtlich ist es spätestens im Kündigungsschutzprozess, häufig aber schon bei einer Anhörung zu den Verdachtsmomenten notwendig, sich zu den Vorwürfen des Arbeitgebers zu äußern. Dieses Konfliktfeld ist selbst für den in beiden Rechtsgebieten erfahrenen Anwalt schwierig zu beherrschen, für Laien gar nicht.

→ Strafrecht versus Arbeitsrecht

Eine Kassiererin erhält ein Schreiben ihres Arbeitgebers, der sie auffordert, zu dem Vorwurf eines Kassenfehlbetrages Stellung zu nehmen. Als Täter in Betracht kommen nur sie oder ihre Kollegin. Arbeitsrechtlich ist es sinnvoll, etwaige Unklarheiten umgehend aufzuklären, um möglicherweise den Ausspruch einer Verdachtskündigung von vornherein zu verhindern. Unter strafrechtlichen Gesichtspunkten kann gerade dies ein entscheidender Fehler sein. Da zu diesem Zeitpunkt unbekannt ist, über welche Beweismittel der Arbeitgeber verfügt, bzw. welche Beweismittel im weiteren Fortgang der Ermittlungen noch erlangt werden, ist eine Stellungnahme gefährlich. Sie beschneidet spätere Verteidigungsmöglichkeiten. Was ist, wenn später ein Überwachungsvideo auftaucht oder die Auswertung der Kassendokumentation ergibt, dass nur die betreffende Kassiererin an der Kasse war? Auch hier gilt: „Wer einmal lügt, dem glaubt man nicht."

Maßnahmen gegen Finten, um Arbeitnehmer loszuwerden

Es gibt Anwälte, die behaupten, mit ihnen könne man jeden Arbeitnehmer loswerden – ohne Gründe und selbst bei Sonderkündigungsschutz. Gegen diese Finten kann man sich wehren.

So bösartig und zynisch solche Behauptungen klingen, es ist etwas Wahres dran. Mag der Arbeitnehmer vor Kündigung auch gut geschützt sein – von Kleinbetrieben abgesehen –, im Arbeitsverhältnis selbst ist er es weniger gut. So fehlt zum Beispiel in Deutschland ein effektiver Schutz vor Mobbing komplett. Daher ist es für Unternehmen häufig günstiger, Mitarbeiter in die Krankheit zu mobben (Kosten: sechs Wochen Entgeltfortzahlung) als zu kündigen (Kosten: Arbeitsentgelt während der Kündigungsfrist, Abfindung, Kosten eines Kündigungsschutzverfahrens).

Nachfolgend werden einige Methoden und die Reaktionsmöglichkeiten dargestellt. Zur Vermeidung von Wiederholungen: Spricht der Arbeitgeber eine Kündigung aus, sollte man in all diesen Fällen immer Kündigungsschutzklage erheben.

Arbeitgeber verhandelt mit Arbeitnehmer über Aufhebungsvertrag

Hierbei wird häufig zeitlicher Druck aufgebaut. Nach Ablauf einer Frist stehe der Arbeitnehmer viel schlechter da oder werde schlechter benotet. Auch würden Abfindungen oder Turboprämien nach Ablauf der Frist wegfallen.

▶ **Ziel:** Arbeitnehmer sollen möglichst zügig und ohne vorherige Rechtsberatung unterschreiben.

▶ **Strategie:** Anwaltliche Beratung aufsuchen (Rechtschutzversicherung muss bereits zu diesem Zeitpunkt Deckung geben) oder ausharren, Kündigung abwarten und Kündigungsschutzklage erheben. Grundregel: Was der Arbeitgeber außergerichtlich anbietet, wird er regelmäßig auch gerichtlich anbieten. Oft wird dann deutlich mehr geboten und man spart sich zudem die Nachteile bei der Bundesagentur für Arbeit (siehe „Was ist bei einem ...", S. 145).

Ausgesprochene Kündigung ohne Kündigungsgrund

Anschließend versucht der Arbeitgeber den Arbeitnehmer mit Versprechungen, zum Beispiel auf Wiedereinstellung oder mit in die Länge gezogenen Abfindungsverhandlungen, hinzuhalten.

▸ **Ziel:** Lässt sich der Arbeitnehmer darauf ein und verstreicht die Drei-Wochen-Frist, kann er gegen die Kündigung nichts mehr unternehmen. Anspruch auf eine Abfindung oder Wiedereinstellung hat er auch nicht mehr.
▸ **Strategie:** Kündigungsschutzklage innerhalb von drei Wochen erheben.

Arbeitgeber strukturiert das Unternehmen um

Hierbei werden Abteilungen geschaffen, die dann später komplett geschlossen werden.

▸ **Ziel:** Die Mitarbeiter, von denen der Arbeitgeber sich trennen will, werden in diese Abteilungen versetzt, danach werden diese geschlossen.
▸ **Strategie:** Versetzungen, Änderungskündigungen oder Zuweisungen neuer Tätigkeitsbereiche notfalls gerichtlich überprüfen lassen.

Arbeitgeber verkauft (unliebsamen) Teil des Betriebs

Die Arbeitsverhältnisse gehen gemäß § 613a BGB (Betriebsübergang) auf das neue Unternehmen über.

▸ **Ziel:** Neue Firma geht bald insolvent.
▸ **Strategie:** Bereits bei der Unterrichtung über einen Betriebsübergang tätig werden, Möglichkeiten und Folgen eines Widerspruchs anwaltlich überprüfen lassen (siehe „Der Betriebsübergang", S. 129). Vorsicht: Der Widerspruch gegen einen Betriebsübergang bewirkt das Verbleiben im bisherigen Unternehmen. Auch dies kann sehr riskant sein, wenn im Unternehmen keine Arbeit mehr vorhanden ist und der Arbeitgeber dann mit guten Gründen betriebsbedingt kündigen kann. Hat man sich für den Übergang des Arbeitsverhältnisses entschieden und geht das Unternehmen später in die Insolvenz, kann man bei einer damals nicht ausreichenden Information durch den Arbeitgeber unter Umständen noch jahrelang nachträglich dem Übergang widersprechen und dadurch das Arbeitsverhältnis mit dem alten Arbeitgeber fortsetzen.

Provozierte Eigenkündigung

Der Arbeitgeber arbeitet mit verschiedenen Strategien: Zulassung oder Beförderung von Mobbing durch Kollegen, durch Zuweisung unbeliebter Tätigkeiten, Überlastung durch übermäßige Zuweisung von Tätigkeiten, Einstellung von Gehaltszahlungen oder verspätete Zahlung von Gehältern, Zulagen oder Ähnlichem oder durch den Ausspruch von Ermahnungen bzw. Abmahnungen.

▸ **Ziel:** Arbeitnehmer soll selbst kündigen.
▸ **Strategie:** Mobbingprotokoll führen, Abmahnungen anwaltlich überprüfen lassen bzw. Gegendarstellungen zur Personalakte fertigen. Gelassen bleiben, nicht provozieren lassen. Zweifelhafte Anweisungen des Arbeitgebers gerichtlich überprüfen lassen und bis dahin unter (schriftlichem) Vorbehalt ausführen.

Herbeiführung von Arbeitsunfähigkeit

Der Arbeitgeber wendet die links geschilderten Methoden an.

▸ **Ziel:** Ist der Arbeitnehmer längere Zeit krank, wird eine personenbedingte (auf die Arbeitsunfähigkeit gestützte) Kündigung ausgesprochen.

▸ **Strategie:** wie „Kündigung", S. 159.

Ersatzkraft

Der Arbeitgeber stellt bei Abwesenheit des Arbeitnehmers (Krankheit, Schwangerschaft, Erziehungszeit, Pflegezeit oder ähnliche Gründe) eine Ersatzkraft ein.

▸ **Ziel:** Kommt der Arbeitnehmer zurück, entsteht im Betrieb eine ungute Situation, in der nun zwei Arbeitnehmer um den Job konkurrieren. Auch diese Methode dient letztlich dazu, den Arbeitnehmer zur Eigenkündigung zu bewegen oder eine betriebsbedingte Kündigung später leichter durchzusetzen.

▸ **Strategie:** Gelassen bleiben, die Arbeit erledigen. Bei Mobbing Mobbingprotokoll führen.

Gezielte Überlastung

Der Arbeitgeber weist dem Arbeitnehmer gezielt Arbeiten zu, von denen er weiß, dass der Arbeitnehmer diese nicht oder nur fehlerhaft erledigen kann. Alternativ werden dem Arbeitnehmer völlig unrealistische Ziele gesetzt oder die geforderte Arbeitsmenge wird extrem gesteigert.

▸ **Ziel:** Bei Fehlern wird abgemahnt und im Wiederholungsfall gekündigt.

▸ **Strategie:** Sofort gegen die Anweisungen vorgehen, diese notfalls gerichtlich überprüfen lassen.

Nichtbeschäftigung

Der Arbeitgeber stellt den Arbeitnehmer kalt. Er weist ihm keine Aufgaben mehr zu, lässt ihn aber trotzdem immer zur Arbeit kommen und nutzlos im Betrieb herumsitzen.

▸ **Ziel:** Eigenkündigung oder Kündigung bspw. durch privates Surfen im Internet.

▸ **Strategie:** Gesetzlich bestehenden Beschäftigungsanspruch notfalls gerichtlich geltend machen.

Gestellte Fallen durch Arbeitgeber

Der Arbeitgeber stellt dem Arbeitnehmer Fallen, um einen Kündigungsgrund zu provozieren. Hier ist das Reservoir schier unerschöpflich. So könnten etwa betriebsweit Handlungen geduldet werden, die an sich eine Kündigung begründen (Mitnahme von Büromaterial, Essen von Lebensmitteln des Arbeitgebers, privates Surfen im Internet, Privatnutzung von Firmenfahrzeugen, überhöhte Fahrtkostenabrechnungen).

▸ **Ziel:** Dieses Verhalten wird dem Arbeitnehmer, der gekündigt werden soll, zum Vorwurf gemacht. Er muss dann die (ggf. nur mündlich gegebene) Duldung beweisen, was er regelmäßig nicht kann, da die Kollegen ihrerseits die Vertragsverstöße kaum zugeben werden.

▶ **Strategie:** Absolut korrektes Verhalten, egal was die Kollegen machen. Bei unklarer Lage, ob etwas gestattet ist, immer beim Arbeitgeber nachfragen. Im Falle einer Kündigung innerhalb von drei Wochen Kündigungsschutzklage einreichen.

Falscher Zeuge

Der Arbeitgeber benutzt Dritte als Zeugen für angebliche Vertragsverletzungen.

▶ **Ziel:** Arbeitgeber werden Drohungen, sexuelle Belästigung von Kollegen o. Ä. unterstellt. Dieses Verhalten stellt einen kriminellen Bereich dar, da die betreffenden Kollegen dann vor dem Arbeitsgericht Falschaussagen machen (müssen). Mitarbeiter wenn häufig gegeneinander ausgespielt, nach dem Motto: du oder er. Personalreferenten erhalten Prämien für „entsorgte" Mitarbeiter.

▶ **Strategie:** Situationen unter vier Augen vermeiden, Betriebsrat einschalten.

Die eigene Haut teuer verkaufen

Wendet der Arbeitnehmer die oben aufgeführten Strategien an, kann er in den allermeisten Fällen einer wirksamen Kündigung gut begegnen.

Spricht der Arbeitgeber eine Kündigung aus, muss innerhalb von drei Wochen Kündigungsschutzklage erhoben werden. Das empfiehlt sich übrigens nahezu immer – selbst wenn es bereits einen großzügigen Sozialplan/Interessenausgleich gibt.

In (vermeintlichen) Kleinbetrieben sollten Arbeitnehmer genau zählen. Häufig beschäftigen Arbeitgeber angeblich freie Mitarbeiter. Nur wenn diese wirklich keine Arbeitnehmer sind, zählen sie nicht bei der Bestimmung der maßgeblichen Zahl der Mitarbeiter für die Anwendbarkeit des Kündigungsschutzgesetzes. Doch die Frage, ob jemand wirklich freier Mitarbeiter ist oder eigentlich scheinselbstständig und damit Arbeitnehmer, ist in der Praxis häufig nur schwer zu entscheiden (siehe „Scheinselbstständigkeit", S. 42). Zumindest als zusätzliches Druckmittel im Kündigungsschutzprozess ist es bei zweifelhaften Vertragsverhältnissen sinnvoll, die betreffenden Personen mitzuzählen. Im Prozess stellt man dann die Behauptung auf, es handele sich um Arbeitnehmer und führe die einzelnen Indizien, die dafür sprechen, unter Beweisantritt aus. Kaum ein Arbeitgeber hat letztendlich Interesse, im Kündigungsschutzprozess dieser Frage vertieft nachzugehen.

Umgekehrt gilt für Arbeitgeber in diesem Bereich äußerste Vorsicht. Wer zur Vermeidung der Anwendbarkeit des Kündigungsschutzgesetzes herumtrickst, läuft Gefahr, damit wieder Rechtsunsicherheit zu schaffen. Rechtsunsicherheit im Kündigungsschutzprozess kostet den Arbeitgeber immer Geld (Abfindung).

Das Kündigungsschutzverfahren gleicht dann einem Pokerspiel: Wer die stärksten Nerven hat und am längsten durchhält, erhält am meisten. Der Grund dafür ist relativ einfach. Je länger das Verfahren dauert, umso größer ist das Risiko des Arbeitgebers, im Fall einer Niederlage für Monate oder Jahre den Lohn nachzahlen zu müssen (Annahmeverzug), ohne dafür eine Arbeitsleistung erhalten zu haben. Zudem betrachten es viele Arbeitgeber auch als persönliche Niederlage, wenn der Arbeitnehmer nach erfolgreichem Kündigungsschutzprozess in die Firma zurückkehrt.

Viele Arbeitnehmer wollen einen Kündigungsprozess schnell abschließen, weil sie die Risiken scheuen. Diese sind jedoch für den Arbeitgeber wesentlich größer, sodass hier auf Arbeitnehmerseite viel Geld verschenkt wird. Es gilt der allgemeine Grundsatz: Je später der Vergleich geschlossen wird, umso günstiger wird es für den Arbeitnehmer.

Außerhalb einer Arbeitgeberkündigung haben Arbeitnehmer häufig den Wunsch, gekündigt zu werden, weil sie sich neu orientieren wollen. Sie schrecken vor einer Eigenkündigung zurück, weil sie dann zunächst keine Leistungen von der Bundesagentur für Arbeit erhalten (Sperrzeit). Strategisch vorgehende Arbeitnehmer richten ihre Arbeitsleistung so ein, dass der Arbeitgeber sie loswerden will. Kündigt dieser, werden über eine Kündigungsschutzklage und anschließenden Vergleich nicht nur die Nachteile beim ALG-Bezug vermieden, sie erhalten sogar noch eine Abfindung, ein gutes Zeugnis und sonstige Vorteile.

Änderung der Aufgaben und Änderungskündigung

Will der Arbeitgeber das Arbeitsverhältnis nicht vollständig beenden, sondern lediglich dessen Bedingungen ändern, kommt es auf den Umfang der geänderten Aufgaben an.

→ **Zunächst muss der Arbeitgeber** prüfen, ob er die Änderung im Rahmen seines Weisungsrechts (§ 106 GewO) durchsetzen kann. Hierbei ist von den Vereinbarungen im Arbeitsvertrag auszugehen.

Änderung per Anweisung

Gesetzt den Fall, der Arbeitgeber weist den Arbeitnehmer an, zu geänderten Bedingungen zu arbeiten. Solche Weisungen können unzulässig sein, weil sie vom Arbeitsvertrag nicht gedeckt sind oder weil ihre Art und Weise nicht „billigem Ermessen" entspricht.

Eine Weisung entspricht billigem Ermessen, wenn die wesentlichen Umstände des Falls abgewogen und die beiderseitigen Interessen angemessen berücksichtigt worden sind. Ob das geschehen ist, unterliegt der gerichtlichen Kontrolle (BAG, Urteil vom 11. Dezember 1991, Az. 5 AZR 63/91).

Arbeitnehmer, die Zweifel an der Zulässigkeit haben, sollten die Befolgung der Weisung nicht einfach verweigern. In diesem Fall droht Abmahnung, bei Wiederholung sogar Kündigung. Sicherer ist es, den Arbeitgeber auf die Unwirksamkeit der Weisung hinzuweisen und die Befolgung der Weisung unter den Vorbehalt der gerichtlichen Überprüfung zu stellen. Man übt die Tätigkeit zu den geänderten Bedingungen aus und erhebt gleichzeitig Klage auf Feststellung, dass die Weisung unwirksam ist.

Änderung per Änderungskündigung

Geht das Verlangen des Arbeitgebers nach einer Änderung der Vertragsbedingungen weiter als der Arbeitsvertrag dies zulässt, muss eine Änderungskündigung her. Er kündigt dafür das Arbeitsverhältnis des Arbeitnehmers mit der normalen Kündigungsfrist und bietet ihm die Fortsetzung des Arbeitsverhältnisses zu den geänderten Bedingungen an. Gleichzeitig setzt er eine Frist für die Annahme des geänderten Angebots. Sinnvollerweise ist diese genauso lang

wie die Frist zur Erhebung der Kündigungsschutzklage (drei Wochen).

Der Arbeitnehmer hat drei Möglichkeiten:

- ▶ **Er nimmt das** geänderte Angebot an. In diesem Fall gilt der Arbeitsvertrag zu den geänderten Bedingungen weiter.
- ▶ **Er lehnt das** geänderte Angebot ab. In diesem Fall endet das Arbeitsverhältnis mit der ordentlichen Kündigungsfrist, die Änderungskündigung wirkt dann wie eine Beendigungskündigung. Der Arbeitnehmer kann innerhalb von drei Wochen nach Zugang der Änderungskündigung Kündigungsschutzklage vor dem zuständigen Arbeitsgericht erheben.
- ▶ **Die dritte Variante** ist sinnvoller: der Arbeitnehmer nimmt innerhalb der gesetzten Frist das Änderungsangebot unter dem Vorbehalt an, dass die Änderungskündigung wirksam ist. Innerhalb der Klagefrist (drei Wochen) erhebt er Änderungskündigungsschutzklage. Gewinnt er, besteht das Arbeitsverhältnis zu den alten Bedingungen fort. Verliert er, hat er das Arbeitsverhältnis zu den „neuen Bedingungen" gerettet.

Auch wenn der Arbeitnehmer kein Interesse mehr hat, zu den geänderten Bedingungen oder überhaupt beim Arbeitgeber weiterzuarbeiten, empfiehlt sich der dritte Weg.

Auch der Arbeitgeber will in diesen Fällen (spätestens nach Klageerhebung) meist nicht mehr mit dem Arbeitnehmer weiterarbeiten. Will der Arbeitnehmer im Kündigungsschutzprozess eine möglichst hohe

Abfindung erzielen, muss er den Druck maximal aufbauen. Dafür ist nur die dritte Variante geeignet. Die zweite Variante ist zu riskant, weil die Änderungskündigung leichter durchzusetzen ist als jene zur Beendigung. Bei der zweiten Variante wird aber nur die Änderungskündigung überprüft.

Je mehr Änderungen der Arbeitgeber mit seiner Änderungskündigung durchsetzen will, umso wahrscheinlicher ist es, dass sie unwirksam ist. Bewirken Änderungskündigungen (auch nur als Nebenfolge) eine Herabsetzung der Vergütung, halten sie nahezu nie gerichtlichen Überprüfungen stand.

Arbeitgebern, die sehr viele Änderungen auf einmal durchsetzen wollen, empfiehlt sich, zunächst mit den Arbeitnehmern einzeln über eine einvernehmliche Änderungsvereinbarung zu verhandeln. Wegen der Risiken vor Gericht ist die Änderungskündigung das letzte Mittel. Erfahrungsgemäß wird ein Großteil der Belegschaft zu einer Änderung bereit sein, wenn diese plausibel erklärt wird. Gegenüber den verbleibenden Mitarbeitern kann man dann gegebenenfalls die Änderungskündigung versuchen.

Arbeitnehmern ist gerade in Krisensituationen des Unternehmens vom freiwilligen Gehaltsverzicht abzuraten. Meist retten solche Maßnahmen das Unternehmen nicht. Wird man später entlassen, hat man aber Nachteile bei eventuell Sozialplanleistungen, bei der Höhe der zu verhandelnden Abfindung und definitiv beim Bezug von ALG.

Arbeitszeugnisse: Vokabeln für Arbeitnehmer und Arbeitgeber

Die Bedeutung sehr guter Arbeitszeugnisse kann nicht hoch genug eingeschätzt werden. Formulierungen folgen einem verklausulierten Code: Was gut klingt, ist nicht immer so gemeint.

Wer sich bei seiner Bewerbung nicht auf Arbeitszeugnisse mindestens mit der Bewertung gut oder besser stützen kann, wird meistens nicht einmal zum Bewerbungsgespräch eingeladen. Die Rechtsprechung trägt dieser Situation leider nicht ausreichend Rechnung. Das Bundesarbeitsgericht hat jüngst entschieden, dass der Arbeitnehmer, der eine bessere Benotung als befriedigend („zur Zufriedenheit") verlangt, die bessere Leistung beweisen muss (BAG, Urteil vom 18. November 2014, Az. 9 AZR 584/13). Da sehr gute, ja überschwängliche Zeugnisse heutzutage die Norm sind, ist diese Rechtsprechung kaum nachzuvollziehen. Sie gilt trotzdem.

Verschiedene Zeugnistypen

Der Arbeitnehmer kann bei Beendigung des Arbeitsverhältnisses gemäß §109 GewO vom Arbeitgeber ein sogenanntes qualifiziertes Arbeitszeugnis verlangen. Im Gegensatz zum einfachen Zeugnis enthält dieses mehr als nur eine Bestätigung der Beschäftigungszeit. Bereits vor Beendigung kann der Arbeitnehmer im laufenden Arbeitsverhältnis ein Zwischenzeugnis verlangen. Ist das Arbeitsverhältnis gekündigt worden, kann der Arbeitnehmer ein sogenanntes vorläufiges Beendigungszeugnis verlangen.

Vorgaben für Arbeitszeugnisse

Der Arbeitgeber muss das Arbeitszeugnis auf seinem üblichen Geschäftspapier erstellen und eigenhändig unterschreiben. Er sollte es auf den letzten Tag des Arbeitsverhältnisses datieren. Das Arbeitszeugnis sollte möglichst nicht gefaltet und ohne die Anschrift des Arbeitnehmers im Adressfeld übergeben werden. Der Arbeitgeber darf es nicht mit Rechtschreibfehlern oder Hinweisen (Geheimzeichen) versehen, die von einem künftigen Arbeitgeber zum Nachteil des Arbeitnehmers verstanden werden könnten.

Formulierungen

Im heute allgemein üblichen qualifizierten Arbeitszeugnis beschreibt der Arbeitgeber den wesentlichen Inhalt des Arbeitsverhältnisses. Er beurteilt daneben Leistung und Verhalten des Arbeitnehmers. Der Arbeitgeber muss eine wohlwollende Beurteilung vornehmen. Zeugnisdeutsch ist selten gutes Deutsch, die Formulierungen sind Ansichtssache. Entscheidend ist, wie ein künftiger Arbeitgeber das Arbeitszeugnis aller Voraussicht nach verstehen wird.

Das Verhalten des Arbeitnehmers kann etwa durch die Formel „gegenüber Vorgesetzten, Kollegen und Kunden verhielt sich Herr/Frau X immer einwandfrei" (sehr gut) erfolgen. Das Arbeitszeugnis muss außerdem eine Gesamtnote beinhalten (siehe „Noten im Arbeitszeugnis", S. 167).

66 Arbeitnehmer sollten regelmäßig Zwischenzeugnisse einfordern.

Am Ende eines (sehr guten) Arbeitszeugnisses ist folgende Schlussformel üblich: „Wir bedauern sein Ausscheiden außerordentlich, danken Herrn/Frau X für die geleisteten Dienste und wünschen ihm/ihr für seinen/ihren weiteren Lebensweg alles Gute und weiterhin viel Erfolg." Trotz dieser allgemeinen Üblichkeit will das Bundesarbeitsgericht aber keinen gerichtlich durchsetzbaren Anspruch auf die Klausel erkennen (BAG, Urteil vom 11. Dezember 2012, Az. 9 AZR 227/11).

Anspruch und Forderung

Der Anspruch auf Erteilung eines Arbeitszeugnisses ist vor Gericht unproblematisch durchsetzbar. Ganz anders sieht es mit dem Anspruch auf Korrektur eines bereits erteilten Arbeitszeugnisses aus. Ein Zeugnis mit der Note Drei sollte für Bewerbungen nicht verwendet werden.

Arbeitnehmer sollten daher unbedingt regelmäßig im Laufe des Arbeitsverhältnisses – in jedem Fall bei jeder Änderung des Tätigkeitsgebiets – ein Zwischenzeugnis einfordern. Mithilfe eines guten Zwischenzeugnisses kann der Arbeitnehmer im Streitfall auch bei Beendigung des Arbeitsverhältnisses die Qualität seiner Leistungen beweisen. Zur Not kann er statt des schlechten Beendigungszeugnisses das gute Zwischenzeugnis für Bewerbungen verwenden. Im Rahmen von Aufhebungsvereinbarungen oder -vergleichen sollten Arbeitnehmer den Inhalt des Arbeitszeugnisses, mindestens aber die Gesamtnote, verbindlich klären (siehe „Verhandlungen ...", S. 146).

Noten im Arbeitszeugnis

Das Arbeitszeugnis ist mit einer Gesamtnote zu versehen. Diese wird meist nicht offen ausgeschrieben, sondern in Formulierungen versteckt. Von der Bereitschaft über das Fachwissen bis zum Lob gibt es „geheime" Codes, die für die Note stehen. Was gut klingt, ist nicht immer gut gemeint. Die Formulierungen sind nicht verklausuliert, ähneln sich jedoch. Ein Beispiel zur Formulierung für Lob:

Formulierung	entsprechende Note
„sehr gut" oder „stets/immer zur vollsten Zufriedenheit"	Sehr gut
„zur vollen Zufriedenheit" oder „stets zur Zufriedenheit"	Gut
„zur Zufriedenheit"	Befriedigend
„im Großen und Ganzen zufriedenstellend"	Ausreichend
„die Arbeiten mit Interesse und Fleiß durchgeführt"	Mangelhaft
„war um zuverlässige Arbeitsweise bemüht"	Ungenügend

Hilfe

Fachbegriffe erklärt

Abmahnung: Arbeitgeber erklärt dadurch, dass er mit bestimmtem Verhalten/Leistung des Arbeitnehmers unzufrieden ist. Auch die Androhung, dass der Arbeitnehmer bei Wiederholung des abgemahnten Verhaltens mit Kündigung rechnen muss.

Angeklagter: Begriff aus dem Strafverfahrensrecht. Im Zivilprozess gibt es keinen A., sondern eine „beklagte Partei".

Anwalt, Rechtsanwalt: Volljurist und Interessenvertreter seiner Partei. Wird aber von der Rechtsprechung als „Organ der Rechtspflege" angesehen und hat daher besondere Berufspflichten.

Arbeitgeber: Ist, wer die Arbeitsleistung des Arbeitnehmers kraft Arbeitsvertrag fordern kann und Arbeitsentgelt schuldet. A. kann natürliche Person sein (z. B. Einzelkaufmann, Privatperson), eine juristische des privaten Rechts (z. B. Aktiengesellschaft, GmbH, rechtsfähiger Verein), eine juristische des öffentlichen Rechts (z. B. Bund, Gemeinde, Religionsgemeinschaft), ein nicht rechtsfähiger Personenverband (nicht rechtsfähiger Verein, Gesellschaft bürgerlichen Rechts) oder eine Personenhandelsgesellschaft (OHG, KG).

Arbeitnehmer: Ist, wer aufgrund eines privatrechtlichen Vertrags im Dienste eines anderen zur Leistung weisungsgebundener fremdbestimmter Arbeit in persönlicher Abhängigkeit verpflichtet ist.

Arbeitnehmererfindung: Man unterscheidet Diensterfindung von freien Erfindungen. Erstere sind entweder aus der Tätigkeit des Arbeitnehmers im Betrieb entstanden oder beruhen maßgeblich auf Erfahrungen oder Arbeiten des Betriebs.

Arbeitsgericht: Erste Instanz in arbeitsrechtlichen Streitigkeiten. Bestandteil der Fachgerichtsbarkeit im Gegensatz zur ordentlichen Gerichtsbarkeit (Straf- und Zivilgerichte). Zuständigkeit laut § 2 ArbGG.

Arbeitsrecht: Gesamtheit aller Gesetze und Bestimmungen, die das Arbeitsverhältnis zwischen Arbeitgeber und Arbeitnehmer regeln sowie Arbeitsschutz, die Folgen von Arbeitsunfällen, Arbeitsgerichtsbarkeit, Sozialversicherung, Arbeitslosenfürsorge, Rechte von Gewerkschaften und Betriebsräten sowie an diese Bereiche angrenzende Themen.

Berufung: Rechtsmittel, das einen Rechtsstreit in die zweite Instanz bringt. In einigen Fachgerichtsbarkeiten muss die B. zugelassen werden.

Betrieb: Selbstständige organisatorische Einheit zur Erreichung eines bestimmten arbeitstechnischen Zwecks.

Betriebsrat: Gesetzliches Organ zur Vertretung der Arbeitnehmerinteressen und zur Wahrung der betrieblichen Mitbestimmung gegenüber dem Arbeitgeber in Betrieben des privaten Rechts.

Betriebsvereinbarung: Vertrag zwischen Arbeitgeber und Belegschaft, vertreten durch den Betriebsrat. Geregelt werden können alle Sachverhalte, für die die Parteien Regelungsbedarf sehen. In erster Linie betrifft dies Arbeitsinhalte und Arbeitsbedingungen der Belegschaft.

Billigkeit: Unbestimmter Rechtsbegriff. Mit B. wird im Einzelfall eine „gerechte" und „angemessene" Entscheidung begründet.

Bundesarbeitsgericht: Revisionsgericht in der Arbeitsgerichtsbarkeit mit Sitz in Erfurt. Die Revision zum BAG muss immer zugelassen werden. Das BAG prüft nur auf Rechtsfehler.

Einigungsstelle: Schiedsverfahren zur Beilegung von Meinungsverschiedenheiten zwischen Arbeitgeber und Betriebs-/Personalrat. Besteht aus gleicher Anzahl von Beisitzern, die von Arbeitgeber und Betriebsrat bestellt wurden. Zusätzlich hat sie einen unparteiischen Vorsitzenden.

Einzelfallentscheidung: Jedes Urteil ist eine E. Das Gegenteil ist eine Grundsatzentscheidung – mit ,Vorbildcharakter" für mehrere oder viele Entscheidungen.

Ermessen: Entscheidungsspielraum von Gerichten und Verwaltungen bei ihren Entscheidungen. E. gibt es nur, wenn es gesetzlich angeordnet ist.

EU-Recht: Das primäre Recht der Europäischen Union aus dem EU-Vertrag sowie das sekundäre Recht der EU, also Verordnungen, Richtlinien und Empfehlungen. Gegenüber dem nationalen Recht ist das EU-R. vorrangig. Über die Auslegung des EU-Rechts entscheidet der EuGH abschließend: seine Auslegung des Rechts, die ein nationales Gericht ggf. in einem Vorabentscheidungsverfahren erfragen muss, ist die ausschlaggebende.

Gerichtskosten: Erhoben für die Leistungen des Gerichts nach dem Gerichtskostengesetz (GKG). Dazu gehören auch Auslagen für Sachverständige und Zeugen.

Gerichtstermin: Jeder von einem Gericht in einem laufenden Verfahren anberaumte Termin – möglich als Güte-, Verhandlungs- oder Termin zur Beweisaufnahme.

Kammer: Bezeichnung für den vollständigen Spruchkörper am Arbeitsgericht und Landesarbeitsgericht. Die K. ist besetzt durch jeweils einen Berufsrichter (Vorsitzender) und zwei ehrenamtliche Richter.

Kammertermin: Verhandlungstermin vor der Kammer, d.h. vor dem Spruchkörper.

Klage: Wird durch Klageschrift oder Erklärung zu Protokoll bei Gericht eingereicht. Damit ist ein Fall vor Gericht gebracht.

Kläger: Partei des Rechtsstreits, die einen Anspruch vor Gericht geltend macht.

Landesarbeitsgericht: Berufungsgericht. Zweite Instanz der Arbeitsgerichtsbarkeit.

Personalrat: Vertritt Beschäftigte einer Dienststelle der öffentlichen Verwaltung.

Rechtsmittel: Formalisierte Anfechtung eines Urteils. Etwa Berufung, Revision.

Rechtsprechung: Das Arbeitsrecht in Dtl. ist mangels ausreichender gesetzlicher Grundlagen stark durch die R. geprägt („case law"). Gibt es keine gesetzliche Regelung, zieht man bei Beurteilung eines Falls die jeweils einschlägige R. des BAG heran.

Revision: Antrag und Verfahren vor dem Revisionsgericht (BAG), der dritten Instanz. Hier findet nur noch eine Prüfung auf Rechtsfehler statt, die Revisions- ist keine Tatsacheninstanz mehr.

Richter, Berufsrichter: Volljuristen mit der sog. Befähigung zum Richteramt. Es gibt vorsitzende und beisitzende R.

Richter, ehrenamtliche, Laienrichter: Bei Arbeitsgerichten immer zwei. Auf vier bzw. fünf Jahre gewählt. Werden jeweils von Arbeitnehmer- und -geberseite vorgeschlagen. (Beim Strafgericht: „Schöffen".)

Sozialplan: Vereinbarung zwischen Betriebsrat und Arbeitgeber über Ausgleich oder Milderung wirtschaftlicher Nachteile, die dem Arbeitnehmer aus einer Betriebsänderung entstehen.

Staatsanwalt: Vertreter des Staats in Strafsachen. Im Zivilprozess gibt es keinen S.

tatsächlich: In Gerichtsverfahren wird ein Fall in tatsächlicher und rechtlicher Sicht gewürdigt. Die t. Seite ist der Lebenssachverhalt: Das, was sich ereignet hat.

Urteil, Urteilsspruch: Entscheidung des Gerichts. Wird das U. nicht in der laufenden Frist vom Rechtsmittelgericht angegriffen oder gibt es kein Rechtsmittel mehr, ist es rechtskräftig. Die Rechtskraft kann nur in Wiederaufnahmeverfahren beseitigt werden.

Vergleich: Vereinbarung der Prozessparteien zur Beilegung des Rechtsstreits. Ein V. ist ein Vertrag, der gegenseitiges Nachgeben voraussetzt.

Adressen

Auswahl allgemeiner Adressen

ArbeitnehmerHilfe München e. V.
Viktor-Scheffel-Str. 20
80803 München
www.arbeitnehmerhilfe.de

Arbeitnehmerkammer (z. B. Bremen)
Bürgerstraße 1
28195 Bremen
Tel. 0421/36301–0
www.arbeitnehmerkammer.de/bera
tung/

**Der WEISSE RING – Opferhilfe in
Deutschland**
Landesverband
Bartningallee 24
10557 Berlin
https://www.weisser-ring.de/internet/

**Arbeitskreis für ausländische Arbeit-
nehmer Regensburg e.V.**
Internationale Jugendarbeit Dipl.-Soz.-Päd.
(FH) Barbara Schießl
Weingasse 1
93047 Regensburg
Tel. 0941/599 7372
schiessl@aaa-regensburg.de

Türkischer Arbeitnehmer e.V.
Endresstr. 13
91522 Ansbach
Bayern

Internetadressen allgemein

Dt. gesetzliche Unfallversicherung
www.dguv.de/de/index.jsp

**Arbeitsrecht für Unternehmer und
Betriebsräte**
www.arbeitsrecht.org/

**Hilfe in allen Lebenslagen-Service
Baden-Württemberg**
www.service-bw.de/zfinder-bw-web/li
fesituations.do?llid=1130081&llmid=0

Buschmann Arbeitsrecht Infoseite
www.anderfuhr-buschmann.de/arbeits
recht/

Internetadressen, speziell Mobbing

(J.O.M.) e.V.
www.jobben-ohne-mobben.de/hilfe

Mobbing-Kontaktstelle
www.mobbing-kontakt-stelle.de/

Mobbing beenden
http://www.mobbing-beenden.de

Stimmen gegen Mobbing
www.mobbing-web.de/

Beratung Berlin-Brandenburg
http://mobbingberatung-bb.de/

Kanzleiinterne Internetpräsenzen
Arbeitnehmer & Kündigungsschutz
(Muster, Ablauf, Tipps vom Fachanwalt)
www.kuendigungsschutzklage-anwalt.
de
Arbeitgeber & Kündigungsschutz
(Muster, Ablauf, Tipps vom Fachanwalt)
www.arbeitgeberanwalt-kuendigung.
de/
Aktuelles & Videos zum Arbeitsrecht
www.arbeitsrechtler-in.de/
www.youtube.com/user/Fernsehan
walt/

Weitere Internetpräsenzen
My Handicap, my chance:
www.myhandicap.de/job-ausbildung-
behinderung/
Joballtagstipps: http://karrierebibel.de
Deutscher Gewerkschaftsbund:
www.dgb.de
IG-Metall: www.igmetall.de
Vereinte Dienstleistungsgewerk-
schaft: www.verdi.de
IG Bergbau, Chemie, Energie:
www.igbce.de
IG Bauen-Agrar-Umwelt: www.igbau.
de/IG_Bauen-Agrar-Umwelt.html
Gewerkschaft Erziehung & Wissen-
schaft: www.gew.de/Startseite.html
Eisenbahn- und Verkehrsgewerk-
schaft: www.evg-online.org
Gewerkschaft-Nahrung-Genuss-Gast-
stätten: www.ngg.net

Gewerkschaft Polizei: www.gdp.de
Deutscher Beamtenbund & Tarifuni-
on: www.dbb.de/dbb-startseite.html
Deutsche Verwaltungsgewerkschaft:
www.verwaltungs-gewerkschaft.de/
Gewerkschaft für Beschäftigte im
Kommunal- und Landesdienst: www.
komba.de/
Gewerkschaft kommunaler Landes-
dienst Berlin: www.gklberlin.de/
Verband der Beschäftigten der obers-
ten und oberen Bundesbehörden:
www.vbob.de/

Literatur

Bartelt, V.; Schultze-Melling, J.:
Arbeitsrecht für Ihren Führungsalltag:
Schwierige Situationen kompetent lösen,
Campus, 2014.
Hauptmann, P.-H.: Arbeitsrecht – leicht
gemacht, Kleist, 2002.
Hempelmann, G.: Lexikon Arbeitsrecht
2012, Verlagsgruppe Hüthig-Jehle-Rehm,
2012.
Küttner, W. (Hg.); Röller, J. (Hg.):
Personalhandbuch 2015, C. H. Beck, 2015.
Lorinser, B.: Arbeitsrechtliche Praxis.
Leitfaden für Personalverantwortliche,
Oldenbourg Wissenschaftsverlag, 2006.
Teschke-Bährle, U.: Arbeitsrecht schnell
erfasst, Springer, 2006.

Stichwortverzeichnis

© 2015 Stiftung Warentest, Berlin

Stiftung Warentest
Lützowplatz 11-13
10785 Berlin
Telefon 0 30/26 31-0
Fax 0 30/26 31-25 25
www.test.de
email@stiftung-warentest.de

USt.-ID-Nr.: DE 136725570

Vorstand: Hubertus Primus
Weitere Mitglieder der Geschäftsleitung:
Dr. Holger Brackemann, Daniel Gläser

Programmleitung: Niclas Dewitz

Autoren: Alexander Bredereck, Volker Dineiger
Projektleitung / Lektorat: Johannes Tretau
Korrektorat: Nicole Woratz, Berlin
Mitarbeit: Evelyn Dineiger (Rektorin)
Fachliche Unterstützung: Philipp Modrach .
(stud. jur.), Maximilian Renger (stud. jur.), Anne-
Kristin Wolff (Rechtsreferendarin)

Titelentwurf: Josephine Rank, Berlin
Layout: Büro Brendel, Berlin
Bildredaktion: Sylvia Heisler
Bildnachweis: Ralph Kaiser - Titel; thinkstock
(S.2, 3, 20 27, 30, 50, 81, 106, 113, 116, 122);
istockphoto (S. 3); avenue-images (S. 8, 44, 72,
144); shutterstock (S. 90)
Infografiken: Mario Mensch, Hamburg

Produktion: Vera Göring, Sylvia Heisler
Verlagsherstellung: Rita Brosius (Ltg.),
Susanne Beeh
Litho: tiff.any, Berlin, Sylvia Heisler
Druck: BGZ Druckzentrum GmbH, Berlin

ISBN: 978-3-86851-375-2